本书系国家社会科学基金青年项目"贫困户集中安置区治理机制创新
（项目编号：20CZZ029）阶段性成果。

党建引领、文化治理与农民公共精神培育

王慧斌　张慧兵◎著

山西出版传媒集团
山西人民出版社

图书在版编目（CIP）数据

党建引领、文化治理与农民公共精神培育 / 王慧斌，
张慧兵著. -- 太原：山西人民出版社，2024.6.
ISBN 978-7-203-13493-0

Ⅰ. D422.62

中国国家版本馆CIP数据核字第2024NH4849号

党建引领、文化治理与农民公共精神培育

著　　者：王慧斌　张慧兵
责任编辑：靳建国
复　　审：吕绘元
终　　审：李　颖
装帧设计：张慧兵

出 版 者：山西出版传媒集团·山西人民出版社
地　　址：太原市建设南路 21 号
邮　　编：030012
发行营销：0351-4922220 4955996 4956039 4922127（传真）
天猫官网：https://sxrmcbs.tmall.com　电话：0351-4922159
E-mail：sxskcb@163.com 发行部
　　　　　sxskcb@126.com 总编室
网　　址：www.sxskcb.com

经 销 者：山西出版传媒集团·山西人民出版社
承 印 厂：天津中印联印务有限公司

开　　本：710mm×1000mm　1/16
印　　张：15
字　　数：250千字
版　　次：2024 年 6 月 第1 版
印　　次：2024 年 6 月 第1 次印刷
书　　号：ISBN 978-7-203-13493-0
定　　价：69.00 元

如有印装质量问题请与本社联系调换

前　言

没有高度的文化自信，没有文化的繁荣兴盛，就没有中华民族的伟大复兴。要坚持中国特色社会主义文化发展道路，激发全民族文化创新创造活力，建设社会主义文化强国。习近平总书记指出，中国特色社会主义文化，源自于中华民族五千多年文明历史所孕育的中华优秀传统文化，熔铸于党领导人民在革命、建设、改革中创造的革命文化和社会主义先进文化，植根于中国特色社会主义伟大实践。发展中国特色社会主义文化，就是以马克思主义为指导，坚守中华文化立场，立足当代中国现实，结合当今时代条件，发展面向现代化、面向世界、面向未来的，民族的科学的大众的社会主义文化，推动社会主义精神文明和物质文明协调发展。要坚持为人民服务、为社会主义服务，坚持百花齐放、百家争鸣，坚持创造性转化、创新性发展，不断铸就中华文化新辉煌。

党的十九大报告提出要按照"产业兴旺、生态宜居、乡风文明、治理有效、生活富裕"的总要求实施乡村振兴战略，为我国乡村建设指明了新的发展方向，特别强调在乡村振兴中要注重农民的精神风貌，大力开展农村文化建设。随着城镇化进程的加快，我国乡村原有的社群纽带逐渐松懈，迫切需要创新乡村治理模式，其中乡村文化治理要通过利用文化资源，强化社区功能，激发群众自主自立精神，促进乡村政治、经济、文化、环境协调和健康发展。文化治理是国家治理的重要形态，也是乡村治理的重要方式，深入实施乡村振兴战略，必须深刻理解其基本内涵和精神实质。但以往的乡村建设过多重视文化设施、场所等硬件基础设施建设，忽视了文化的价值功能和治理功效，尤其是存在就文化建设谈文化建设的现象，没有把文化建设与乡村治理相衔接，忽视了文化治理的作用，弱化了乡村文化建设的功能。无论从乡村振兴战略总要求间的内在关系来看，从我国乡村建设的历史经验和现实需求出发，还是从未来乡村治理发展趋势来说，文化治理都是乡村振兴的内在意蕴，其关键和保障在于加强基层党的领导，通过文化治理，培育农民公共精神，最终为乡村振兴提供强大的内在动力。

从实践可以看出，虽然每个村庄的类型各不相同，文化治理特征也具有明显差异，但无论是传统德孝文化、红色革命文化，还是社会主义先进文化，都在乡村治理中发挥着重要作用，其共同的内在逻辑就是将文化运用到村级治理当中，实现文化与治理的结合，将文化的软约束上升为治理的硬制度，不仅实现了治理治效，也培育了良好的村风民风。本书通过梳理文化治理的理论内涵和乡村建设的实践经验，以山西典型村庄的实践经验为例，总结和梳理乡村振兴战略背景下党建引领促进乡村文化治理的经验，以文化促治理，创新农村文化治理模式，发挥文化在乡村治理中的独特作用和巨大潜力，进一步强化农民的归属感、认同感和自豪感，增加其在乡村公共事务治理中的获得感，最终实现凝聚居民共识、培养互助精神、重塑社区共同体、推进乡村治理现代化的目标，为探索乡村振兴实践路径和发展模式提供参考。

目 录
contents

导　论

党的十九大报告提出要按照"产业兴旺、生态宜居、乡风文明、治理有效、生活富裕"的总要求实施乡村振兴战略，为我国乡村建设指明了新的发展方向。乡村振兴是"五位一体"全方位的振兴，既要产业兴旺、生态宜居、生活富裕，更需要乡风文明和治理有效，如果说产业兴旺、生态宜居、生活富裕是乡村振兴的外在基础，那么乡风文明和治理有效则蕴含着乡村振兴的内在要求。习近平总书记曾指出："实施乡村振兴战略不能光看农民口袋里票子有多少，更要看农民精神风貌怎么样。"乡村文化建设绝非简单的输入就能完成，它需要在田野上、村庄中找回文化发展的内生动力。这就需要将文化建设与乡村治理相结合，实现文化治理，即以乡风文明促进治理有效，以治理有效保障乡风文明。

第一节　研究背景

落实乡村振兴战略关键要尊重和发挥农民的主体作用，在实践中要注重农民的精神风貌，大力开展农村文化建设。随着城镇化、工业化进程的加快，我国乡村原有的社群纽带逐渐松懈，迫切需要创新乡村治理模式，其中乡村文化治理通过利用文化资源，强化社区功能，激发群众自主自立精神，促进乡村政治、经济、文化、环境协调和健康发展。

山西是文化资源大省，发展文化产业具有得天独厚的条件，不仅是全国古村落保存最完整的省份之一，而且山西广大农村地区具有丰富多样的特色文化，如根祖文化、德孝文化、圣贤文化、农耕文化、红色文化、劳模文化、民俗文化等，种类繁多、形式多样、内容丰富、特色鲜明，尤其是山西具有光荣的革命传统。抗日战争时期，山西不仅是华北敌后抗战的中心，也是晋察冀抗日根据地、晋绥抗日根据地和晋冀鲁豫抗日根据地的发源地,是党带领革命先辈抗日的主战场之一,在华北战场乃至在全国抗战中处于关键地位,做出了卓越贡献。2020年5月,习近平总书记考察山西时专门指出,山西也是具有光荣革命传统的地方,是八路军总部所在地,是抗日战争主战场之一,建立了晋绥、晋察冀、晋冀鲁豫抗日根据地,平型关大捷、百团大战等闻名中外,太行精神、吕梁精神是我们党宝贵的精神财富。这些都要充分挖掘和利用,以丰富多彩的历史文化、红色文化资源为山西发展提供精神力量。① 因此,通过挖掘、整理、提升、创意、生产等途径,将优势文化资源转化为丰富的文化产品,既能不断满足广大人民群众的精神文化生活需求,也能塑造良好的文化形象,提升山西的影响力、吸引力和凝聚力,为山西的转型发展、乡村振兴提供巨大的内在动力。

开展文化建设、加强文化治理是实施乡村振兴战略的重要内容,要求各级政府从广大农民最根本、最直接、最现实的需求出发,创新农村文化治理体制,把乡村建设成为治理有效、文明祥和的社会生活共同体。乡村治理作为国家治理体系的重要组成部分,是国家治理的基础性工程,直接影响着国家治理的有效性和治理能力的现代化进程。当前,我国乡村建设的步伐日益加快,农村特色文化作为乡村治理的基础性力量,必然在推进乡村治理现代化中扮演十分重要的角色。因此,通过挖掘和整合农村特色文化,以文化促治理,激发乡村居民参与乡村振兴的动力与热情,对于推动乡村内生力量发展、推进乡村治理现代化具有重要意义。

文化治理是乡村治理的重要方式,也是乡村振兴的重点内容,但以往的农村文化建设过多重视文化设施、场所等硬件基础设施建设,而忽视了文化的价值功能和治理功效,具体表现为:一是乡村文化产品和服务主要由单一的政府职能部门供给,乡村文化建设的主体——农民主体参与度不足,地方政府的文化供给与基层居民的文化需求并没有实现有效衔接;二是存在就文化建设谈文化建设的现象,没有把文化建设与乡村治理相衔接,忽视了文化建设对农民思想价值引领、精神面貌提升等方面的作用,忽视

---

① 习近平.在山西考察工作时的讲话[N].人民日报(海外版),2020-05-13(02).

了文化治理的作用，弱化了乡村文化建设的功能。

因此，本书旨在从文化治理的视角，试图通过挖掘和整合山西农村特色文化资源，以文化促治理，创新农村文化治理模式，寻求传统文化与现代生活、人文历史与经济建设的结合点，发挥文化在乡村治理中的独特作用和巨大潜力，进一步强化乡村居民对村庄（社区）共同体的归属感、认同感和自豪感，增加其在乡村公共事务治理中的获得感，最终实现凝聚居民共识、培养互助精神、重塑社区共同体、推进乡村治理现代化的目标，为提升农村基层治理现代化水平、服务国家治理现代化和探索乡村振兴实践路径提供巨大的内生动力和模式创新。

第二节　研究现状

一、国外研究现状与发展趋势

西方文化产业理论诞生于德国法兰克福学派的文化工业理论，二战以后国外对文化产业的研究主要集中在三个方面：一是对文化产业含义及其功能的研究；二是对文化产业存在的问题及对策的研究；三是对文化产业个案、行业、区域以及人文理论的研究。20 世纪 80 年代后经济学与管理学的理论和方法被引入文化产业研究领域，如 Graham（1987）对公共政策和文化产业进行了比较分析；Neuhauser、Bender、Stromberg（2000）从文化从业者的工资、工作时间和其工会组织情况等方面，分析纽约的文化创意产业发展的政策；David Throsby（2001）阐述了文化产业在经济和就业方面的影响；Mueller Stephen A（2001）在研究中特别提到文化产业与农村发展之间的问题，指出了文化旅游产业在农村发展中的重要地位，提出农村地区要想发展文化产业，可以充分利用其在文化旅游、文化遗产等方面的宝贵资源，发挥其自身的优势及富足资源让农村在旅游产业中获取收益，从而缩小城市与农村之间的差距；Dr Andy C Pratt（2002）研究了文化旅游业和文化产业二者之间的关系；Allen J.Scott 等（2004）阐述了文化产业和文化产品在促进城市和地区经济与社会发展方面发挥的重要作用；Andy C Pratt（2010）根据英国的创意城市发展经验指出，政府政策制定必须突出文化产业中艺术的核心价值。

国外学者对我国乡村治理研究的主要议题，一是村民自治及民主选举问题。在这一方面，学者欧博文、王旭、兰德斯塔德和舒伯特的研究较有代表性。学者普遍以"国家—社会"的分析思路来观察中国农村政治，认为中国农村的民主选举与村民自治，是"后公社时代中国经济和政治自由化的产物"，是"国家从社会的部分撤离导致的制度变革"。这种"草根民主"让社会获得了较大的权能，会加强农民与社会的合作而非对抗。国外学者关注的另一主要议题，是近年来我国基层农村的新变化、新现象，如村干部的角色扮演问题、村庄与社会的关系问题、农民与社会环境的关系问题等。

国外现代意义上的乡村文化治理主要是应对工业化、城市化发展带来的一系列社会问题，以英美为代表的西方发达国家试图将社区组织发展和文化发展结合进行社区重建，并开展了一系列有巨大社会影响的社区发展运动，如慈善组织会社运动和睦邻组织运动。二战以后，许多国家在联合国倡导和推广的社区发展运动中，根据自身的社会状况实现了社区治理的文化转向，在世界范围内创造和丰富了社区文化治理的实践模式，如英国的社区重建计划，美国的授权区和事项社区课题把社区重建、充分发挥社区与社区文化作用作为政策基点和价值基础，韩国的新村运动则通过开展社区文化治理活动提升农民的自助精神和合作精神。

总之，国外学者对文化建设的研究更多的是把目光集中在城市。由于西方发达国家与我国的国情以及社会经济发展状况存在差异，尤其是西方发达国家城镇化率已经很高，城市和农村的划分界限日益模糊，因此只有少数研究涉及农村文化建设。

二、国内研究现状与发展趋势

（一）关于农村文化建设与文化产业发展的研究

关于我国文化建设与文化产业发展的研究，最初大部分学者也聚焦在城市，形成了一大批研究成果，如胡惠林的《文化产业学概论》、蔡尚伟的《文化产业导论》、柯可的《文化产业论》等。关于我国农村文化建设与文化产业的研究则主要从2006年社会主义新农村建设开始才逐渐增多，主要集中在三个方面：一是农村文化建设及农村文化产业的意义方面的研究。如聂华林、李莹华（2007）对西部农村的文化资源进行了分析和归类，并提出了有针对性的建议；沈成洪（2006），李秀芳（2006），陈伟（2008），潘鲁生、赵屹（2008）等认为发展农村文化产业能够提高非农产业在农村经济中的比重，调整优化农村产业结构，繁荣农村经济。刘维奇、石子印（2008）认为，社会主义新农村给农村文化产业发展带来了很大的机遇，同时，发展农村文化产业，可以促进新农村建设更快、更好地发展。解学芳（2008）提出发展文化产业是新农村建设的活力来源。崔海兴、郑风田（2009）则从个体即农民自身的角度来研究农村文化建设。陈文珍、叶志勇（2010）通过实证调查研究，分析我国社会主义新农村文化建设的现实状况、存在的主要问题和原因，并提出要从农村公共文化服务体系、农村文化人才队伍等为重点开展社会主义新农村文化建设。徐世平（2013）对农村文化产业进行了研究，提出农村文化产业是新农村文化建设的重要组成部分。

二是国内农村文化建设与产业发展现状、问题及对策研究。目前我国农村文化建设与产业的发展取得了显著成绩，呈现出加速发展的势头，并且逐渐形成了民间自发型文化产业和政府推动型文化产业这两股齐头并进的力量，取得了不少成果，如潘鲁生（2006）提出了发展农村文化产业对于保护农村文化生态的意义；李新市（2006）认为应当采取激发农村文化人才创新能力、加强农村文化基础设施建设、进行农村文化体制改革、形成产业链和集约化发展等措施发展农村文化产业；韩海浪（2006）提出加大扶持力度、利用特色资源、走市场化道路等来发展农村文化产业；刘彦武（2008）强调了农村文化产业发展的阶段性、差异性、组合性和客观性问题；范玉刚（2010）提出要以新观念、新思维引导农村文化产业的发展，使农村文化资源优势通过市场化、产业化运作转化为经济优势；周云逸（2010）针对目前我国大多数地区农村文化产业尚处在萌芽阶段的现状，从发掘农村非物质文化遗产中的文化资本、吸引民资及外资进入农村文化产业、实施重大农村文化产业课题带动战略三个方面提出破局之策；卫欣（2011）研究认为，农村文化是文化产业发展的品牌、资源与保障，尤其是农村文化与文化产业是一种促进机制，需要彼此协调，共同发展；王家庭、高珊珊（2012）则从产业效益评估的角度对我国农村文化产业进行实证研究；刘泉、孙超、卢伟（2013），黄振宇、李俊奎（2015），李丽燕、刘君君（2016）则从农村文化产业、文化旅游产业发展、资源整合及创新发展等方面开展研究。还有学者从地理学角度，研究空间异质性、地理效应对农村文化产业技术效率收敛性问题，如王惠、王树乔、李小聪（2015）等。

三是地方农村文化产业发展的典型实践与个案研究。国内学者针对不同地区农村文化产业的研究也取得了一些成果。孙金荣（2005）研究了山东省农村文化产业发展的现状和问题，提出了山东省发展文化产业的对策；郭玉兰（2007）针对山西省农村文化产业发展的现实条件、可选择借鉴的模式、需要解决的前提问题进行了研究；吴声怡、许慧宏（2007）剖析福建省民俗文化产业开发的现实条件；任雪艳（2012）对云南农村文化产业的发展进行了研究；陈健萍（2013）提出广西农村文化产业发展应走文化产业融合的路径，因地因类制宜选择文化旅游、保护性开发和市场开发等发展模式；张忠（2013）指出村级文化产业既是农村文化产业的重要组成部分，也是村级文化建设的重要内容，强调政府应当把统筹城乡文化发展的重点放在农村；刘桂兰（2014）认为山西农村文化产业必须向高端迈进，尤其是要全面关注人的精神消费需求，坚持对农村文化产业、文化内涵的深度挖掘，拓宽农村文化产业发展的视野；熊正贤（2017）以武陵山区为例，对特色文化产业扶贫的特征分析与绩效问题进行研究；方晓彤（2017）更是对农村公共文化建设模式与实践进行总结和梳理，认为当前比较典型的有政府主导、精英引导、市场驱动等模式，必须创造一种更有效率、更具活力的复合型文化发展模式。

（二）关于乡村文化治理的研究

关于乡村文化治理的研究主要集中在自发产生的传统村落文化和国家建构的制度文化。乡村文化治理的功能主要在于维护社会秩序，促进乡村发展。传统社会的宗族文化、乡绅文化等都是封建统治阶级推行封建礼教、束缚农民思想的工具，20世纪二三十年代，面对中国农村社会积贫积弱的局面，以梁漱溟、晏阳初等人为代表的知识分子开展了乡村建设运动，较早认识到了文化治理在乡村建设中的作用。

新中国成立后，党和政府高度重视农村文化工作，从顶层设计到具体实施开始了农村文化建设，如建立文化站、配置工作人员、开展文化活动等。改革开放后，农村文化建设才开始在各地复兴，如20世纪90年代江西省在文化事业发展"八五"计划和十年规划中提出以民族民间文化为主体；福建省在芳草计划中对九个地市提出了开发各具特色的文化资源的战略重点，如侨乡文化、客家文化、老区文化等，要求把地区特色与时代精神相结合。与此同时，台湾地区也于20世纪90年代开展了以社区总体营造为主题的社区文化治理活动，旨在从"建立社区文化，凝聚社会共识、建构社区生命共同体"入手，实施文化行政的新思维与新政策。

21世纪之后，为了加快农村文化建设进程，发挥农村文化治理在农村发展中的作用，党和国家出台了一系列政策文件。2005年党的十六届五中全会通过了《中共中央关于制定国民经济和社会发展第十一个五年规划的建议》启动了新农村建设工程，把农村的文化建设提到了议事日程；2006年党的十六届六中全会，党中央正式提出推进乡村建设，农村文化治理成为乡村建设和治理的重要内容，各地根据当地实际创新社区文化治理模式，如2013年浙江省开展的乡村文化礼堂建设，通过挖掘和传承农村优秀传统文化资源，融合和创新传统民俗文化与现代文明打造出了具有地方特色的文化品牌，为当地的乡村治理奠定了坚实的社会基础。

党的十八大以来，党中央和国务院多次强调文化治理在国家治理中的作用，如习近平总书记在党的十八届三中全会上指出："一个国家选择什么样的治理体系，是由这个国家的历史传承、文化传统、经济社会发展水平决定的，是由这个国家的人民决定的。"2012—2022年中央连续十年发布一号文件，均强调要加强文化建设。党的十九大报告中更是指出，"推动文化事业和文化产业发展，要深化文化体制改革，完善文化管理体制，加快构建把社会效益放在首位、社会效益和经济效益相统一的体制机制"。尤其是提出要按照"产业兴旺、生态宜居、乡风文明、治理有效、生活富裕"的总要求，实施乡村振兴战略，为我国乡村建设指明了新的发展方向，特别强调在乡村振兴中要注重农民的精神风貌，大力开展农村文化建设。

近年来，党和国家高度重视红色资源，相关研究逐渐成为学术界的理论热点。学者研究指出，凝练红色精神是保护、开发和利用红色资源的关键问题，应把弘扬红色精神与发展红色产业、助推乡村振兴等问题结合起来综合考虑，不断拓展红色资源功能，加强科学研究，统筹协调更为科学合理的开发方式和手段。

综上所述，国内学者针对农村文化建设、文化产业的研究较多，从文化治理、农村社会治理的角度对农村文化产业发展研究较少，但也开始进行了相关研究，如刘涛（2015）、陈光（2018）认为农村不仅蕴藏着中国文化产业市场扩大的巨大潜力，也关乎中国特色文化产业发展的走向和前途，是十分重要的文化产业生产基地，并提出了以市场为导向的农村文化产业发展在推动构建"政府主导、社会协调、公众参与"的农村治理体系方面有更大发展空间。而在国家层面，政府已经意识到文化在社会治理中的功能和作用，并为开展乡村文化治理提供大量的政策支持。

总之，农村（社区）是人类社会重要的生活共同体和基本单元，城乡基层治理更是国家治理的基础工程，文化治理作为城乡基层治理重要组成部分，具有非常丰富的表现形式，在基层治理现代化中发挥着关键性的作用。尤其是随着城镇化进程的加快，我国农村原有的社群纽带逐渐松懈，迫切需要创新农村治理模式，其中农村文化治理通过利用文化资源，强化社区功能，激发群众自主自立精神，促进农村政治、经济、文化、环境协调和健康发展。为此，本书旨在通过挖掘和利用农村特色文化资源，创新乡村治理模式，寻求传统文化与现代生活、人文历史与经济建设的结合点，发挥特色文化在乡村治理的独特作用和巨大潜力。

第三节　研究方法

本书采取理论研究与实证研究相结合的方法，综合运用马克思主义文化思想、农村社会学、文化人类学、治理现代化、文化治理等多学科理论和方法，探索文化治理支撑引领乡村振兴发展的机制和模式。

在实证研究中，本书主要选取典型案例进行实证研究，通过实地观察、问卷调查、深度访谈、主题研讨等方式，掌握第一手资料。根据山西省农村类型，选取多个典型村庄，通过查阅地方史志、问卷调查、深度访谈和典型事件追踪等途径，广泛收集第一手材料。为了获取真实有效的研究素材和第一手研究资料，笔者三年内先后多次深入乡村进行驻村观察，深度参与农民的生产生活和社会交往，吃住在农户家中进行驻村调研和观察。同时由于本研究所涉时段跨度较大，在田野调查中特别注意采用口述访谈的研究方式，对熟悉村庄发展历史的村民，特别是对村庄老人、老劳模、老干部、老党员等"明白老人"逐一访谈，进行口述史、生活史、家庭史等资料收集与整理。最后在普遍调查和剖析典型案例的基础上，分析文化治理在乡村治理、乡村振兴中的作用与经验，揭示当前乡村振兴、乡村治理的现实困境，进而为解决问题提供可操作的对策建议。

此外，本书综合采用文献、政策与档案等进行研究。首先，检索和收集国内外有关乡村建设、乡村治理、文化建设等的研究成果，进行理论研究；其次，收集和整理相关的政策、意见、法律、规划、文件等，如一些地方制度、政策、文件等，进行政策梳理；再次，还收集了一批与研究主题高度相关的地方史志，如当地县志、乡志、村志、村庄会议记录和档案资料，相关图表、影音视频、人物传记及调研所得的访谈记录和调研笔记等，这些都是本书重要的研究资料和研究基础。

第四节　主要观点

我国广大农村不仅是生活共同体，更是文化共同体。基于历史文化基因积淀的文化特性和文化符号对于形成村庄集体记忆、历史共同感、精神凝聚归属、同质性价值规范和村民互动起着重要作用，更深刻影响着乡村的有效治理和持续发展。虽然不同村庄具有差异性的文化在乡村治理中的表现形式也各有差别，侧重点也有所不同，但同样发挥着重要作用，实践中也涌现了大量文化治理型村庄。山西是文化资源大省，农村地区更具有丰富多样的特色文化，如传统德孝文化、红色革命文化、奋斗劳模文化、勤劳致富文化、群众活动文化等。在落实乡村振兴战略中，必须加强发挥农村特色文化的治理功效。

当前一些地方村落共同体解体，德孝文化和诚信文化削弱，守望相助传统消失，邻里矛盾突出，干群关系紧张，各种矛盾的积累甚至成为社会不稳定的因素。尤其是在现代工业文明、城市文明和信息网络技术的冲击下，传统农村文化中的重情义、重家庭和重乡土归属的优秀品质逐渐淡化，乡土文化正逐渐边缘化、荒漠化，延续几千年的农村文化正面临逐渐消失的危险。以往我国乡村文化建设中过多重视文化设施、场所等外部硬件建设，忽视了文化的价值功能和治理功效，虽然一定程度上满足了群众文化娱乐的需求，但失去价值引领的投入必然没有长久的生命力，"文化设施成为摆设、没人维护、随意私占、建了又建"的现象在农村大量存在，不仅造成资源浪费，更影响了农民公共精神，而"大水漫灌"式的文化输送，过度建设、千篇一律的文化开发，更剥蚀了乡村文化的根基。同时，农民大量向城市转移，导致农村空心化日益严重，一些农村经济社会陷入整体性衰落与凋敝，不仅造成农村经济停滞不前，还带来更多的治理问题。以往的乡村治理也过度强调"票选""自治"，忽视了农民对集体的归属感、认同感和自豪感的培育，一定程度上加剧了乡村的原子化和离散力。

从历史长时段来看，乡村振兴不是所有村庄无差别振兴，其中必然有大量自然消失的村庄，也必然有大量合并重组的村庄，地理意义上的传统乡村必然会不断减少，"留住乡愁"更是一种对乡土文化心理上的认同和怀念。可以说，乡土文化是乡村社会得以延续的核心，乡村振兴的核心就是要超越地理概念重构一种文化认同，实现文化振兴，这就需要通过文化治理来强化共同体成员的心理认同和价值共识，寻求新的文化共同体。因此，无论从乡村振兴战略总要求之间的内在关系来看，还是从我国乡村建设的历史经验和现实需求出发，抑或从未来乡村治理发展趋势、历史长时段下的乡村共同体建构来说，文化治理都是乡村振兴的内在意蕴。

文化治理是国家治理的重要形态，更是乡村振兴的内在意蕴。无论是传统德孝文化、革命文化、劳模文化、地方性文化，还是群众文化活动，在乡村治理中发挥同样的作用，其共同的内在逻辑就是将文化运用到村级治理当中，实现文化与治理的结合。将文化的软约束上升为治理的硬制度，不仅可以满足农民的文化需要，还可以实现文化的价值导向和治理有效。

一是加强基层党的建设，强化核心价值导向。当前社会价值观和信仰多样化的趋势，严重影响了农村的稳定和发展。实现乡村振兴首先是要重塑人们的价值观和文化认同，建构具有强烈归属感的精神家园。农村基层党组织作为乡村治理中的核心，必然承担着教育群众、凝聚群众、重建精神家园的重任。因此，要把加强农村意识形态、乡风文明建设作为基层党组织的重点工作，创新党组织领导下的乡村文化建设形式，组织开展形式多样的思想教育活动；充分利用农村各种公共生活空间，打造共同的精神文化空间，充分动员和凝聚村民集体归属感；创新党领导下的文化活动方式，积极培育农村文化社群，将农村文化建设与农民精神家园结合起来，培养与激发农民共同体精神，强化共同体意识。

二是挖掘乡土文化资源，激发农民情感认同。整合传统乡土优秀文化治理资源，大力开展农村特色文化资源挖掘与保护，并且深入挖掘其中蕴含的思想观念、人文精神、道德规范，并实现与现代文明相结合的创造性转化、创新性发展，是当前乡村文化治理的关键和重点。在这个过程中要大力加强人才培育与成长，通过建立有效吸纳机制，吸引支持各类人才通过各种方式服务乡村振兴事业。

三是发挥村规民约作用，实现集体自觉治理。村规民约作为"党组织领导下自治、法治、德治相结合的现代基层社会治理机制的重要形式"，是文化治理的重要方式和载体。把传统优秀道德文化、现代法治精神以及村庄历史风俗融入村规民约的具体内容中，既能引导村民在既有的村规民约中开展自治，又能回应村民对现代法律的制度需求。

四是创新公共文化服务，发挥农民主体作用。深化政府公共文化服务供给方式改革，切实发挥农民在乡村文化建设中的主体作用。一方面，加大资源整合力度，建立稳定的财政投入机制，形成多元主体合作共建的机制，加强农村文物保护利用和文化遗产保护传承，把更多的资源、服务下放到农村；另一方面，创新形式，以供给侧结构性改革为依托，改革项目供给机制，充分发挥农民的主体作用，改变政府供给与农民需求脱节的情况，盘活农村现有资源，激活农民主体参与乡村文化建设、文化治理的积极性，才能真正实现政府公共文化服务在乡村文化治理中的功效。

五是通过文化治理大力培育农民公共精神。文化治理能否发挥功效最终要落实到每一个农民的行为上，尤其是农民维护村庄公共利益的集体行动，而农民公共精神的培育，是意识、制度和行动的统一体，意识是前提，制度是保障，行动是结果，关键在于通过制度保障农民公共意识和公共行动的一致性，核心在于寻求集体利益和个体利益的协调性和一致性。一旦无关联或关联程度较低，其对公共事务的参与和维护公共资源的意愿便会大大降低。因此，培育农民公共精神关键在于加强利益联结，即在壮大村庄集体经济和公共福利的基础上，构建公平正义的利益分配和共享机制，从本质上内化公共精神，才能形成乡村振兴长远持久的内在动力。一方面，要通过现代民主价值倡导，让农民充分理解民主制度、民主权利和集体行为对集体利益的重要性，从而形成保护和增进集体利益的共同行为；另一方面，更要通过机制创新，加强对农村集体资源资产的民主管理和利益共享，破除农民参与村庄集体资源经营分配、公共事务决策管理的制度障碍，加强村庄集体财务、集体资源的公开程度和实现形式，充分保障农民对村庄公共事务的知情权、参与权和决定权，尤其是要注重集体资产资源分配中的公平性，充分保障农民作为集体成员的权利和利益，并不断提高农民的组织化能力，增强集体行动能力，以农民有力、有效的主体参与能力，从根本上实现对村庄公共资源和公共事务的集体治理，最终实现资源共享和共同富裕。

第一章　文化治理与公共精神：
乡村振兴的内在意蕴

"中国要美，农村必须美"，党的十九大报告中提出要按照"产业兴旺、生态宜居、乡风文明、治理有效、生活富裕"的总要求实施乡村振兴战略，为我国乡村建设指明了新的发展方向。乡村振兴是"五位一体"全方位的振兴，既要产业兴旺、生态宜居、生活富裕，更需要乡风文明和治理有效，如果说产业兴旺、生态宜居、生活富裕是乡村振兴的外在基础，乡风文明和治理有效就蕴含着乡村振兴的内在要求。习近平总书记在江苏调研时指出，实施乡村振兴战略不能光看农民口袋里票子有多少，更要看农民精神风貌怎么样。提升农民的精神风貌，绝非简单地进行文化输入，更需要"在田野上、村庄中找回文化发展的内生动力"[①]。这就需要将文化建设与乡村治理相结合，实现文化治理，即以乡风文明促进治理有效，以治理有效保障乡风文明。

第一节　文化治理的内涵和功能

一、治理是文化的内在属性

文化，广义上是指人类创造的一切物质财富和精神财富的总和，狭义上主要指社会的意识形态和认知性、情感性的精神成果。马克思认为："观念、思维、人们的精神交往在这里还是人们物质关系的直接产物"[②]，本质就是人创造性的实践劳动。毛泽东认为"一定的文化（当作观念形态的文

---

① 吕晓勋.把文化种子播入精神土壤：关于乡村振兴的思考[N].人民日报，2017-12-18（05）.
② 中共中央马克思恩格斯列宁斯大林著作编译局.马克思恩格斯文集（第1卷）[M].北京：人民出版社，2009：524.

化）是一定社会的政治和经济的反映"①。美国人类学者克利福德·格尔茨认为："文化是指一个群体或社会共同具有的价值观和意义体系，主要包括人们的思维模式、生存模式和行为模式。"②梁漱溟更是将文化理解为"吾人生活所依靠之一切"③。无论是从马克思主义的唯物史观来看，还是从西方文化人类学来看，不管以何种方式解释文化，文化的核心是人，即是人创造了文化，文化服务于人，同时人也受文化的约束。

观乎人文，以化成天下，文化的价值和意义在于对社会的影响。人类在实践活动创造了文化，文化反过来又对个人和社会进行教化，从而塑造个人，引导社会。④文化不仅具有传递文明和构建精神世界的作用，作为一种价值体系和行为规范，更具有规范行为、凝聚社会的作用，而治理的目的就是"引导、控制和规范公民的各种活动"⑤。可以说，治理是文化的内在属性，文化本身不仅具有价值规范的特性，而且是一种有效的治理资源和治理工具，西方学者更将文化解读为一种作用于社会关系上的治理机制。

二、文化治理的内涵及作用

不同于国家进行强制性规范的文化管理，也不同于单纯进行文化设施投入的文化建设，文化治理既包括对文化的治理，也包括用文化进行治理，实质都是透过文化和以文化为场域达至治理的目的，⑥最主要的特征就是通过所有共同体成员之间的共同参与和良性互动，强化价值认同、建构精神秩序，进而在心理认同下进行集体行动和自觉治理。文化治理不仅体现治

① 毛泽东.毛泽东选集（第2卷）[M].北京：人民出版社，1991：663—664.
② [美]克利福德·格尔茨.文化的解释[M].韩莉，译.南京：译林出版社，1999：5.
③ 梁漱溟.梁漱溟全集（第3卷）[M].济南：山东人民出版社，1990：9.
④ 杨耕.文化的作用是什么[N].光明日报，2015-10-14（13）.
⑤ 俞可平.治理和善治：一个新的政治分析框架[J].南京社会科学，2001（09）：40—44.
⑥ 吴理财.文化治理的三张面孔[J].华中师范大学学报（人文社会科学版），2014（01）：58—68.

理的工具理性，更看重治理效果的价值理性，[①]只有实现工具理性与价值理性的深刻融合，才能有效发挥其治理功能。

从功能层次上来看，文化治理综合政治、经济、社会等多种功能，政治层面上是文化领导权的塑造过程和机制，经济层面上是文化产品和服务的供给效率，社会层面上则是通过明确"文化身份"和"文化合法性"[②]来实现社会的认同与凝聚。从历史过程上来看，文化治理经历了从政治延伸的统治性文化治理、"文化生产资本化"的弥散性文化治理，发展到当今多中心合作性的文化治理，[③]深刻反映了社会治理结构的变迁。无论是从功能层次，还是从历史过程来看，文化治理的终极目标都在营造一种黏合的共同体，通过强化共同体成员的心理认同和价值共识来建构、维持和巩固社会秩序。

治理的权威主要来源于公民的认同和共识。[④]随着进入以"陌生人"为主要特征的现代社会后，文化治理的社会功能愈加凸显，即如何通过文化治理实现社会认同，进而形成社会凝聚和社会协作，显得日益重要。同时，治理还是一种满足公众需要、寻求社会资源配置最优化的持续互动过程，要求治理主体之间的互动联系。在这个过程中，文化作为一种治理资源日益受到重视，甚至是决定治理绩效的关键性因素和最终解释变量。这也要求政府文化职能从单纯的意识形态宣教与强制灌输向政治认同培育和协商参与机制构建的转变，[⑤]日益成为国家治理现代化的重要标志。[⑥]

---

① 蔡文成，赵洪良.结构·价值·路径：文化治理的内在逻辑与实践选择 [J].长白学刊，2016（04）：133—140.

② [德] 尤尔根·哈贝马斯.合法性危机 [M].刘北成，曹卫东，译.合肥：合肥工业大学出版社，2014：55—56.

③ 张森.文化治理：理论演进、西方模式与中国路径 [M].北京：中国政法大学出版社，2017：54.

④ 俞可平.论国家治理现代化 [M].北京：社会科学文献出版社，2014：2.

⑤ 胡惠林.文化政策与治理 [M].上海：上海人民出版社，2015：11.

⑥ 胡惠林.国家文化治理需让更多公民参与 [N].光明日报，2013-11-14（02）.

第二节　文化治理与乡村振兴的关系

实施乡村振兴战略是党的十九大做出的重大战略部署，并提出了"产业兴旺、生态宜居、乡风文明、治理有效、生活富裕"的总要求，习近平总书记也多次强调要加快推进乡村振兴战略的落实。因此，必须深刻理解其基本内涵和精神实质，才能保障乡村振兴战略沿着正确的方向进行，而无论从乡村振兴战略总要求之间的内在关系、我国乡村建设的历史经验和现实需求，还是从未来乡村治理发展趋势，历史长时段下的乡村共同体建构来说，文化治理都是乡村振兴的内在意蕴。

一、文化治理是乡村振兴的精神内涵和内在动力

党的十九大报告中指出，"没有高度的文化自信，没有文化的繁荣兴盛，就没有中华民族伟大复兴"。中华文明的根基在乡村，而乡村文化是中华优秀传统文化的发源地，是广大劳动人民的情感寄托和精神家园，是维持乡村秩序的重要基础，其中蕴含着丰厚的治理资源，更为乡村振兴提供源源不断的精神动力。提升农民的精神风貌不仅是乡村振兴战略的目标之一，而且是乡村振兴的灵魂和精神内涵。文化治理作为强化价值认同、建构精神秩序的重要方式，则为乡村振兴提供了内在动力。

同时，乡村振兴是"五位一体"全方位的振兴，既要产业兴旺、生态宜居、生活富裕，又需要乡风文明和治理有效。如果说产业兴旺、生态宜居、生活富裕是乡村振兴的硬件目标，反映的是乡村的经济发展水平的话，那么乡风文明和治理有效就蕴含着乡村振兴的内生动力，反映乡村的精神风貌，一定程度上影响硬件目标的实现程度和持续能力。因此，从乡村振兴的内生动力来看，必须将乡风文明和治理有效相结合，实现文化治理，即以乡风文明促进治理有效，以治理有效保障乡风文明。

二、文化治理是乡村振兴的历史经验和现实需求

从我国乡村建设的历史经验和现实需求来看，必须加强文化治理。由于以往乡村建设存在重经济发展、轻文化建设的倾向，乡风文明建设没有得到足够的重视，以致出现经济发展而道德滑坡的现象。当前一些地方村落共同体解体，德孝文化和诚信文化削弱，守望相助传统消失，邻里矛盾突出，干群关系紧张，各种矛盾的积累甚至成为社会不稳定的因素。尤其是在现代工业文明、城市文明和信息网络技术的冲击下，传统农村文化中的重情义、重家庭和重乡土归属的优秀品质逐渐淡化，乡土文化正逐渐边缘化、荒漠化，延续几千年的农村文化正面临逐渐消失的危险。

以往我国乡村文化建设中过多重视文化设施、场所等外部硬件建设，忽视了文化的价值功能和治理功效，虽然一定程度上满足了群众文化娱乐需求，但失去价值引领的投入必然没有长久的生命力，"文化设施成为摆设、没人维护、随意私占、建了又建"的现象在农村大量存在，不仅造成资源浪费，而且影响了农民公共精神，而"大水漫灌"式的文化输送，过度建设、千篇一律的文化开发，更剥蚀了乡村文化的根基。

同时，农村人口大量向城市转移，导致农村空心化现象日益严重，一些农村经济社会陷入整体性衰落与凋敝，而农村发展的空心化不仅造成农村经济停滞不前，还会带来更多的治理问题。[①] 以往的乡村治理也过度强调"票选""自治"，忽视了农民对集体归属感、认同感和自豪感的培育，"个体意识增强，集体意识逐渐淡化"[②]，一定程度上加剧了乡村的原子化和离散力。因此，从乡村经济建设、文化建设和治理建设的历史和现实来看，都必须注重价值引领，实现文化治理，凝聚农民共识，培养互助精神，重塑乡村共同体。

---

① 徐勇.乡村治理与中国政治 [M].北京：中国社会科学出版社，2008：253.
② 徐勇.乡村治理与中国政治 [M].北京：中国社会科学出版社，2008：258.

三、文化治理是乡村振兴的发展趋势和时空内核

从未来乡村的发展趋势来看，随着城镇化和社会专业化分工进程的加快，传统上以地缘、血缘及集体经济边界为基础的乡村社会结构正不同程度消解，向着"半熟人社会"甚至"陌生人社会"转变，以复杂业缘关系为主体的新型社区将不断涌现，乡村社会结构、价值观和群众需求日益松散化、多元化和多样化，加之公共资源的拥挤化和利益的复杂化，"传统的习惯和经验难以应付生活中所遇到的种种问题"①。基层社会治理难度的加大也日益要求进行社会凝聚和社会协作，寻求更有效的自觉治理和更广泛的合作治理，这就迫切需要将传统乡土社会中的文化资源、礼俗规范与现代文明相结合来进行治理，构建一种新型的文化治理模式，充分发挥文化治理在凝聚人心、调节矛盾、稳定社会方面的作用。

从历史长时段来看，乡村振兴不是所有村庄无差别振兴，其中必然有大量自然消失的村庄，也必然有大量合并重组的村庄，地理意义上的传统乡村必然会不断减少，"留住乡愁"更是一种对乡土文化心理上的认同和怀念。可以说，乡土文化是乡村社会得以延续的核心，乡村振兴的核心就是要超越地理概念重构一种文化认同，实现文化振兴。这就需要通过文化治理来强化共同体成员的心理认同和价值共识，寻求新的文化共同体。

第三节　文化治理的效能在于培育农民公共精神

实施乡村振兴战略是党的十九大做出的重大决策部署，其中实现农业农村现代化是其总目标。习近平总书记特别强调实现农业农村现代化是包括"物"的现代化和"人"的现代化的统一体。②作为现代文明和现代社会

---

① 费孝通. 乡土中国 [M]. 南京：江苏文艺出版社，2007：55.
② 习近平. 把乡村振兴战略作为新时代"三农"问题的总抓手 [J]. 求是，2019（11）.

成熟程度标志的公共精神，是公民在面对共同生活和公共事务时自觉的身份认同和责任担当，[①] 是公共意识和公共行为的统一，不仅有利于提高现代产业发展的资源配置效率，而且是人从传统走向现代化的核心要求。因此，在实施乡村振兴战略、开启农业农村现代化建设新局面的背景下，积极培育农民公共精神，不仅对于推动乡村产业发展、改善乡村基础设施建设、提高公共资源配置效率等"物"的现代化具有重要意义，而且有利于提升农民的现代文明素养，是实现农民"人"的现代化的重要内容和途径。

一、公共精神是主体意识、道德与行为的统一

公共精神既是公民的公共道德，也是一种政治行为。西方学者通常放在社会政治层面观察人在共同体中的政治参与行为。如帕特南认为"公共精神既包括平等也包括参与"[②]，主要表现为公民在公共政治生活中的政治平等和积极参与公共事务。以珍妮特·登哈特和罗伯特·登哈特为代表的新公共服务理论学者也认为公共精神就是公民"关注公共利益、积极参与社会治理"[③]，体现为公民在协调个人利益与公共利益中，基于理性判断和自由意志而参与公共活动的实践活动。[④] 我国学者通常从公共意识、公共道德、社会责任、集体主义等方面进行研究[⑤]。从公共精神的本质来说，主要体现为一种现代公民性，包含价值判断和公共理性为一体的政治行为，是公民在社会化大生产和现代化进程中参与公共生活的理性选择。

一方面，公共精神是公民在协调个体利益和整体利益关系基础上做出的理性选择，既包括对共同体的情感和道德认同，又是基于利益共享基础

① 秦菊波. 论现代公共精神与公民公共意识 [J]. 江西科技师范学院学报，2009（06）：34—37.

② [美] 罗伯特·帕特南. 使民主运转起来 [M]. 王列，赖海榕，译. 南昌：江西人民出版社，2001：120.

③ [美] 珍妮特·登哈特，罗伯特·登哈特. 新公共服务：服务，而不是掌舵 [M]. 丁煌，译. 北京：中国人民大学出版社，2004：27.

④ 吴开松. 简论公共精神的现代内涵 [N]. 光明日报，2008-11-4（10）.

⑤ 何齐宗，苏兰. 我国公共精神研究的回顾与前瞻 [J]. 江西社会科学，2018，38（01）：199—207.

上的价值认同、权利保障、理性参与和集体行动，本质上追求的是公共利益普遍增长上个人利益的最优化，是意识、态度、情感、利益和行动的统一体，是整体利益和个体利益的协调统一；另一方面，公共精神是公民在集体行动时意识、态度、情感、利益和行动的统一体，不仅体现为个体在观念、价值、情感上对共同体的认同，而且在于集体行动对公共事务、公共资源、公共利益的有效参与和维护。尤其是作为超越自身利益关注更大公共利益的公共精神，是公民基于理性判断协调个人和公共利益基础上的个体自觉和维护公共利益的集体行动。

没有农民的现代化和乡村治理的现代化，就没有整个国家的现代化和国家治理的现代化。在当前乡村现代化转型的过程中，乡村治理危机所涉及的不仅仅是物质、价值层面的问题，更多的是村庄治理和公共性的发展问题。① 因此，加强农民公共精神培育，不仅对解决转型过程中现代乡村共同体的价值认同、提升农民的现代公民性和村庄公共生活中的公共责任具有重要的作用，而且对探索乡村治理现代化和乡村全面振兴的实现路径具有重要的理论和现实意义。

二、农民公共精神弱化给乡村振兴带来的挑战

实现乡村治理现代化关键要发挥农民的主体作用，而培育农民公共精神对于提升农民的精神风貌，促进农民积极参与乡村公共事务，进而促进乡村治理现代化具有重要的作用。尤其是乡村振兴的背景下，无论是在产业发展、环境改善、民主治理，还是在乡风文明、共同富裕中，都急需加强农民公共精神培育。当前农民公共精神缺失使得乡村治理面临诸多挑战，阻碍了乡村振兴的实现。公共精神的缺失是乡村从传统走向现代转型过程中的现实问题，其中既有历史传统，也有市场经济的影响，更有现代乡村

---

① 贺雪峰. 中国农民价值观的变迁及对乡村治理的影响：以辽宁大古村调查为例 [J]. 学习与探索，2007（05）：12—14.

发展趋势的制约，是一个多重因素的结合。

（一）农民公共精神弱化的历史与现实约束

1. 小农经济生产方式及血缘家庭社会关系的历史传统

首先，在传统自给自足的小农经济中，以家庭为基本生产单位，每个家庭依附于自己的土地生活，缺乏共同参与公共事务的契机，导致农民合作意识淡薄，并未形成对村庄共同利益的初步认识，人与人之间的社会关系和交往形式较为简单，形成了强调"自我修身""事不关己，高高挂起""只扫门前雪"等的文化习惯。其次，以血缘和宗法关系为纽带的差序社会，农民多从自身、家庭、家族出发考虑问题，缺乏对村庄整体的宏观认识与维护公共体系的道德自信和价值自觉，传统乡约礼俗忽视甚至泯灭了个人的正当需求，在僵化的道德约束和公私利益相博弈的矛盾中，不利于农民建立对乡村共同体的正当认识，阻碍其公共精神的形成。[①]

2. 改革开放后市场化小农的利益驱动

改革开放后，家庭联产承包责任制的推行导致人民公社体制的解体，农民由公社中的社员变为一个个原子化的市场主体，农民的自主与私利意识不断增强。尤其是市场交易规则逐渐渗透到农民的日常生活中，并由此带来功利主义观念和经济利益关系，对乡村的集体主义价值观进行了消解。一方面，农民变得日益世俗化、理性化，极力追求金钱与物质财富；另一方面，市场经济为农民形成独立的人格思想提供外部条件，但过度追求个人自由会使其产生一种极端的个人主义思想，即农民只关注自身的利益，却忽视对他人和集体的义务与责任。[②]

3. 城镇化和科技进步加速后乡村共同体的解体

随着市场化和城镇化的加速，乡村逐步空心化，并且逐步由"熟人社会"向"陌生人社会"转变。在这个过程中，城乡差距的逐步拉大导致农

---

① 李秀红. 现代乡村需要公共精神的滋养 [J]. 人民论坛，2016（21）：73—75.

② 辛宁. 中国乡村公共精神的缺失及建设 [J]. 四川行政学院学报，2016（04）：100—104.

民对乡村的认同感和归属感日益弱化。同时，随着科技进步、现代信息技术的发展，农民也将日益卷入数字化、虚拟化的交流方式，这不仅大大压缩了农民日常生产生活的公共空间，而且农民间的交流与社会交往也大幅度减少，邻里之间的关系趋于弱化，传统上对乡村的情感、文化认同逐步降低。

（二）农民公共精神弱化带来的问题与挑战

1. 农民公共精神缺失导致乡村产业发展受阻

现代农业是资源集中、规模经营的高效农业，必须整合土地、劳动力、金融、技术等多种要素，然而当前乡村空心化现象日益严重，乡村人口大量外流，资金、资源、技术等全面缺乏。尤其是农民受传统农业经营模式的限制，不愿意加强土地、资金、人力等方面的合作，虽然国家大力倡导农民兴办专业经济合作社，但是现实当中大多"空转"和"形式化"，农村产业发展受阻。其中农民公共精神的缺失也是原因之一，特别是在缺乏对村庄共同利益认同和村庄利益关联性弱化的背景下，农民未能承担相应的公共责任，因而难以实现农业的转型升级和共同富裕。

2. 农民公共精神影响农村人居改善效果

全面改善农村人居环境，建设基础设施齐全、公共服务配套、生态环境美好的乡村是实现乡村振兴的重要前提，这不仅需要政府对农村人居环境加大投入和进行宣传动员，而且也离不开农民对环境的自觉维护。调研发现，当前对农村公共道路、公共场所等环境卫生农民缺乏有效的自我维护和清理，即使政府投入大量的人力、物力来改善农村的人居环境，但是缺乏农民主动自觉的维护，往往收效甚微。之所以会出现这种情况，关键在于农民缺乏公共精神和公共意识，缺乏对自己生活环境的主动维护，未能将村庄的整体印象改善与自己紧密相连，并承担自己的公共责任，进而影响农民对村庄的认同感、归属感、幸福感和获得感。

3. 农民公共精神缺失恶化乡风民风

良好的乡风民风是乡村永葆活力、实现持续发展的重要源泉。塑造良好的乡风民风需要构建村民之间守望相助、和谐友善的人际关系，同时需要正确的道德价值观作为引领，然而随着社会转型与市场经济的影响，村民的价值观受到一定的冲击，以血缘伦理和宗法为纽带的"熟人社会"形态趋向解体，村民的人际关系日益疏远，而更多地演变为一种以金钱和利益为主的交换，不赡养老人、家庭暴力、不遵守公德、不爱护公物等不良现象日益增多。尤其农民因缺乏公共精神而形成的不涉及自身利益就事不关己的心态、集体观念的消逝以及个体道德感的缺失，均严重恶化了乡村的社会风气。

4. 农民公共精神缺失弱化民主治理绩效

提升民主治理绩效需要农民广泛参与到乡村治理的公共事务活动中，行使民主权利，履行个人的义务与责任，也是农民公共精神最基础的表现，但是当前农民过分依赖政府和村干部进行乡村治理，表现为对基层自治活动和公共事务的参与性不足。此外，托关系、依人情上台等现象在村干部的选举中仍大量存在，使基层自治的治理效果大打折扣。如只有极少数村民关心和参与村庄中的公共事务，对村规民约的制定和执行表示冷漠，甚至大部分村民不清楚其具体内容等，既是农民公共精神缺失、公共责任感弱化的具体表现，也直接反映了村民自治目前的现实困境。

5. 农民公共精神缺失加剧村庄公共资源浪费

提高乡村中公共资源的利用率需要农民主动参与到公共工程的建设与维护的实践中，有赖于农民公共意识以及公共行为习惯的养成，然而农民对乡村公共事务的参与愈加表现为一种在极端个人主义主导下的趋利活动。尤其是缺乏公共精神使得农民往往利用博弈规则实现自身利益的最大化，而较少考虑公共利益，这不仅阻碍了乡村在组织建设公共工程中效率的提升，也不利于公共资源得到长期维护和合理广泛的使用，造成公共资源的浪费、公共设施使用寿命降低、公共空间萎缩等现象。

总之，由于农民公共精神的缺失，当前乡村在产业发展、人居环境、乡风民风、民主治理绩效、公共资源的利用等方面均面临许多现实问题。乡村振兴的关键在于农民，而公共精神在实现农民对乡村的共同利益、主体身份到情感的回归和内生动力的激活中扮演着不可或缺的角色，即有利于增强农民对村庄公共利益的认同，减少农业规模化经营中的阻碍；有利于重塑农民对村庄的认同感和归属感，增强农民参与公共事务的积极性，提升公共资源的利用度和人居环境的改善效果；有利于实现人际关系的和谐与树立乡村道德新风尚，突显农民在乡村振兴中的主体地位。

三、农民公共精神是实现乡村振兴的内生动力

公共精神作为维护村庄共同体认同和推动公共事务集体行动的内在动力，对于促进乡村治理现代化、实现乡村振兴具有重要意义。长期以来，随着城镇化、市场化的快速发展，农民逐步走向原子化和私利化，虽然国家通过实施惠民工程加大对农村的反哺力度，但由于农民公共精神的弱化，导致资源浪费和乡村治理绩效弱化。党的十九大报告把乡村振兴战略作为党和国家的重大战略，而实现乡村振兴的关键在于发挥农民主体地位，增强乡村的内生发展动力，这不仅是满足政策要求的必要条件，而且也是乡村治理危机已从外部的治理性危机过渡到农民内部的伦理性危机的现状所决定的。[①] 因而培育农民公共精神对于增强农村内生发展动力来说，集中表现在共同体维护、农民主体地位发挥和乡村持续发展三个方面。

（一）农民公共精神是构建现代乡村共同体认同的社会属性

滕尼斯认为，共同体意味着一种持续且真正意义上的公共生活，是以一致的自然感情为基础而形成的关系密切的有机群体，[②] 既包括自然形成的共同体，也包括社会建构的共同体。村庄共同体是兼具地域、情感、利益、文化等的统一体，对于共同体的认同是将"马铃薯"般的农民有效集合起来的前提。农民公共精神所包含的个体对集体利益的认同与维护、在集体

---

① 申端锋. 农村生活伦理的异化与三农问题的转型 [J]. 中国发展观察，2007（10）：30—32.
② [德] 斐迪南·滕尼斯. 共同体与社会 [M]. 林荣远，译. 北京：商务印书馆，1999：52—53.

行动时考虑全局的共同意识，以及对集体的情感归属，这些共同构成了对村庄共同体的价值认同。因此，培育农民公共精神有利于将农民与村庄紧密联系起来，增加农民主动地参与村庄公共事务的主观愿望，同时有助于提高农民对其共同的生活村庄的情感认同，增强村庄内部的凝聚力。

在我国传统的乡土社会里，乡村是基于血缘和共同生产生活基础上"自然形成的具有一定的规则秩序、趋同的经济利益、类似的文化习俗的群体性组织"[1]，是一种"熟人社会"里形成的自然共同体。因此，基于血缘、亲缘、姻缘关系上的情感认同和自然认同是维持传统乡村共同体的基本认同形式。近代以来，受西方工业文明的影响，我国开始从传统走向现代，乡村也逐步开启了现代化的转型。改革开放以来，随着我国工业化、市场化、城镇化进程的加快，以地缘、血缘以及集体经济边界为基础的乡村社会结构不同程度地被消解，各个新型的乡村社区逐步增多，农民的个体意识和理性选择逐步显现，其社会交往更多地从传统的守望相助转变为利益互换。可以说，乡村在向现代化转型的过程中，农民对乡村的认同也逐步从情感的自然认同转为理性的社会认同。在这个转型过程中，自然认同逐步消解，社会认同还未建立，使乡村治理危机逐步从外部的治理性危机过渡到农民内部的伦理性危机，[2] 而这个内部危机的实质就是农民对自身利益的过度追求而忽视对他人和集体的义务与责任，[3] 只要不涉及农民自身利益，对任何公共利益往往选择"事不关己，高高挂起"的心态，不仅消解了传统的情感链接和集体观念，甚至恶化了乡村的社会风气，农民对村庄的认同感与归属感也逐步降低。

公共精神是公民在协调个体利益和整体利益关系基础上做出的理性选择，是整体利益和个体利益的协调统一。因此，通过培育农民公共精神，加强村庄公共利益和农民个人利益的关联性，增强农民参与村庄公共事务

① 杨郁，刘彤.国家权力的再嵌入：乡村振兴背景下村庄共同体再建的一种尝试 [J].社会科学研究，2018（05）：61—66.

② 申端锋.农村生活伦理的异化与三农问题的转型 [J].中国发展观察，2007（10）：30—32.

③ 辛宁.中国乡村公共精神的缺失及建设 [J].四川行政学院学报，2016（04）：100—104.

的主动性和集体行动力，不仅可以增进村民间的感情和信任，而且还伴随着农民对村庄公共责任和义务的承担，更可以增进农民对村庄的情感链接和利益认同，进而将农民的现代化与现代乡村认同紧密联系起来，逐步形成以理性和社会认同凝聚群体的发展共识。

（二）农民公共精神是乡村振兴中发挥农民主体地位的现实要求

坚持农民主体地位、发挥农民主体作用是实施乡村振兴战略的基本原则，也是实现乡村振兴的动力源泉和基本途径。21 世纪以来，随着经济社会的发展，我国对农村逐步进行由"资源汲取"向"资源反哺"①的战略转变，中央和各级地方政府通过惠农工程加大对农村的扶持力度，但这种"被动式""单向性"的支持方式，由于缺少农民的主体参与，往往出现"政府主导，群众观望""政府唱戏、群众看戏"的困局，②不仅导致大量的重复建设和公共资源浪费，而且弱化了农民公共责任，影响资源配置和基层治理的绩效。治理理论认为，缺乏公共参与能力、公共责任意识的村民难以成乡村真正的主人。③而主人翁意识与其在参与公共事务活动时形成的独立的公民精神、公共责任意识、社会公德意识密不可分。培育农民公共精神有利于激发他们关心村庄公共事务的热情，从而积极主动地参与基层自治等乡村治理活动。一方面，农民的公共责任意识和公共参与能力在一次次公共活动中得以提升，从而为他们更多地公共参与奠定主观基础；另一方面，农民在参与的过程中逐步将内化公共意识和公德意识转变其日常行为活动，由此不断提升农民在乡村治理中的主体地位。

现代化最终是人的现代化，是国家现代化不可或缺的因素。④在乡村走向现代化过程中，不仅需要外部给予资金、技术、人力、科技等"物"的

---

① 尤琳，陈世伟.后税费时期乡镇政府治理能力研究 [J].社会主义研究，2013（06）：59—64+169.

② 徐勇，邓大才.再领先一步 [M].北京：中国社会科学出版社，2012：196.

③ 王丽.公共治理视域下乡村公共精神的缺失与重构 [J].行政论坛，2012，19（04）：17—21.

④ [美] 阿历克斯·英格尔斯.人的现代化：心理·思想·态度·行为 [M].殷陆君，译，成都：四川人民出版社，1985：86.

支持，更需要农民通过观念、意识、知识、态度、技能等的改变，发挥内在的"人"主体能动性。因此，在实施乡村振兴战略的过程中，必须改变农民作为外部资源被动接受者和乡村建设旁观者的现象，激励农民主动参与到自己美好家园和美好生活建设的各个环节，发挥其主体作用和主观能动性。

公共精神不仅体现为个体在价值上对共同体的认同，而且体现在集体行动上。因此，在实施乡村振兴战略的过程中，培育和提升农民公共精神，激发农民关心村庄公共利益、参与村庄公共事务的热情，对于彰显其主体地位具有重要意义。同时，培育农民公共精神，对于提升农民公共责任和提高公共资源配置效率、实现集体利益与个人利益同步可持续增长具有重要的经济和社会价值。

（三）农民公共精神凝聚乡村持续发展全面振兴的整体合力

乡村振兴是包含产业、人才、文化、生态、组织在内的全方位整体振兴，不仅需要经济发展，而且需要农民精神风貌的提升，实现物质上的共同富裕和精神上人的全面发展。同时，乡村实现持续发展需要经济平稳发展、民主治理有效且合民心、乡风民风质朴优良、公共资源得到维护及合理运用、生态环境整洁美好。培育农民公共精神有利于更好地聚集农民的土地、资本、劳动力以实现规模化经营，可以吸引更多的人力资源和社会资本返乡就业创业，带动乡村经济实现稳定增长；有利于加强农民之间的联系，培养其宽容、信任、合作等方面的美好道德品质，促进乡村社会的稳定；有利于形塑农民在社会公共场所和使用公共物品时行为的自觉性，引导他们自觉维护其赖以生存的乡村自然环境与资源，为实现乡村的可持续发展营造良好的外部环境和奠定物质基础。同时，乡村振兴不能单独靠乡村自身力量实现现代化，而需要通过城乡融合发展，将乡村外部的资源支持和本身内生力量的激发相结合，实现外部资源利用与内生动力激发的双向结合，[1] 进而形成持续发展的社会合力。因此，培育农民公共精神，一方面，可以充分利用外部资源，并从公共利益最大化角度提高资源配置的效率和效果；另一方面，对于村庄内部来说，既可调动每个村民的主体积极性，挖掘村庄内部的资源、优势和特色，又可以将农民组织起来，有效发挥整体合力。

首先，培育公共精神可以提升农民参加集体活动、参与公共事务以及维护公共利益等方面的自觉性和主动性，不仅强化了农民的情感联系，塑造相互信任、共同合作的现代公共意识、责任意识和集体价值观，而且提升了乡风、民风的文明程度；其次，从生产行为上来看，培育农民公共精神，可以从意识上破除传统小农分散低效的思维局限，提高农民现代市场化的生产经营合作理念，增强农民的风险共担和利益共享意识，加快农村土地、资本、劳动力等资源的整合力度，促进农业的规模化生产和各种形式合作经济的繁荣，进而增强农民与集体之间的利益关联性，为农业现代化和走向共同富裕提供有效持续的保障。再次，良好的公共意识和社会公德可以形塑农民在村庄公共场所和使用公共物品、公共资源时的行为自觉性和长远性，引导农民自觉改善乡村人居环境、维护农村生态环境、提高公共资源利用的可持续性，为实现乡村持续发展和全面振兴营造良好的环境基础和提供资源保障。

---

① 邓万春.激发乡村振兴的内生动力 [N]. 中国社会科学报，2018-06-19（08）.

第二章　传统德孝文化在乡村治理中的作用及实践探索

中华优秀传统文化是中华文明的智慧结晶和精华所在，是中华民族的根和魂，更是当代中国发展的突出优势，是我们在世界文化激荡中站稳脚跟的坚实根基。2023 年 6 月，习近平总书记在文化传承发展座谈会上指出："中国文化源远流长，中华文明博大精深。只有全面深入了解中华文明的历史，才能更有效地推动中华优秀传统文化创造性转化、创新性发展，更有力地推进中国特色社会主义文化建设，建设中华民族现代文明。"推进国家治理体系和治理能力现代化，必须发挥文化的作用，加强对中华优秀传统文化的挖掘和阐发，努力实现中华传统美德的创造性转化、创新性发展，加快构建充分反映中国特色、民族特性、时代特征的价值体系。我国广大农村地区不仅是地域生活共同体，而且是文化精神共同体，这些基于历史文化基因而积淀的文化特性和文化符号对于形成村庄集体记忆、历史共同感、精神凝聚归属、同质性价值规范和村民互动起着重要作用，更深刻地影响着乡村的有效治理和持续发展。由于历史、地理、经济等方面的差异，各地区文化不尽相同，不同村庄具有差异性的文化在乡村治理中的表现形式各有差别，侧重点也有所不同，但同样发挥着重要的作用，实践中也涌现了大量文化治理型村庄。作为我国传统优秀文化的重要组成部分，德孝文化对于提升群众的精神风貌、改善人际关系、促进乡风文明、推动乡村有效治理具有非常重要的作用。本章主要通过山西 L 村以弘扬优秀传统文化推进乡村振兴的典型案例，分析一个既无资源优势又无区位优势的典型农业型村庄由乱到治、由衰到兴的发展过程，探索以弘扬优秀传统文化为核心的乡村振兴路径。

第一节　传统德孝文化在乡村治理中的重要作用

　　文化是一个国家、一个民族的灵魂。文化自信是一个国家、一个民族发展中最基本、最深沉、最持久的力量。文化兴国运兴，文化强民族强；文化兴则乡村兴，文化强则乡村强。"优秀传统文化是一个国家、一个民族传承和发展的根本，如果丢掉了，就割断了精神命脉。"①中华民族五千年文明历史所孕育的优秀传统文化是中国特色社会主义文化的重要源流，德治思想和德孝文化是其中的精髓。对于村庄共同体而言，中国传统农村基于血缘共同体形成的德孝文化和基于地缘共同体形成的农耕文化相辅相成，使得村庄共同体彰显出相互信任、守望相助、注重情谊的鲜明特征，并成为乡村得以延续和发展的保障，最终成为精神共同体。改革开放后，随着市场经济的建立与发展，利益日益成为人们判断事务的标准，社会上逐渐出现了道德滑坡和价值观扭曲的现象，村庄共同体表现出缺乏诚信、人情冷淡、唯利是图的明显特征，呈现出乡村衰败的迹象。党的十九大提出了乡村振兴战略，要求"健全自治、法治、德治相结合的乡村治理体系"。在"三治结合"的乡村治理体系中，自治为基础，法治为保障，德治为核心。因此，在促进乡村实现乡风文明和有效治理的过程中，弘扬优秀传统文化，充分挖掘传统德孝文化的现代价值，充分发挥优秀德孝文化在现代乡村治理中的作用至关重要，实践中主要体现为凝聚情感认同、规范成员行为、化解社会矛盾和盘活社会资本等方面。

一、德孝文化能够持续凝聚农民的情感认同

　　共同体是建立在自然情感基础之上的联系紧密、充满温情的"一种生

---

① 高琼.五个维度解读习近平传统文化观[J].思想政治工作研究，2017（06）：11—13.

机勃勃的有机体"①。共同体与社会有本质区别,共同体成员之间有共同历史和记忆,是一种整体本位的有机体,血缘共同体、地缘共同体、精神共同体是共同体的基本形式,传统自然村落同时具备了这三种属性,② 其中以血缘共同体为核心。血缘共同体是以血缘为联结纽带的共同体,传统自然村落主要是由不同的家族或家庭组成的多姓杂居村落,少数几个大姓占村庄人口结构的主体,也有一些村庄是单一家族组成的家族型村庄,全体村民拥有共同的祖先,家族内部秩序是农村长期持久有序的基础。在传统以血缘关系为核心的村落共同体里,德孝文化是凝聚村民情感认同的基础。

西周之前,孝与德基本上是一体的,孝是德的内涵,而德是孝的承担。西周时,《诗·大雅·卷阿》的"有孝有德……四方为则"与《克鼎》的"天子明,显孝于神",把孝与德并称,而且放在显著的地位,说明德孝是周人基本的宗法伦理价值。"上帝是一般神,祖先是特别神。……周人才把德孝并称,德以对天,孝以对祖。"③ 王慎行先生把西周金文与典籍中"德"字用例进行排比后,确认"德的实质仍然是孝,它包含着孝的内容。周人将奉养父母、祭享先人称为孝,而将崇敬上帝唯天命是从谓之德,其实质是对上天克尽孝道,此乃周人唯恐称名混淆,变换称谓而已。在周人的意识形态中,孝敬父母、先祖谓之孝,孝敬昊天上帝谓之德,亦称敬天或敬德。可见德是对上天行孝的代名词"④。

血缘关系是人与人之间最根本的关系,协调人与人之间的关系是儒家仁的本义。孔子把孝悌看作仁之根本,"君子务本,本立而道生,孝悌也者,其为仁之本与!""君子笃于亲,则民兴于仁!"⑤ 孟子在孔子这一思想的基础上提出了"仁之实,事亲是也"⑥ 的观点。孔子之仁的根基立足于孝亲,

---

① [德]斐迪南·滕尼斯.共同体与社会[M].林荣远,译,北京:商务印书馆,1999:54.

② Graham Day. Community and Everyday[J]. New York: Routledge, 2006:P3.

③ 侯外庐.中国思想通史(第1卷)[M].北京:人民出版社,1957:2+95.

④ 王慎行.论西周孝道观的本质[J].人文杂志,1991(02):70—76+120.

⑤ 邢昺.论语注疏(第7卷)[M].北京:中华书局影印阮元校刻十三经注疏本,泰伯,1980.

⑥ 孙奭.孟子注疏(第7卷)[M].北京:中华书局影印阮元校刻十三经注疏本,离娄,1980.

但不限于亲亲,《论语·学而》中的"弟子入则孝,出则悌,谨而信,泛爱众,而亲仁,行有余力,而学文",把亲亲的孝扩大到了"众"。"这里所说的'爱众',相对于'爱亲'而言,是指爱父兄以外的氏族其他成员,并没有超出氏族宗法关系范围。因此,'泛爱众'所涉及的实际上是个体成员与氏族整体的关系,本质上是对整个氏族或宗族的爱,用以维系氏族内部的团结和稳定。"[1]由此观之,孔子仁的基础是孝悌,即对父母、兄弟核心家庭的爱,由此渐次扩展到爱众,即对宗族的爱,由对宗族的爱扩展到村庄以及对整个华夏民族的爱,再往前进一步就是对人类的爱。

费孝通在分析中国传统社会结构的基础上,提出了"中国社会是乡土性的"[2]观点,以"乡土性"定位中国传统基层社会,表明乡村不是一个单纯的地域概念,而是一种文化概念。从人与空间的关系来看,传统农村社会缺乏流动,农民生于斯、长于斯、终老于斯是农村社会的常态。从人与人的关系来看,由于人口缺乏流动,每个人都是他人眼中的熟人,人与人之间关系的调节靠的是世代沿袭下来的传统习俗以及被这种习俗浸染的个人良心,而非契约。法律和各民族的谋生方式有着非常密切的关系。[3]在中国传统社会中,以血缘为纽带的家国同构德孝教育是家庭重要的道德教育特征,[4]也是维系家庭以及家庭扩大化的村落的情感纽带。家放大则为国,国缩小则为家,国家和社会所指向的各种秩序规范均可从血缘家庭中找到依据。所以,传统乡村治理正是基于德孝文化,德孝文化也是中华民族五千年优秀文化的核心内容,对于维系村庄共同体、推进农村社会有效治理意义重大。

改革开放后,随着家庭联产承包责任制的实行和农业生产力的提高,农村逐渐出现剩余劳动力,农民家庭选择了老年人留村务农、中青年外出务工的代际分工模式。过疏化是指某一地域内由于人口不足对该地域内人们正

---

① 朱贻庭.中国传统伦理思想史 [M].上海:华东师范大学出版社,1989:39—40.

② 费孝通.乡土中国 [M].北京:生活·读书·新知三联书店,1985:1.

③ [法]孟德斯鸠.论法的精神(上卷)[M].许明龙,译,北京:商务印书馆,2012:1.

④ 习龙.试论血缘家庭变化对道德教育的影响 [J].学习与实践,2011(12):136—140.

常生产、生活产生了负面影响。[①]当前我国中西部山区农村常住人口普遍不足户籍人口的三分之一，且以老年人群体为主，人口过疏化、老龄化问题非常严重。就外出务工的农民群体而言，第一代农民工由于从小生长在一起，尽管彼此仍然熟悉，但工作和生活环境的差异导致他们不得不接受各自的新规则，原本基于"熟人社会"所形成的德孝道德秩序对他们的约束效力日渐式微。他们的后代即第二代农民工大都出生在城市，彼此并不熟识，但他们在父辈们的口中多多少少听说过对方，有一定的了解，导致农村社会由"熟人社会"逐渐转变为"半熟人社会"。第二代农民工出生和成长的环境各不相同，所受的文化教育也有较大差异，他们之间互不熟悉，也不懂规矩，乡村社会的传统德孝道德秩序对他们的约束力减弱，再加上农民法治观念普遍落后，一旦传统的德孝规矩不起作用后，社会和谐就难以维持了。

由此可见，血缘关系基础上的德孝文化为传统村庄共同体的长期稳定和有效治理提供保障，随着城镇化、工业化的发展，村庄的过疏化以及人口流动带来的传统德孝文化的弱化导致村民之间的情感以及对村庄共同体的认同感和归属感大大降低。可以说，农村社会之所以矛盾突出，主要在于大量的人口流动导致德孝文化缺失，进而导致血缘、地缘乃至精神共同体逐步失效。当前对于农村有效的整合关键在于发现或者重新构建一种持久的精神认同与强有力的组织力量，而对于处在现代化转型的中国乡村来说，也只有将维系村落共同体情感认同的传统德孝文化与现代化社区集体利益进行有效整合才能真正推进农村农民的现代化。因此，重新发现德孝文化对于持久凝聚村民的情感认同显得尤为重要。

二、德孝文化能够有效规范农民的日常行为

行为规范是人们在社会交往过程上进行社会活动所应该遵守的行为准则，是人们在长期的生活实践中形成并且得到共同认同的具有有效约束力

---

① 田毅鹏.村落过疏化与乡土公共性的重建[J].社会科学战线，2014（06）：8—17.

的行为标准，它不仅包括具有强制力的法律法规，更包括柔性的道德规范等。中国传统乡土社会主要靠约定俗成的规矩和公序良俗来调节，形成了基于情感和血缘关系的发达的自发伦理规范和礼俗体系。农耕文化的核心内容是基于血缘、地缘共同体的"熟人社会"所形成的德治秩序而非西方的法理传统。"这种文化模式一经形成，就成为个体存在和社会运行的文化母体，既规范着个体的行为方式，也影响着社会的治理方式。"[①] 历史唯物主义认为，人民群众不仅是社会物质财富和精神文化财富的创造者，而且是社会道德生活的主体，群众的生产生活实践则是道德形成和发展的源泉。[②] 形成具有强烈精神认同的共同体是村庄共同体有效的关键内容，体现为共同体成员共同创造并维护的传统道德秩序和精神信仰。可以说，血缘共同体是村庄共同体最终成为精神共同体的基础，血缘纽带和地缘纽带的松动必然导致精神共同体失效，精神共同体失效突出表现为社会风气的恶化。

第一，公共意识和公益精神缺乏。村民对公共事务的关心程度，是村民集体认同感的最直观体现，然而我国有许多农村存在公共事务无人问津的现象，如公共设施无人维护、公共环境无人治理等现象非常普遍。脏、乱、差曾经是农村最明显的特征，垃圾堆得跟小山一样，长期以来一直没人清理，村民们宁愿天天坐在或站在垃圾旁边闲聊，也不愿意一起清理垃圾。村民参与村集体活动的积极性是衡量其对集体认同感的重要指标，集体认同感反过来也影响村民参与村庄公共事务的积极性。由于农民对村集体的认同感弱，普遍不愿参与集体活动。尤其是农民以利益回报为衡量标准，认为没有报酬的集体活动毫无意义，这导致集体活动尤其是集体义务劳动的组织非常困难。

第二，攀比之风和奢侈之风盛行。当前农村的攀比之风和奢侈之风已经成为影响农民生活的一大痛点。如攀比天价彩礼在各地农村普遍存在，十几二十万已成常态，且有日益增长之势，一些农村有"万紫千红一

① 关健英.文化传统视野下的中国古代德治主义[J].道德与文明，2011（01）：95—98.
② 中共中央马克思恩格斯列宁斯大林著作编译局.马克思恩格斯全集（第46卷）[M].北京：人民出版社，1980：1230.

片绿（10000 张 5 元、1000 张百元和许多张 50 元），外加一动不动（车和房）"的谚语。许多家庭因为彩礼负债累累，许多有情人因为难以凑足天价彩礼无法成眷属。再如比酒席比礼金，村民之间比谁家酒席上的菜多、肉多、酒好、烟贵，比谁家办的酒席桌数多，比谁家请的亲戚朋友多，比谁家收的礼金多，比谁家媳妇陪嫁多等。人情支出多如牛毛，婚丧嫁娶、孩子生日、老人过寿要请客收礼，升学、当兵要请客收礼，盖新房、迁新居也要请客收礼，完全把中国传统社会的邻里互助庸俗化，变成了纯粹的谋利行为。

第三，人情冷淡与信仰缺失。人情冷淡是农村社会风气恶化的一个明显表现，村民多关注自己的利益得失，而对残疾人、老年人等弱势群体的关注严重不足，不仅不注重维护弱势群体利益，不帮助弱势群体解决基本生活困难，而且缺乏同情心、怜悯心，不利于弱势群体树立生活信心。信仰缺失是农村社会风气恶化的又一个明显表现，人们的价值观扭曲，把利益作为判断事务的唯一标准，不管做什么工作、干什么事情，只要能够赚大钱就是有本事。对家庭不重视、对婚姻不忠诚的现象越来越多，一些男人外出打工后抛弃留守家园的妻儿，有的妇女因承受不了独守空房的寂寞而跟上别的男人跑了，最终使孩子和老人成了最大的受害者。

第四，聚众赌博与封建迷信盛行。目前，农村文化活动较为匮乏，打麻将成为有些地方主要甚至是唯一的娱乐方式，农村麻将馆很普遍，男女老少都会玩。一些男人因打麻将欠下债务，继而为了还债偷盗抢劫并沦为罪犯，甚至搞得妻离子散、家破人亡。一些妇女每天沉迷于打麻将，不做家务，不照顾老人和孩子，不事农耕，土地荒芜，整个家庭的收入来源只有丈夫外出打工赚钱，经济压力非常之大。封建迷信盛行是农村文化建设匮乏的又一特征，遇事求神拜佛、有病找大仙、算命看风水等时有发生，婚礼上闹新娘闹伴娘闹公公、丧礼上唱淫浊戏闹孝子等低俗文化充斥于农村社会，导致农民精神空虚，缺乏实施乡村振兴战略的内在活力。

中华文明是世界古代文明中唯一没有中断，并且不断发展的伟大文明。其旺盛的生命力始终扎根于群众中，数千年来一直发挥着教化、引导和规正人们日常行为的重要作用。优秀传统文化在基层的巨大影响力，主要体现在三个方面：一是朴素的价值判断标准。在基层社会，德、孝、诚信等最基本的价值取向和最朴素的道德判断标准，都来源于优秀传统文化长期的潜移默化，并最终约定俗成，形成了中华传统美德的完整体系。二是强势的道德舆论环境。一个人不孝顺父母、不讲诚信、没有道德，就会受到众口一词的谴责，甚至落得众叛亲离的下场。于是这个人做出了改变，重新得到社会的认可。这就是道德舆论环境对个人行为的厘定和修正作用。三是优秀的传统文化作品。从《诗经》到戏曲，从唐诗宋词到四大名著，优秀传统文化作品流传广泛，影响深远。仅以流传于晋南地区的蒲剧为例，就有《杀狗》《清风亭》《打金枝》《三娘教子》等几十出劝善、劝孝的经典剧目，这些剧目历久弥新的影响力和带动力，是基层社会形成稳定价值体系的重要基础。还有部分地区开展德孝文化进农村实践活动，如以"孝老爱亲，和睦邻里"为主题，创建幸福村庄，以老年日间照料、志愿服务、文艺宣传、移风易俗"德孝礼"和评选好媳妇、建设德政孝行榜为主要载体，把德孝文化贯穿新农村建设和美丽乡村建设全过程，作为加强基层党建和创新社会治理的重要引领，建设德孝文化苑和德孝文化体验村，促进基层规范社会行为。

传统文化是教育人、引导人的重要力量。优秀传统文化是思想的净化器、心灵的润滑剂。当前优秀传统文化在基层社会治理中的作用日益凸显，尤其是与社会主义核心价值观相结合，将传统优秀文化进行现代化转化，对于规范约束人的行为、实现社会有效治理发挥着重要作用。德孝既是传统优秀文化的代表，又是现代文明的标志，大力弘扬和传承德孝文化，通过约束人的行为准则，不仅能够形成良好的家庭美德，而且还能有效改善人与人之间的关系，形成良好的村风、民风、社风。一方面，德孝文化具有重要的教育价值，充分发挥德孝文化在家庭中的作用，对于构建和谐家庭具有重要的作用和意义；另一方面，德孝文化的教育价值不仅体现在家庭优秀美德的形成上，同时也被广泛地应用于学校教育、社会教育中，这对于人们价值观念的培养具有重要的引导作用，有助于良好社会风气的形成。德孝文化中的"德"含义广泛，包括社会道德，也涵盖职业道德；"孝"不仅代表对家庭长辈的孝顺，而且还代表对社会其他成员的友敬。以德孝来进行教育，不仅能规范人在家庭中各种行为，更能有效地约束人在社会生活中的行为规范。

文化是一个随着时代进步而不断发展的宝贵资源，良好的传统文化对于社会建设和发展过程中的各个方面都具有重要的作用。德孝文化是传统优秀文化的代表和现代社会文明的重要组成部分，以其强大的感召力，在我国的基层社会治理中发挥着重要的作用。归根结底，社会治理的目标之一，就是建立良好的社会秩序，形成积极、健康文明的社会风尚。加强德孝文化建设，有利于形成社会文明风尚。一方面，在基层社会治理过程中更好地渗透德孝文化，充分发挥其作用和功能，使之更好地促进基层社会治理；另一方面，在社会治理的过程中，更好地挖掘德孝文化，使其具有更深的文化意义，通过二者的结合与发展，使人们更多地了解德孝文化，不断增强德孝文化意识，并充分运用到社会治理过程中，营造出良好的社会风气。

三、德孝文化能够妥善化解农村的社会矛盾

当前农村各种矛盾的发生，不仅与社会转型期人口流动背景下传统村落地缘共同体失效有关，而且与长期稳定存在的村庄治理规则，即约定俗成的道德准则或村规民约失效有关，尤其是传统德孝文化的弱化，导致当前农村存在不少的家庭矛盾、邻里矛盾、干群矛盾、派系斗争。

首先，家庭矛盾凸显。一是代际矛盾日益突出。代际矛盾主要是指家庭内部父辈与子辈之间的矛盾，集中体现为老人无人照顾甚至无人赡养。子女成家后另立门户，各自只顾自己小家庭的生产生活，经济预算也相对独立，父母在失去劳动力后大都是老伴之间的相互照顾，或孤寡老人独自生活，在生活和精神方面都很少能够得到子女的照顾。再加上个人主义和利己主义的盛行，许多青年人只顾忙于自己的小家庭，疏于对长辈的赡养，

甚至成为"啃老族"。多数农村留守老人不仅经济贫困，而且精神贫困，很难享受到天伦之乐。二是兄弟姐妹之间的矛盾因财产分配和老人赡养问题逐渐增多。近年来，农村社会一些人越来越把利益作为唯一衡量标准，兄弟姐妹之间的矛盾日渐增多，种类也日渐复杂，出现了子女越多老人的生活越困难、精神压抑越大的现象，每个子女都认为父母对其他子女的付出多于自己，而自己对老人付出多于兄弟姐妹，所以都有理由拒绝赡养，结果导致越是子女多的老人越可怜。有的兄弟姐妹因财产分配不公拒绝赡养老人，或为争夺一些财产闹到法庭，完全不顾及兄弟姐妹的情分和父母的感受。在村级两委换届选举中，家族势力影响很大，一旦有人在家族势力的作用下当选了，就必须无条件"照顾"自家人，否则就会产生矛盾，其结果是村级治理陷入困境。三是婆媳矛盾成为常态。媳妇孝敬公婆，公婆爱护媳妇，是基本的伦理道德准则，然而不少媳妇认为公婆对自己没有养育之恩，因此她们对公婆也没有孝顺之责，还会想尽办法从公婆身上索取利益，或把公婆当免费保姆。对于部分老人而言，养儿防老是传统社会的共识，且为儿子娶媳妇用尽了他们一生的积蓄，甚至因此负债累累，儿媳理所应当孝顺他们。由此，婆媳矛盾在农村俨然已经成为常态。

其次，邻里矛盾频发。邻里之间守望相助、和谐相处是地缘共同体的本质特征。改革开放以来的个人主义、利己主义思想在农村蔓延，造成邻里之间矛盾频发。一些村民以自我为中心，为了争夺公共资源而排挤、诋毁他人，更有甚者为了一些经济利益而打架斗殴，导致双方身心都严重受伤，一些冲突甚至演变成为代际传递的世仇。一些村民为了争夺低保户、贫困户等指标，甚至把邻居或亲朋好友告上法庭。还有一些邻里为了争一点宅基地而大打出手，住进医院，闹到法院，有的甚至进了监狱。邻里不和谐的现象在当前的农村比较普遍。

再次，干群矛盾与派系斗争突出。村干部由村民选举产生，代表全体村民利益，理应全心全意为全体村民服务，受到全体村民的尊重，然而由于干部办事不公正，"微腐败"行为屡禁不止，而且一些"微腐败"行为已经披上了正常人情往来的外衣，很难从法律的角度进行有效甄别，村民都明白只有和村干部搞好关系才能办成事情的道理。[①] 目前，村干部不为村民利益着想和村民不信任村干部的现象比较普遍，干群矛盾比较突出。干群矛盾背后还突出体现为派系斗争。派系主要是指某一群体视本派别利益高于一切的立场和见解，派系矛盾不仅影响公共权力配置，而且影响乡村治理运作过程。[②]

矛盾解决是人类社会的恒久命题之一，同时也是现代社会治理所关注的基本问题。当前我国正处于社会矛盾的凸显期，各类矛盾纠纷激增，尤其是随着我国农业社会向工业社会的转型，农村社会的经济结构和价值观念也发生了巨大的变化，各类矛盾既受到传统乡土文化影响，又充满现代性利益冲突，两者相互结合、层出不穷，防范和化解农村矛盾，已成为维护社会稳定、化解社会风险的首要任务。家族或家庭是乡村社区的重要组成单元，家族或家庭内部矛盾频频发生，必然会放大到村庄社会，影响乡村社会的和谐与稳定。老人无人赡养、婆媳纠纷、父子不和、兄弟姐妹矛盾等现象，看似为农民的"家务事"，实则为村庄血缘共同体失效的具体表现，而邻里、干群、派系矛盾从本质上讲虽然是利益关系驱使，但也与弱化的村庄道德约束有关。因此，找回传统德孝文化价值，增强传统优秀文化对人的道德约束性，才能够从源头上有效妥善化解农村社会矛盾。

对已经出现的矛盾，目前实行的行政调解、人民调解政府干预较强，司法调解、诉讼解决周期长、成本大，难以通过法律解决。无论在传统社会，还是在当前社会，在我国的农村都存在着这样一类人，他们尊老爱幼、孝敬父母、乐于助人、德高望重，深受群众信任和爱戴。在传统社会可能是一些乡绅族老，在现代社会可能是一些带领群众共同致富的农村带头人。他们品德高尚、做事公正、热心公益、清清白白，深受群众认可，在处理村民纠纷的时候一言九鼎，往往能及时化解矛盾，防止冲突的发生，甚至有时候发挥的作用比法律和政府还有效。因此，建立针对农村矛盾的社会

① 李威.基层"微腐败"的危害及治理建议 [J].中共南京市委党校学报，2016（06）：42—45.
② 卢福营.派系竞争：嵌入乡村治理的重要变量——基于浙江省四个村的调查与分析 [J].社会科学，2011（08）：69—76.

化调解机制显得尤为迫切和必要。所谓社会化调解机制，主要是依托社会组织和民间力量，充分挖掘和发挥乡土社会的传统治理资源，以说事评理、道德评议、法律教育、心理疏导为主的非诉讼矛盾解决机制，实现矛盾化解前置，与行政调解、人民调解、司法调解等相互衔接的矛盾调解机制。

四、德孝文化能够激活乡村发展的社会资本

社会资本一般分为个体社会资本和集体社会资本两类。前者即所谓的外部社会资本或私人物品，除了微观的个人关系及这些关系中所蕴藏的资源外，也包括个人所占有网络结构位置能带来的资源；后者则是内部社会资本或公共物品，除了宏观的群体内部的社会廉洁与互信外，也包括群体结构方式是否可以促进集体行动并创造资源。法国社会学家皮埃尔·布迪厄指出："社会资本是现实或潜在的资源的集合体，这些资源与拥有或多或少制度化的共同熟识和认可的关系网络有关，换言之与一个群体中的成员身份有关。它从集体拥有的角度为每个成员提供支持，是为其成员提供获得信用的'信任状'。"可以看出，社会资本是一种资源的集合体，而且这个集合体与社会关系网络相联系。布迪厄按照资本的形式把资本划分成了经济资本、文化资本和社会资本，他认为从社会学的角度，社会资本与经济资本一样，都属于资本的范畴，对其进行投资都是有回报的。同时，社会资本又和经济资本不同，它不是自然禀赋的，是后天人们的活动中产生的，是看不见的，属于无形资产。[1]

无论从个人或者集体的资源网络、社会信任关系网络或者后天活动中无形回报资本来看，德孝文化本身即是一本文化资本，更可以转化为一种可以回报的社会资本，尤其是通过德孝文化来凝聚农民感情认同、规范社会行为、化解矛盾纠纷，都可以使这种无形资本转化为整合村庄有效资源的有形资本。从村庄治理来说，乡村治理的关键是乡村基层代理人的公共

---

① 黄锐.社会资本理论综述 [J].首都经济贸易大学学报，2007（06）.

治理能力与社会服务能力，以及培育村民的主人公意识和村庄认同感。在新的社会发展环境下，应该结合具体情况重新构建德孝文化体系，在把握其核心不变的前提下，用发展的眼光和方法使之随着社会的不断发展而创新，更好地为基层社会治理服务，并发挥最大的效力和功能。

"社会资本的形成，依赖于人与人之间的关系，按照有利于行动的方式而改变。物质资本是有形的，可见的物质是其存在形式……社会资本基本上是无形的，它表现为人与人之间的关系。"孝就是指对父母的孝顺，而把德孝结合是我国传统的优良文化，可以大大地增强德孝在社会治理中的作用。一方面，通过德孝重新建立村庄的信任关系网络，整合为非常重要的社会治理资源，形成良好的村风、民风，为村庄经济的发展奠定坚实的社会环境；另一方面，通过德孝文化还可以挖掘村庄的各种精英，发挥精英在村庄产业发展、共同富裕中的作用，尤其是通过德孝文化形成良好的社会风气，以良好的社会软实力来影响外界的资源，从而实现乡村的全面振兴。

第二节　德孝文化的实践探索：L村的德孝大评比

党的十九大提出"产业兴旺、生态宜居、乡风文明、治理有效、生活富裕"的总要求，这五个方面相互关联、相互促进，是实施乡村振兴战略的重要手段和举措，共同构成了实施乡村振兴战略的指标体系。其中，乡风文明和治理有效就是通过农村文化建设和社区治理机制的创新，以最高效的方式实现农村良好的村风、民风，以及公平正义。

L村是山西省运城市一个普通的传统农业村，全村6个村民小组，共有387户，1439人，耕地面积2286亩。自20世纪80年代中期到21世纪初，在农村社会发展巨大变迁的背景下，该村也逐渐呈现出衰败的特征，尤其是村庄脏、乱、差，村民的集体认同感、归属感弱化，加之家庭矛盾、邻里纠纷等增多，社会矛盾日益突出，成为一个谁也不愿意来的穷村、乱村、脏村。从 2003 年起，在该村新一届党支部的领导下，通过开展一系列德孝文化实践活动，大力弘扬德孝文化，大兴爱老孝老之风，不断提高村民的集体认同感，社会风气明显改善，各项活动都走在前列，被授予全国德孝文化示范基地、全国文明村和全国先进基层党组织。

一、解决留守老人问题，强化村民的集体认同

作为一个传统农业村，改革开放之后随着进城务工青年的增多，L 村的留守老人问题日益成为社会治理中的一大难点。留守老人的日常生活照顾问题，不仅影响着农村家庭的和谐，而且影响村庄的整体精神风貌和村民对集体的认同感。

一是建立日间照料中心。L 村由党支部主导在原废弃的村办小学建起了日间照料中心，解决全村 60 岁以上老人的一日三餐问题，为全村 70 岁及以上的老人免费供应午餐，60 岁以上 70 岁以下老人每日收取 3 元伙食费。老人们不仅在这里用餐、午憩，还可以在这里娱乐，丰富精神生活。年高体弱的老人们不再为一日三餐发愁，也不再感到孤独恐惧，对村集体充满感激。他们纷纷表示，若没有日间照料中心，他们中有很多人早就埋到地下了，言语间都是满满的幸福感。同时，老人们也将这种认同感和归属感扩大至村集体，劝诫子女们支持村干部的工作，积极为村集体发展做贡献。

二是组建志愿者组织。L 村在成立日间照料中心的基础上，村两委还动员在村青年和妇女成立青年志愿者工作队和妇女志愿者工作队，下辖文艺表演队、矛盾调解组等组织。她们平时在日间照料中心为老年人提供清理卫生，为老人剪发、洗头、洗脚等服务，为老年人表演节目，丰富老年人的精神文化生活。留守老人得到充分照顾，解决了子女的后顾之忧，不仅增强了老年人对村集体的认同，老年人也将这种认同感和归属感扩大到自己的家庭。青年志愿者服务进一步增强了村庄的和谐度，自 2013 年来村里没有发生任何矛盾纠纷。最后一次民事纠纷发生在 2012 年底，一位老人因寒冷独自在家生炉取暖，把家里的墙壁熏黑了，儿媳发现后不仅把婆婆

取暖的炉火浇灭，而且还对婆婆恶语相向。矛盾调解组对此事进行了多次调解，要求儿媳给婆婆道歉，但儿媳认为这是自家私事，拒绝接受调解。后来调解人员通过多种方式最终使儿媳接受调解，向婆婆道歉并保证孝顺婆婆。

三是成立妇联会充分发挥妇女的重要作用。村中文化生活是培育村风的重要形式，而妇女在繁荣村中志愿文化和文艺活动中发挥着主导作用。各类女性志愿组织在农村开展的家庭志愿服务对于建设和谐农村人际关系，调解农村家庭成员关系，协调各种纠纷，提升留守女性的社会地位和合法权益都发挥了积极的作用。[①]2016年中共山西省委组织部和山西省妇女联合会发布《关于加强党建带妇建创建"六有"基层妇联组织的实施意见》，提出基层妇联组织建设的目标是：一是有立体化、多层面的基层组织网络；二是有专职精干、兼职热心、志愿者活跃的骨干队伍；三是有功能齐全、充满活力的工作阵地；四是有务实管用、健全完善的工作制度；五是有妇女群众喜闻乐见、特色鲜明的服务载体；六是有确保工作和活动顺利开展的专项经费。总体上要坚持党建带妇建，妇建服务党建，把党的坚强领导、意志主张、对妇女群众的关怀深入落实到妇联组织的各项工作中。

L村选举产生了第一届妇联会主席1人、副主席3人、执委15人。妇联会紧紧围绕L村的中心工作，组织开展形式多样的妇女活动，带领全村妇女群众听党话跟党走，忠实履行自己的职责，切实发挥好桥梁纽带作用，竭尽所能为全村妇女服务，当好全村妇女的贴心人和娘家人。切实做到思想上尊重妇女，感情上贴近妇女，行动上深入妇女，工作上服务妇女。

首先，定点帮扶。妇联执委分布在各个村民小组，一方面，定点联系需帮助的老人检查身体，及时沟通家庭内部矛盾和纠纷，反映村民急需解决的问题；另一方面，针对建档立卡贫困妇女家庭，实行两人帮扶一家，帮忙整理家务和解决生活中的困难。在贫困家庭老人需要帮助的时候帮忙购物、洗澡、看病，负担小孩子的学习用品。其次，助推移风易俗。以倡

---

① 谭建光.中国农村志愿服务发展报告[M].北京：人民出版社，2010：22—23.

议书的形式提倡简办红白事、举办 12 岁集体生日礼和抵制高价彩礼等，推动移风易俗，树立文明风尚。最后，调解矛盾纠纷。妇联组织成立了三支矛盾纠纷女子调解队，共 57 人。负责解决夫妻间矛盾纠纷、子女不赡养老人等家庭问题。此外，L 村妇女组织还成立了两支爱心服务队和文艺服务队。爱心服务队由妇联会成员和好媳妇组成，她们将老年日间照料中心作为服务平台，每周为老年人梳头洗脚、洗床单、打扫卫生，使老年人心情舒畅，生活舒适。志愿队活动的正向激励作用带动村中越来越多的妇女加入敬老爱老、美化环境的志愿队伍，促进村中整体精神面貌焕然一新。文艺志愿队由四个活动小组构成，每个小组由邻近家庭中爱好文艺活动的妇女组成，每天晚上四个活动小组会组织各自成员在村中两个文化广场跳舞唱歌，并在每年的重大节日，尤其是春节和九九重阳节组织大型文艺演出，每支队伍通过精心编排，为村民丰富多彩的文艺节目，歌颂党的好领导，歌颂改革开放的大好形势，歌颂身边的好媳妇、好婆婆、好儿子。例如该村自编自演的快板《看看 L 的新变化》，说出了 L 村妇女和全体村民向上向善的正能量。

图 2-1　L 村活动照片

二、创办德孝大讲堂形成孝老敬老社会风气

德孝文化是农耕文明的核心，也是传统乡土社会最重要的价值遵循和治理方式，为当前的农村治理提供了重要的治理资源。L村位于被称为"德圣""孝祖"的舜帝故里，德孝传统历史悠久，但是随着工业化和市场化进程的加快，农村原有的血缘纽带逐渐松解，德孝传统一定程度上遭到削弱，婆媳矛盾、家庭纠纷等更是严重影响了乡村的社会风气。L村为改变这种面貌，重新挖掘和发挥德孝文化的治理作用。

一是党支部带领全村党员，利用村集体废弃的库房创办了德孝大讲堂，将此作为该村弘扬德孝文化的阵地。一方面，不定期邀请相关专家学者在此举办讲座，传承中华优秀德孝文化；另一方面，动员村民亲自登台讲述自己身边的孝老爱亲、好人好事。

为了弘扬德孝文化，构建和谐村庄，党支部书记杨某带领全村党员把村集体堆放杂物的库房整理出来，创办了德孝大讲堂。作为村庄弘扬德孝文化的新闻传媒阵地，鼓励孝子孝媳在此为全村人讲述自己孝老爱亲的故事，老人在此向全村人夸赞自己的儿媳，村民也可以在此讲述发生在自己身边的感人故事。此外，村集体还不定期邀请相关专家学者在此举办讲座，传承中华优秀德孝文化。可以说，德孝大讲堂是L村德孝文化建设的重要组成部分。

L村德孝大讲堂，在大讲堂上以身边人讲述身边事，以身边事教育身边人，在L党支部组织的一堂德孝课上，儿子媳妇和父母公婆紧紧拥抱三分钟，儿子媳妇、女儿女婿给父母洗一次脚，哭声从拥抱起，洗脚时已哭成一片。干部在台上哭，群众在台下哭，那些平时对父母不大孝顺的哭得更凶。我放假回家时，也去听过一堂德孝文化课，感触特别深，当时我正和母亲闹小别扭，那堂课结束时，老师让大家谈谈自己的感受，我就走上讲堂，向母亲道歉。在讲台上，我和母亲拥抱在一起，流着眼泪，感受着亲人之间的温暖。L村为了让更多老人体会到孝，还创办了老年之家，老人在这里吃饭、休息。从几年前踏上火车的那一刻起，我终于理解了"故乡只有冬夏，再无春秋"，蓦然让我心头一紧，是呀，只有冬夏，再无春秋，每

一个走出故乡的孩子，一定都有这个感受吧！

那是一片给你归属感与安全感的土地，那是你来时的地方，它的每一条街道你都留下过足迹，每一个季节你都亲身经历过，不管多么繁华的城市，在它面前都会黯然失色，来来往往的人群中，你总会感到孤单、害怕！然而当你听到熟悉的乡音，你就会有安全感，整个世界都变得亲切起来，对故乡的思念，是再晚的交通，再便捷的通勤，也无法弥补的缺失。但是离开故乡的我们必是成长不少，没有爸爸妈妈的疼爱与庇护，我们学会独自面对，只有一条路不能选择，那就是放弃的路；只有一条路不能拒绝，那就是成长的路。我很想念我的家人，可口的饭菜，和蔼的笑脸，一切都是那样的熟悉，近在眼前，却遥不可及，但是看到我们的村庄在发展，很欣慰，很高兴！我太想他们了，我的家人！①

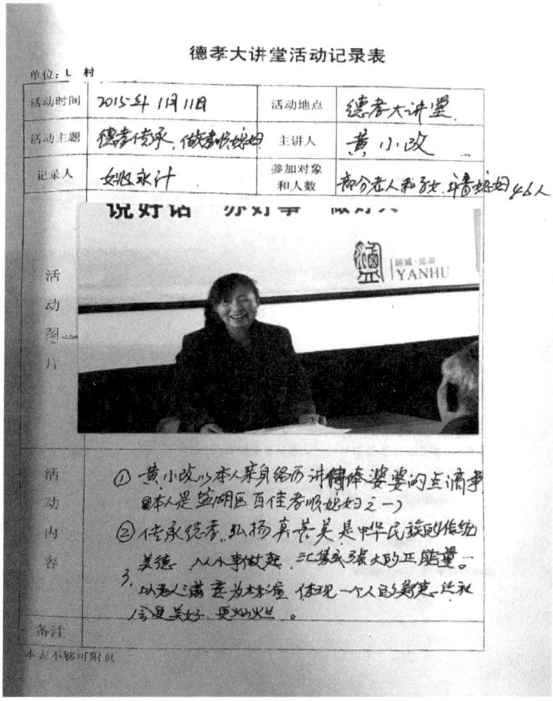
德孝大讲堂活动记录表

单位：L 村

活动时间	2015年11月11日	活动地点	德孝大讲堂
活动主题	德孝传承，做孝顺媳妇	主讲人	黄小改
记录人	姚永计	参加对象和人数	部分老人和子女、年青媳妇46人
活动图片			
活动内容	①黄小改以本人亲身经历讲侍奉婆婆的点滴事（本人是盐湖区百佳孝顺媳妇之一）②传承德孝，弘扬真善美是中华民族的传统美德，从小事做起，汇集成强大的正能量。3.以老人满意为标准，体现一个人的美德，让社会更美好、更和谐。		
备注			

本表不够可附页

图 2–2　德孝大讲堂活动记录表

① 根据对该村在湖南上学的某大学生的访谈整理。

二是注重传统节日，举办孝老爱老活动。比如在重阳节，全村老人身穿村委会统一订制的大红衣服，村干部为老人佩戴大红花，村集体组织全村子女为自家父母或公婆开展洗脚活动，并公开向父母道谢。

每逢重阳节，全体村民欢聚于广场，隆重举办孝老爱老活动。先由子女们为自家父母或公婆穿好村委会统一订制的大红衣服，再由村委会和村党支部成员为老人们戴上大红花，接下来则是子女为父母或媳妇为公婆洗脚，并向父母道一声"您辛苦了！"

三、建立公开评比和监督机制强化社会约束

除了创办德孝大讲堂、开展德孝活动，强化村民道德自觉外，L村还通过制定村庄德孝好家庭的公开评比和集体监督机制，强化村民孝老敬老的社会约束。

一是公开评选村中孝老爱亲的德孝模范。评选好媳妇、好婆婆、好儿子、好妯娌、好夫妻等，以集体组织、村民参与、社会荣誉、共同监督等强化村民的德孝行为。主要采取自下而上，层层推荐，好中选好的原则，首先通过自荐、老人推荐、巷道邻居推荐、村民小组推荐等多种形式推选出候选人；其次是村评，村成立评选小组，由村两委成员代表、村民代表、党员代表、居民小组长代表等人员组成；最后由评选小组在适当的时候召开评先大会，评选出村庄孝老爱亲模范人物。

以评选好媳妇为例，主要有四个流程：第一步是"夸"，对于参与评选的媳妇，先由婆婆上台介绍自家媳妇的孝顺事迹，接受全体村民的监督。好媳妇的推荐渠道的扩宽源自L村的老人徐某，村里评选孝顺媳妇时候没有他们家的儿媳妇，对此他很不服气，找到了村委会为自家儿媳鸣不平。他说："我儿媳妇很孝顺，应该被评为孝顺媳妇。"自荐儿媳当孝顺媳妇的做法，引起了大家重视，支村两委立马召开会议，研究拓宽孝顺媳妇评选途径。

第二步是"选"，由全体村民采取不记名投票的方式，先从参选者中选

出候选人，再从候选人中选出好媳妇。

第三步是"授"，对于当选者村委会戴红花、发证书，授予"好媳妇"称号，当选者则向全村人做表态发言。

第四步是"展"，村委会把好媳妇的事迹整理成书面材料，在德孝大讲堂内公开展出。若连续3年当选，就会被评为终身好媳妇。这一活动引起了社会各界的强烈反响，得到了中央的高度肯定，并在当地广泛推广。

图2-3　L村宣传栏"夸夸咱村好媳妇"

大年初一既是一年中最隆重之日，也是一年之中家庭成员齐聚之日，还是返乡村民最多的日子。自2006年以来，L村一年一度的好媳妇评选活动便在这一天下午3点举行，活动有五个流程：第一步夸媳妇，对于参与评选的媳妇，先由婆婆上台介绍自家媳妇的孝顺事迹，接受全体村民的监督；第二步确定候选人，由全体村民采取不记名投票的方式，从参选者中确定15名好媳妇候选人；第三步正式选举，由全体村民采取不记名投票的方式，从15名候选人中选出10名，授予"好媳妇"称号；第四步戴红花、发证书，村委会为当选者戴上大红花，并授予荣誉证书，当选者则向全村人做表态发言；第五步是搞展览，把好媳妇的事迹整理成书面材料，在德孝大讲堂内公开展出。

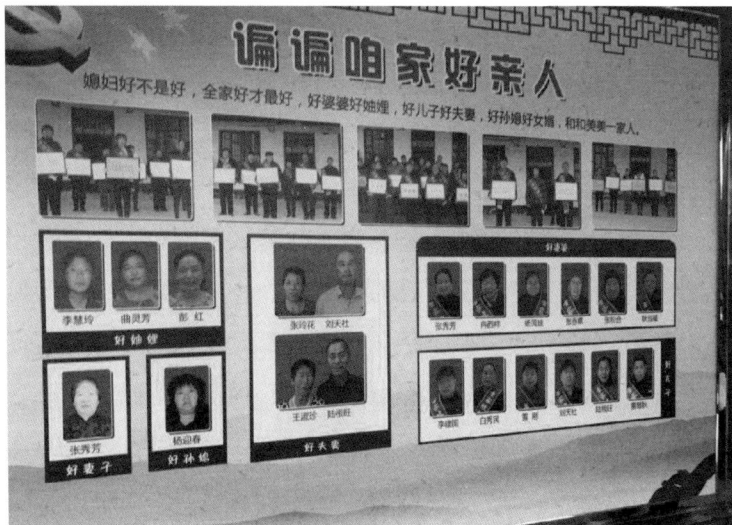

图 2-4　L 村宣传栏"谝谝咱家好亲人"

　　每年过年期间 L 村都会举办热闹非凡的"夸媳妇"大赛。公公婆婆夸，小姑小叔夸，妯娌相互夸，还有邻里比着夸。杨某在 2006 年时就被评为 L 村好媳妇，她的娘家在 L 村西北边的 Z 村，春节回娘家的时候，乡亲们见到她一个劲地夸，说是给娘家村争了光，也要让自己家的姑娘向她学习。杨某以此为荣，使出浑身的劲对公公婆婆好，自此之后的每一年杨某都被评为 L 村的好媳妇。她自己的孩子更是在母亲的言传身教下自觉践行德孝文化，这就是德孝的接力和延续。

L 村"好媳妇"黄某的先进事迹

　　黄某是 L 村民，现年 48 岁，一生务农。提起黄某，巷里人都说，那可真是数一数二的"好媳妇"，那家庭可真算是全村一个文明的好家庭。

　　为什么群众会这样说呢？事情还得从头说起：黄某全家 6 口人，婆婆白某今年 72 岁，常年患病，有时连床都不能起，除夫妻俩外，下面还有 3 个正在上学的孩子，一家人的经济来源主要靠农业，所以生活并不富裕。为了改善家庭经济状况，黄某每年都种十几亩棉花，农闲时还打短工。一年忙得不得闲，生活非常艰苦，一年很少见黄某穿件新衣裳。就是这样一个经济并不富裕的家庭，黄某对婆婆照顾得很周到。婆婆每餐吃饭，黄某都亲自送到床前，吃一碗舀一碗，从不厌烦。婆婆病时吃饭很慢，有时吃着吃着饭就凉了。黄某担心吃凉饭对婆婆身体不好，就热一热再让婆婆吃。有时一顿就得热两三次。婆婆的住房，整洁卫生，床上用品干干净净。2007年冬，在村委会组织的对老年人越冬生活条件检查中，白某的生活条件名列前茅，检查组一致称赞，这个老婆婆住的房间简直和新媳妇的房间没什么两样。新媳妇的房间不一定有暖气，婆婆的房间还专门安装了暖气，真是太好了。白某的几个女儿也一致向检查组表示，一定要好好表扬表扬黄某，这真是一个好媳妇，黄某也连续两年被评为L村的"好媳妇"，受到奖励。在黄某的操持下，黄某一家人团结和睦，遵纪守法，邻里团结，成为L村广大群众学习的榜样。

二是公开签订赡养协议。L村两委要求全村中青年人要在全体村民面前与自家老人签订赡养协议，协议在德孝大讲堂展出，由村委会监督落实。至于子女每个月给老人多少赡养费，村两委不做具体规定，由子女根据自家经济状况确定，但每个人必须签订协议，写明具体金额。

图2-5　养老协议书

L村某赡养老人协议书

立协议人：杨某（以下简称子女）

韩某（以下简称老人）

尊老敬老是中华民族的优良传统，孝敬父母，回报老人的养育之恩是每个子女的最大天赋，为此，特立以下协议：

一、子女必须严格执行《中华人民共和国老年人权益保障法》，赡养老人是子女的法定义务。

二、子女必须遵照村党支部、村委会关于赡养老人的若干规定，衣、食、住、行、医疗、卫生、精神上全面关心老人，做到冬有保暖、取暖设施，夏有纳凉环境，一日三餐，有病及时就医，有衣随时洗，让老人的晚年生活快乐、干净、幸福。

三、子女在外打工，与老年人不在一起居住的，首先要安排好老人生活的各个方面，并经常回家探望老人，让老人心情愉悦，精神舒畅。

四、国家养老金规定归老人所有子女代领，必须及时交到老人手中，如发现子女挪用或用作他用，要依法追究责任。

五、除国家发放的养老金外，子女每月必须孝敬老人100元零花钱。

六、子女保证在自己家庭不能出现任何虐待老人的违法行为。

七、老人要对子女进行守法教育，在法律和政策的允许下，让子女自由发展，为社会做出贡献，老人对子女的不孝行为有权向有关领导反映，以保障自己的合法权益。

八、以上条款保证执行，并自觉接受老年人协会的监督。

九、此协议一式三份，老年协会、子女、老人各执一份。

三份协议从签章时生效。

立协议人：杨某（签章）

韩某（签章）

监督人：L村委L村老年协会

2017年3月1日

三是公开接受社会监督。L村德孝治村的一系列活动不仅在本村内接受全体村民的监督，而且还公开接受周围村庄的监督。比如对于当前农村存在高价彩礼、不孝敬父母、不勤俭持家的问题，无论在不在L村，只要是L村走出去的人，都要接受村集体的教育和监督。

图 2-6　德孝誓言墙

L村举办的评选"好媳妇"、签订赡养协议等活动，极大地强化了家庭内部的血缘纽带，形成了农村社会的德孝氛围，提升了老年人的获得感和幸福感。L村德孝治村使村庄的文明程度大大提高，在农村盛行高价彩礼的时代，L村的姑娘出嫁都不收彩礼。村民雷某在女儿的婚礼上，面对双方的宾客宣布："我们嫁女儿不要彩礼，但要给女儿陪嫁德孝之风。请大家监督我的女儿，如果我女儿不孝敬公婆、不勤俭持家，请你们告诉我，我们村集体会替你们教育她。"可见，L村德孝文化深入人心、德孝治村成效之大。

在L村，大家伙办红白喜事，不比车多车少、饭瞎饭好，就比守不守规矩、乱不乱风气；娶媳妇嫁女子日子不比房大房小、彩礼多少，就爱比家风正不正，口碑好不好。早在2010年L村就成立了红白理事会，对文明操办婚事做出了具体的规定。侯某在女儿的结婚典礼上，他说："我是L村人，我村是全国文明村，我姑娘在我们家里就很孝敬老人，现在她嫁到咱们村，今天亲朋好友都在场，请大家一起来监督，她以后要孝敬公婆，邻里和睦，如果她做得不好，丢的不是她自己的人，也不是丢我的人，丢的是 L 村的人。"在农村这个"熟人社会"，人们往往通过比彩礼、比排场来"挣面子"，而 L 村比的是娃孝不孝顺、家风正不正。这是乡下人非常土气的结婚祝词，没有一句我们可以称之为高大上的词，却能够在乡村这种差序格局的社会里像一块石头丢进水里激起的波纹一样一圈一圈荡漾出去，影响着以他为中心形成的圈子里的每一个人，这种社会影响不可小觑。现在，在 L 村嫁女儿，尤其是老党员在姑娘出嫁时，不要彩礼、少要彩礼，陪嫁家训已经不稀奇了。不仅如此，在多数农村普遍存在通过拉红绳、拖鞋、藏物等索要红包的行为，在 L 村也基本没有。

四、以良好村风吸引企业入驻激活社会资本

L 村通过德孝治村，优化了村庄社会风气和公共秩序，为企业的正常生产和发展壮大提供了良好环境。为了壮大集体经济、增加农民收入，也为了不让村民背井离乡，L 村积极采取措施吸引企业入驻。

一是为企业入驻提供和谐环境。良好的外部环境是企业正常生产并发展壮大的重要保障。正是因为社会风气良好、公共秩序良好、村民诚实守信，L 村成为企业家投资建厂的理想之地。企业家肖某介绍："我们在选址建厂之前把附近所有村庄都考察了一遍，最终选择了 L 村，主要是因为这里的村民人品好、讲诚信，村里社会风气好，我们可以安心生产，不必担心和村里的关系恶化，也不必担心村民背地里捣乱。比如旁边的 D 村，尽管地理位置不错，但民风不好，明抢暗偷、坑蒙拐骗、敲诈勒索无所不有，企业在那个村很难生存，我们不可能把工厂建在那里。"可见，社会风气对企业发展之重要。

二是村企互利共赢。企业入驻 L 村时，村委会给出了极大的优惠条件，如企业只负责对失地农民进行补偿，无须向村集体缴纳任何费用；由村委会做村民工作，对失地农民进行合理补偿，不允许村民漫天要价。同时，

村委会明确要求企业在招收员工时优先考虑本村村民，尤其是失地农民，若本人愿意企业不得拒收，并规定本村员工要遵守企业规章制度，不得无故旷工或消极怠工，更不得妨碍企业正常生产。由此，驻村企业不仅为员工支付较高的工资，还积极为L村的各类活动捐钱捐物。L村党支部副书记姚某介绍："在这些企业里工作的年轻人大都月收入近3000元，比进城打工收入高，不仅不需要支付租房费，生活成本大大降低，还能照顾家里！这些企业也都很好相处，村里举办活动时他们会捐钱捐物，如锅巴厂刚来的时候，人们大都没见过锅巴，于是厂里拉来了一大车，给村民每户分两箱。后来又给村里捐款捐物，效益好的时候捐1万元，效益不好时也有两三千元。"可见，村企关系之融洽。

图 2-7　宣传栏"亮亮咱村新产业"

目前已有10余家企业在L村投资建厂，村内80%以上的中青年回村就业，村民收入大幅提高，而且还能够在家里安居乐业，不再需要背井离乡，老人们也能够享受天伦之乐，精神需求得到了极大满足。农民返乡就业使得L村回归到"熟人社会"，地缘共同体能够有效发挥作用，这是德治秩序能够长期有效发挥作用的重要保障，也是实现乡村振兴的最可靠保障，实可谓对农耕文化的时代性创新。

人心就是生产力，道德就是竞争力。L村通过弘扬德孝文化，不仅优化了村庄社会风气和公共秩序，而且还成功吸引了10余家企业在L村投资建厂，[①]集体经济、村民收入都有了大幅度提升。L村的实践证明，乡村能否振兴，与自然资源与地理区位并无直接关联，而与良好的村风村貌密切相关，L村正是通过弘扬传统的德孝文化，并将文化和道德的软约束与村庄治理相结合，形成全体村民自觉遵守的硬制度，成功塑造了良好的社会风气，实现了村庄持续稳定的发展。

---

① L村本身并不具备资源和区位优势，反而面积小、交通不便、资源缺乏，很多企业家表示，在这里投资建厂正是看中该村的村民人品好、村里社会风气好、干群关系好。

附录：L村部分管理制度

L村村规民约

为维护社会安定，促进全村各项事业的全面发展，建设富裕、文明、整洁的社会主义新农村，根据《村民委员会组织法》及有关法律、法规、政策规定，制定本村村规民约。

一、热爱祖国，拥护中国共产党。遵守国家法律、法规，执行党和国家路线、方针、政策，建设文明富裕的新农村。

二、热爱集体，爱护公物，关心村里公共事业，积极参加交通、卫生、水利等公益劳动。

三、维护村容村貌，搞好环境卫生。不在巷道内乱堆乱放杂物，组建卫生清洁队定期打扫。特别是建筑垃圾要做到及时清运到指定地点，共同营造舒适的居住环境。

四、遵守社会公德，讲文明，讲礼貌，团结友爱，和睦相处，不打架斗殴，不诽谤他人，不造谣惑众，不搬弄是非，不仗势欺人，建立良好的邻里关系。

五、努力学习科学文化知识，移风易俗，喜事新办，不铺张浪费，丧事从俭，不搞陈规旧俗，不搞宗族派性，反对封建迷信及其他不文明行为，树立良好的社会风尚。

六、全体村民均有保护耕地的义务。不得侵占、买卖或者以其他形式非法转让土地，严禁荒废耕地。

七、学龄儿童和青少年有依法接受教育的权利和义务。其法定监护人应保证子女接受九年制义务教育，对被国家正式录取的大学生实行奖励扶助政策。

八、凡符合服兵役条件的本村村民，都有服兵役的义务，应积极主动参加兵役登记、体检和应征。

九、父母、继父母、养父母对未成年的子女、继子女、养子女必须依法履行抚养义务。成年子女、继子女、养子女及其配偶，对基本丧失劳动能力或无生活来源的父母、继父母、养父母必须依法履行赡养义务。

十、要尊老爱幼，保护老人、妇女、儿童在社会和家庭生活中的合法权益，禁止虐待、遗弃、伤害行为。村民发生赡养纠纷时，由村民委员会进行调解，调解不成的，村民委员会支持被赡养人依法向人民法院提起诉讼。

十一、严禁非法制造、经销、买卖、私藏管制刀具、火枪等凶器和危险物品；严禁吸毒、贩毒等非法活动，一经发现，移交司法机关处理。

十二、不得以各种借口煽动群众到机关、村民委员会办公地、他人住宅起哄闹事、制造事端、扰乱社会治安秩序。

十三、爱护公共财物，不得损坏水利、交通、通信、供电、供水、生产、休闲场所等公共设施，未经批准，不私自安装用水用电设施，要节约用水用电。

十四、村干部要严格执行村务公开"十八项"制度，做到财务一季一公开；对上级有关涉农惠农政策以及土地征用承包、修路建校等涉及村民利益的重要事项、重大工程要随时召开村民会议或村民代表会议讨论通过，并要在村务公开栏向村民公开，接受村民监督。

十五、村民申请宅基地建房必须服从本村新农村规划，按照规定程序申请报批执行，先批后建原则，统一规划统一管理，严禁房前屋后搭建临建房，做到不损害整体规划和四邻利益。建房前向村委会申请，经批准后方可动工。

十六、严禁私自砍伐国家、集体或他人的林木，不准在村附近或大路旁乱挖土，严禁损害庄稼、瓜果及其他作物。

十七、严禁传播淫秽物品，严禁卖淫嫖娼，严禁赌博和小偷小摸，反对迷信活动，自觉抵制邪教，做到不听、不信、不传，发现可疑人员及时向村民委员会汇报，严禁利用迷信活动造谣惑众、骗取财物。

十八、违反本村规民约的，除触犯法律由有关部门依法处理外，村民委员会可采取批评教育、写出书面检查、实行责任赔偿等方式进行处理。

十九、被依法处罚或违反本村规民约的农户，在本年度不得参评文明示范户、五好家庭、遵纪守法户等。

二十、本村规民约有与国家法律、法规、政策相抵触的，按国家规定执行。

二十一、本村规民约由村民委员会负责解释。

L村"星级文明户"评选方案

一、指导思想

略

二、工作目标

略

三、工作要求

略

四、领导组和评选机构

组　长：×××（村党支部书记）

副组长：×××（村党支部副书记）

成　员：×××（支部委员）、×××（村委委员）

评选办公室设在村委办公室，由办公室主任具体负责评选活动日常工作。

五、评选标准及扣分行为

星级文明户创评数量不低于总户数的70%，六星级以上文明户占星级文明户总数的60%，满十星的家庭户参加年度"最美家庭"评选。

评选内容及评比标准如下：

（一）孝老爱亲星（10分）

家庭成员体恤长辈，感恩父母，孝敬老人，年老者衣食无忧，病有所医，精神愉快，积极参与家风传承活动，不虐待儿童，营造有利于儿童身心健康成家的家庭环境，夫妻相敬相爱，婆媳、妯娌关系融洽。

有以下行为的进行扣分：

1. 与父母不说话、吵架，生活起居无人管或不相往来的（扣2分）。

2. 夫妻之间经常吵架，做不到尊长爱幼的（扣2分）。

3. 老人有病无人管，做不到病有所医的（扣2分）。

4. 不履行子女教育责任的（扣2分）。

5. 父母到村委反映子女不赡养，或和子女发生矛盾的（扣2分）。

（二）勤劳致富星（10分）

热爱劳动，自立自强，积极参与致富增收和全民创业活动；主动调整产业结构，不断拓宽增收渠道，人均纯收入达到或高于全县农民人均纯收入水平；勤俭创业，守法经营，积极参加护工培训等劳务输出，参加新型农业合作组织；致富思源，感恩党和政府，回报社会，带领别人共同致富；个人家庭居住条件、生活环境不断改善；贫困家庭、人口不等不靠，互帮互助，积极参加生产劳动，艰苦创业。

有以下行为的进行扣分：

1. 好吃懒做、游手好闲、造成家庭困难的（扣5分）。

2. 有地不种、耕地荒芜、杂草丛生，不能够勤劳耕种的（扣5分）。

（三）移风易俗星（10分）

崇尚科学文化，反对封建迷信，不参加邪教活动；坚持喜事新办、丧事简办，反对大操大办和铺张浪费；重视家庭和个人修养，弘扬中华传统美德，自觉践行社会主义核心价值观，知荣辱、懂礼仪，抵制陈规陋习，讲究文明礼貌，倡导健康文明生活方式。

有以下行为的进行扣分：

1. 婚丧喜庆大操大办、铺张消费，不遵守《红白理事章程》的（扣2分）。

2. 日常生活中不量力而出、有攀比消费、借债消费的（扣2分）。

3. 家庭成员不积极参加志愿服务活动的（扣3分）。

4. 家庭成员发生不文明行为的（扣3分）。

（四）卫生整洁星（10分）

家庭成员讲卫生、爱清洁，穿戴整洁，仪表干净，精神面貌良好；居住环境干净整洁，庭院物品摆放有序，无垃圾死角，厨房清洁，厕所达标，定期清理人畜粪便，房前屋后整洁畅通；绿化美化居家周边环境，积极参加公共场所环境整治活动，自觉维护公共环境卫生。

有以下行为的进行扣分：

1. 庭院内地面不平，有杂草、垃圾、杂物、污水、物品摆放不整齐的（扣3分）。

2. 使用旱厕、有异味或厕所不干净的（扣3分）。

3. 不配合接种疫苗，或不配合公共卫生事件预防的（扣2分）。

4. 家庭成员不参加城乡居民医疗保险和养老保险的（扣2分）。

（五）遵纪守法星（10分）

热爱祖国，热爱家乡，热爱集体，自觉学习法律法规，遵纪守法，依法办事；时刻用社会公德和村规民约规范自己的行为，举止文明大方；爱护集体财产和公益设施，不做有悖于法律和道德之事，家庭成员中无刑事案件和民事纠纷，无黄、赌、毒现象，无打架斗殴、围堵企业、偷窃行为，不信谣不传谣；重视子女道德品质培养，支持参加道德实践活动。

有以下行为的进行扣分：

1. 家庭成员有参与黄、赌、毒，或发生刑事案件的（扣3分）。

2. 家庭成员有参与非法组织或邪教活动的（扣3分）。

3. 家庭成员不遵守法律法规和村规民约的（扣2分）。

4. 家庭成员中有参与非正常活动的（扣2分）。

（六）科教文化星（10分）

注重家庭文化教育，子女品学兼优，全部接受九年义务教育，为子女继续深造创造条件；家长以身作则言传身教，敬重知识、尊重老师，支持农村教育事业；积极参加各种科技培训，掌握实用科学技术知识和劳动技能；积极参加全民阅读，读书看报，不断提高文化知识。

有以下行为的进行扣分：

1. 家庭中子女有辍学、退学的（扣3分）。

2. 家庭中青年无业还不参加技能培训、就业培训的（扣3分）。

3. 不参加集体组织的各类文体活动的（扣 2 分）。

4. 家中无报刊、书籍等文化学习用品的（扣 2 分）。

（七）诚实守信星（10 分）

公道正派，表里如一，言行一致，不弄虚作假，不欺上瞒下；信守承诺，老实办事，信誉良好，诚信经营，公平买卖，主动履行各种合同协议，保守秘密；不掺杂使假、不坑蒙拐骗、不敲诈勒索，按时偿还银行贷款和他人财物；拾金不昧，物归原主；主动承担履行自己应尽的各项义务。

有以下行为的进行扣分：

1. 不诚实守信、不合法经营、被公检法公示为失信人员家庭的（扣 2 分）。

2. 有掺杂使假、坑蒙拐骗、敲诈勒索的（扣 2 分）。

3. 家庭或员在征信等方面有不良记录的（扣 2 分）。

4. 不按时偿还银行贷款和他人财物的（扣 2 分）。

5. 在社区内居住的村民，不缴物业费，不遵守物业管理制度的（扣 2 分）。

（八）勤俭节约星（10 分）

自觉传承勤俭节约的良好传统，家庭成员节俭有度，养成理性消费、节水节电、节约粮食的生活习惯；发扬艰苦奋斗精神，吃苦耐劳、勤俭持家，人际交往中不大手大脚，不挥金如土；正确处理积累和消费的关系，在发展生产勤劳致信的基础上不断提高生活质量。

（九）邻里和谐星（10 分）

与周围家庭以诚相待，帮助邻里，团结友爱，和睦相处，人际关系融洽；力所能及地帮助身边孤寡老人、留守儿童、残疾人等弱势群体；遇到矛盾时能体谅理解、宽容待人，碰到困难时能主动帮忙、乐于付出。

有以下行为的进行扣分：

1. 不遵守社会公德和村规民约的（扣 2 分）。

2. 不尊重别人隐私，背后说人闲话、搬弄是非，寻衅滋事的（扣 2 分）。

3. 与四邻不和睦、有矛盾纠纷的（扣 3 分）。

4.经常不参加村级组织的文化或公益活动，并说风凉话、故意捣乱、破坏的（扣3分）。

（十）助人为乐星（10分）

在公共交往中待人热情、乐于助人；在他人遇到困难时挺身而出、主动相助；关心热爱集体，积极参加公益活动，乐善好施、扶贫济困；在得到他人帮助时心怀感激，知恩图报，甘于奉献。

六、评选程序

"文明户"分为村、镇、县、市四级，由各行政村申报推荐按照宣传发动—对标创建—申报提名—组织评议—公示上报—表彰授牌的程序进行。

（一）宣传发动。按照本实施方案，结合实际，在原有评选方案的基础上，讨论制定更加细化、可操作的评选标准、评选程序监督管理、激励退出等具体办法，及时按照"三个一"（即悬挂宣传标语、发放创建标准、悬挂宣传挂图）广泛开展宣传发动。

（二）对标创建。村民要以家庭为单位，坚持自愿原则，对照十类星级文明户具体创建标准，开展创建活动。

（三）申报提名。可通过村民自主申报、网格员、村民代表提名的方式产生。

（四）组织评议。按照公平、公开、公正的原则，由村两委组织召开村民小组会议，按照一户一评的形式进行评议，村民小组将评议结果上报村两委会审查，再召开村民（代表）大会投票表决，表决结果报乡镇审查。

（五）公示上报。评选活动结束后，村级"文明户"由村两委将评选结果张榜公示一周，接受群众监督。公示期满后，由村两委会确认，上报乡镇党委，同时将原有文明户星级根据评选结果进行调整。五星级以上文明户可确定为乡级文明户，乡镇张榜公示，接受群众监督。镇党委从乡级文明户中推荐10个文明户为县级文明户，并从县级文明户中推荐1个文明户为市级文明户，上报县文明办。

（六）表彰授牌。乡村两级要分别召开文明户表彰大会，对村级文明户和乡级文明户进行表彰授牌，并给予一定的物质奖励，对已挂牌的星级文明户若有星级变动，村两委会要进行星级调整。县级文明户和市级文明户由县、市文明委进行表彰授牌。

（七）资料存档。各村要建立"传承好家风、争当文明户"创建活动档案，收集整理所有创建资料。

L村红白理事会关于文明操办红白喜事的规定

为了落实党中央关于厉行节约、反对铺张浪费八项规定的战略部署，为进一步促进我村红白喜事的文明操办，应广大群众的要求，经支部、村委和红白理事会全体成员在广泛征求群众意见的基础上，对我村原有的红白喜事的规定，进行了修改补充。现公布于下：

一、文明操办、节俭为上，克服陈年旧习

1. 结婚、满月、现浇上梁、丧葬这四项事宜可延续历史的习惯进行，但不得铺张浪费，不得大操大办。

2. 参军、上学、搬家、过一岁、三岁、十二岁等生日事宜，可由家庭内部办理，不得召集巷道人员，不准设礼房，不准收礼。

3. 在结婚、订婚、满月的过程中，任何人都不得以任何借口向事主索要钱财，不允许有任何不文明的举动（如拉红绳、脱鞋、藏物、打闹等），事后可由管家、主人发些糖果以示感谢。

4. 宴席实行二、六、十二制。即早饭和晚饭不得超过六道菜，午饭（包括嫁女早饭）不得超过十二道菜。

5. 饭桌上不得发放整盒烟，过事用烟每盒不得超过五元。

6. 办丧事提倡使用灵车，既文明节约又安全便利，又解决了大量使用人力的各种困扰。

7. 在操办各种事宜中，帮忙人员要自觉服从管家的安排，认真办好自己所承担的任务，不给事主添加麻烦，不得帮倒忙。

二、文明就餐、礼让为先，树立先人后己的文明风范

1. 就餐时要服从管家的统一安排，做到客人优先、本村人员稍后的原

则，在前一餐人员起席后，后餐人员才能入席，不得抢座、占座。

2.严禁任何人以任何借口夹馍夹菜带回家，家中如有老人不能到场者，可向管家说明，上厨房专门准备菜肴。

3.就餐人员还未离席前，禁止任何人从饭桌上把盘内菜肴倒走。待起席后，由专门人员负责撤走桌上剩余饭菜。

以上规定希望广大村民自觉遵守，尤其是理事管家、饭庄，必须按照以上规定严格执行，不得违规操办。

以上规定从公布之日起执行。

L村党支部、村委会、红白理事会

2013年12月1日

L村公共设施管理维护制度

为保护公共设施，使村民养成爱护公物的习惯，提高村民主人翁意识，特制定本制度：

一、村民要爱护居住区内的供水、供电、通信、路灯卫生、宣传牌、花草树木和居民健身娱乐设施。主动制止和揭发破坏公共设施的人和事，凡破坏公共设施的人员，要负责恢复原状，同时向村民通告。

二、任何居民不得将公共设施据为己有，要互谅互让资源共享。

三、居民要教育年幼子女不要在公共设施上乱涂乱画，违者要负责清除干净。

四、建设户不得占道堆放沙石、水泥，建筑材料堆放以及施工都必须在下水道线以内进行，建成后，及时将场地进行清理平整。

L村卫生保洁管理制度

按照建设社会主义新农村的总体要求，为实现我村创建村容村貌整洁、家园化美化的目标，培养群众良好的卫生习惯，保持村庄干净、整洁、卫生的良好形象，特制定本制度：

一、我村成立环境保洁领导小组。由领导组负责我村的环境卫生整治工作。我村将环境保洁范围分为村庄整体卫生、街道卫生、小巷卫生和农户卫生四部分：村庄整体卫生由村两委负责；街道卫生由沿街住户分段负责；小巷卫生由小巷内两侧住户分段负责，巷长负责组织；农户卫生由本户自行负责。

二、公共场所设立固定垃圾箱，农户家配置垃圾分类收集桶。我村制定符合本村实际的垃圾清运工作有效操作机制，确定8名专门保洁人员，对生活垃圾日清日运。

三、搞好环境卫生人人有责。家家户户有责任搞好自家的室内外的环境卫生，门前实行三包（包卫生、包秩序、包绿化），不占用公共场所。如有违反，村委会有权责令各户自行清除，并实行教育。

四、村民要自觉养成良好的卫生习惯。室内做到"三无"（无尘埃、无污垢、无蜘蛛网），"三亮"（桌椅亮、玻璃亮、灶台亮），"四干净"（保持院落干净、厕所干净、厨房干净、居室干净），家庭成员个人卫生做到"五勤"（勤理发、勤洗澡、勤换衣、勤刷牙、勤剪指甲）和衣着整洁。

五、农户每天清扫门前场地，必须按要求将生活垃圾分类投放到垃圾桶里，并保持自家院落四周环境的整洁，不得乱堆、乱放、乱扔。

六、每个村民都有义务管护好排水渠并定期清淤，房前屋后、道路两旁等要按统一规划进行绿化，从而全面提高全村的环境卫生水平。

七、要爱护公共环境卫生，不乱吐乱扔，不随地便溺，不乱排乱倒；要遵守公共秩序，不乱停乱行，不乱贴乱画，不乱搭乱摆；要养成文明言行，不讲污言秽语，不损害他人权益，不破坏公共设施。

八、环境保洁领导小组定期进行卫生检查。每月一小评，每季一大评，年终一总评。设立流动红旗，并对表现突出的农户、巷道，由村党支部、村委会分别授予"卫生模范保洁员""卫生模范户""卫生模范巷道"荣誉称号。

L村部分好家风好家训摘录

勤俭持家

常回家看看老人

正人先正己

好好对待邻居

踏实做事、诚信待人

谦让长辈、体贴家人、齐心协力、温暖家庭

勤劳、简朴、诚实平常

百善孝为先

对父母讲话态度恭敬、语气亲切

教育孩子以鼓励为主，但不纵容

一诺千金

不嫌贫爱富、不包办婚姻、尊老爱幼、团结乡邻

孝敬长辈、重视教育、民主持家

平为福、和为贵

家和万事兴

尊老爱幼

以德立家，以德治家

知足常乐

勿以善小而不为，勿以恶小而为之

诚实做人，踏实做事；与人为善，孝敬长辈

德孝、勤奋、简朴

今天之事不推到明天去做

自己的事自己做

勤为本，和为贵

家和万事兴，人和天地宽

对老人孝顺，对外人忍让

第三章　红色革命文化的历史经验及典型红色村庄的发展

　　党的十八大以来，以习近平同志为核心的党中央高度重视弘扬以伟大建党精神为源头的中国共产党人精神谱系，要求"党员、干部要多学党史、新中国史，自觉接受红色传统教育，常学常新，不断感悟，巩固和升华理想信念"。"牢记红色政权是从哪里来的、新中国是怎么建立起来的""用好红色资源，传承好红色基因，把红色江山世世代代传下去"。① 红色资源是中国共产党百年奋斗历程的印证，见证了中华民族站起来、富起来到强起来的伟大飞跃，有着突出的理论价值、历史价值和实践价值。② 山西具有光荣的革命历史，具有丰富的红色资源。抗日战争时期，山西不仅是华北敌后抗战的中心，也是晋察冀抗日根据地、晋绥抗日根据地和晋冀鲁豫抗日根据地的发源地，是党领导八路军和人民群众英勇抗日的主战场之一，在华北战场乃至在全国抗战中处于关键地位，做出了卓越贡献。在中国共产党领导下，山西作为华北敌后抗战的中心，太行抗日根据地人民万众一心，艰苦奋斗，"村村住过八路军，户户出过子弟兵"，为打赢抗日战争做出了重大贡献。2020年5月，习近平总书记考察山西时指出，山西也是具有光荣革命传统的地方，是八路军总部所在地，是抗日战争主战场之一，建立了晋绥、晋察冀、晋冀鲁豫抗日根据地，平型关大捷、百团大战等闻名中外，太行精神、吕梁精神是我们党宝贵的精神财富。这些都要充分挖掘和利用，以丰富多彩的历史文化、红色文化资源为山西发展提供精神力量。③

① 习近平. 用好红色资源，传承好红色基因，把红色江山世世代代传下去 [J]. 求是，2021（10）.
② 刘晓哲，魏巍. 充分运用红色资源的理论价值及实践价值 [J]. 人民论坛，2022（02）：85—87.
③ 习近平. 在山西考察工作时的讲话 [N]. 人民日报（海外版），2020-05-13（02）.

第一节　红色八路军文化的历史经验及时代价值

习近平总书记指出："中国共产党的党内政治文化是以马克思主义为指导、以中华优秀传统文化为基础、以革命文化为源头、以社会主义先进文化为主体、充分体现中国共产党党性的文化。"[①]八路军文化是中国共产党领导的八路军在八年抗日战争这一特殊历史年代，在具有五千年文明积淀和重要战略地位的太行山区，在马克思主义和毛泽东思想的指导下，与勤俭淳朴、慕义强仁、刚毅劲悍、富于进取的太行人民共同创造的物质文化与精神文化的总和。"政治文化是一个民族在特定时期流行的一套政治态度、信仰和情感。"[②]八路军文化作为中国共产党领导中国革命文化的重要组成部分，尤其是广大的八路军将士始终本着全心全意为人民服务的根本宗旨，始终坚持人民利益高于一切的根本立场，想群众之所想、急群众之所急、解群众之所困，积极推进有利于人民群众的各方面社会改革和社会实践，用实际行动谱写着党和人民群众的血肉联系和人民军队与人民群众的骨肉深情。中国共产党领导下的八路军正是在这种与人民群众同呼吸共命运的血肉关系中，激发了太行抗日根据地广大人民群众的抗日热情，进而铸就了抗击日本侵略者的铜墙铁壁，最终使日本侵略者陷于人民战争的汪洋大海之中。山西作为八路军文化资源第一大省，通过弘扬八路军文化、挖掘八路军文化的精神内涵和现代治理价值，对当前乡村治理具有重要价值。

一、红色八路军文化的科学内涵及主要特征

文化是一个非常广泛的概念，它既是一种社会现象，是人们长期创造

① 习近平.在第十八届中央纪律检查委员会第六次全体会议上的讲话[N].人民日报，2016-05-03（02）.
② [美]加布里埃尔·A·阿尔蒙德，小G·宾厄姆·鲍威尔.比较政治学：体系、过程和政策[M].曹沛霖，等译.北京：东方出版社，2007：26.

形成的产物；又是一种历史现象，是社会历史的积淀物。具体地说，文化是指一个国家或民族的历史、地理、风土人情、传统习俗、生活方式、文学艺术、行为规范、思维方式、价值观念等。文化的基本功能是教育，即是人类共同规范产生、传承、传播及得到认同的过程和手段。如果说文化是一个国家和民族的灵魂的话，那么八路军文化就是抗日根据地的灵魂。尽管军事战争依靠先进的武器和强大的武装，但如果没有文化尤其是先进的文化来支撑，军事上的强大也只不过是一种膨胀了的假象，最终都逃不掉失败的命运。第二次世界大战中，德意日法西斯的军事力量不能不谓强大，但他们无一例外地都失败了，其根本原因就是他们代表的是一种违背全人类意愿和根本利益的文化。中华民族在历史上经受了无数次的外来侵略，也经历过无数次的侵略与反侵略的较量，但每一次的外来侵略，都淹没在了中华民族浩瀚而深邃的文化海洋之中，所以说，在军事较量的背后实际上是一种文化的较量，中国抗日战争的胜利靠的就是八路军文化所彰显出来的精神力量。

（一）红色八路军文化的科学内涵

八路军文化就是中国共产党领导的八路军在抗日战争这一特殊历史年代，在具有五千年文明积淀和重要战略地位的太行山区，在马克思主义和毛泽东思想的指导下，与勤俭淳朴、慕义强仁、刚毅劲悍、富于进取的太行人民共同创造的物质文化与精神文化的总和。八路军文化主要包括显性的物质文化和隐性的精神文化两个部分。

八路军文化的形成与发展时期，是从全面抗战爆发后，以毛泽东同志为首的中国共产党人指挥八路军东渡黄河，挺进山西，深入太行山区，开辟以太行山为依托的敌后抗日根据地，到抗日战争取得彻底胜利。在抗日烽火中，八路军总部和中共中央北方局等领导机关，长期驻扎在武乡的砖壁、王家峪和潞城的北村等地，指挥英雄的八路军和太行人民与凶残的敌人进行殊死搏斗。朱德、彭德怀等老一辈无产阶级革命家，在这里指挥太行军民粉碎了日军的多路围攻，部署了神头岭之战、长乐村之战、关家垴歼灭战、黄崖洞保卫战、沁源围困战、解放段村等著名战斗、战役，留下了永不磨灭的光辉足迹。由此，八路军文化中显性的物质文化，就是在此期间中国共产党领导的八路军与太行人民为抗击日本侵略者在太行山区创造的有形产品，主要包括八路军总部及其他党政领导机关驻扎过的地方、八路军将领住过的地方、著名的战斗遗址，八路军建立的军工厂、学校及其他单位遗址，八路军出版的书籍、报刊，八路军制造的产品、创作的作品和使用过的物品等。

八路军文化中隐性的精神文化，就是中国共产党领导的八路军与太行人民为抗击日本侵略者创造有形产品的过程中所体现的精神，精神产品作为一种无形产品，是八路军文化中蕴含的精神，主要包括面对外敌入侵体现出的以民族利益为重的民族意识和爱国情怀，在与强敌浴血奋战中体现的不怕牺牲、不畏艰险的英雄气概和悲壮情怀，在残酷的战争环境和自然灾害中锤炼而成的百折不挠、艰苦奋斗的优秀品格和坚强意志，太行军民用鱼水情谊凝结成的万众一心、敢于胜利的宝贵品质和坚定信念，坚持独立自主的游击战争和团结抗战、建立抗日民主政府的创新意识和实践精神，坚持全心全意为人民服务、密切联系群众、依靠人民组织人民的群众观念和民主精神等。

（二）八路军文化的主要特征

中国共产党领导的八路军是抗击日军侵略和争取民族独立的中流砥柱，八路军开辟的敌后抗日战场及其对敌斗争对抗日战争的全面彻底胜利发挥了关键作用。新中国成立后，党和国家历届领导人先后派慰问团或亲临太行山区慰问老区人民，考察八路军太行纪念馆，充分肯定并高度赞扬八路军及其创造的文化对全民族抗战胜利的历史贡献，及其对实现社会主义现代化和中华民族伟大复兴的重要作用，表达了他们对太行老区人民的关心和希望，其中所体现的精神就像一根红线，始终贯穿于太行老区人民乃至整个中国人民的行为意识之中，形成了脚踏实地、埋头苦干、求真务实的工作作风，成为建设社会主义现代化、实现中华民族伟大复兴的不竭动力。

其特征主要表现在以下几点：

1. 地域性

八路军文化是八路军在太行山区创造的，太行山区是中国抗日战争尤其是华北抗战的战略支点和主要战场，中国共产党指挥八路军在这里进行了许多具有决定性作用的战役。更为重要的一点是，稳固这一战略支点和保证众多战役胜利的主要原因是其背后有成千上万、不屈不挠和永远跟党走的太行人民。所以，八路军文化体现出太行山区这一明显的地域特征，是英雄的人民在英雄的山区为八路军主力部队提供兵源补充、军需供应和后勤保障。

2. 民族性

太行山区有五千年的悠久历史和优秀文化，有雄奇险峻的险要地势及其造就的刚劲强悍的民族性格，八路军文化作为中华民族优秀文化的重要组成部分，深深植根于民族文化的沃土之中。八路军文化是中国共产党带领和指挥的八路军和太行人民，在日本帝国主义侵吞我河山、屠杀我人民，中华民族处于生死存亡的危急关头挺身而出，发扬一不怕苦、二不怕死的革命精神，在与天地争、与敌人斗的过程中，把中华民族勤劳勇敢、自强不息的优良传统提升到了新的境界和新的高度。

3. 群众性

八路军有中国共产党的英明领导和马克思主义、毛泽东思想的理论武装，是一个为人民利益、为全民族利益而结成的战斗集体，在这个集体中，每个人都有铁一般的革命纪律，用实际行动谱写着党与人民群众的血肉联系和人民军队与人民群众的骨肉深情。八路军本着全心全意为人民服务的根本宗旨，始终坚持人民利益高于一切，想群众之所想，急群众之所急，积极推进有利于人民群众的各方面社会改革和社会实践。中国共产党正是在这种与人民群众同呼吸共命运的血肉关系中，使日本侵略者陷于人民战争的汪洋大海之中。

4. 民主性

为了激发根据地群众和各阶层的抗日积极性，奠定根据地政权的群众基础，八路军在太行抗日根据地采取票选法、画圈法、画杠法、画点法、投豆法、烧洞法、投纸团法等选举办法，以适应识字不多或不识字的农民，改造村政权，建立抗日民主政府，从而实现了劳动人民的当家作主，使抗日民主政权真正成为在人民民主基础上产生的人民政权，为抗日战争获得全面胜利提供了有力保障，也为新民主主义社会的建立提供了不可或缺的宝贵经验。

5. 实践性

在抗战期间，八路军能够在封闭落后、土地贫瘠且没有任何物资接济和给养的太行山区不断成长壮大，关键在于八路军勇于实践的精神。面对严重的自然灾害，八路军总司令、部队首长、地方干部和普通士兵和衷共济、共渡难关，主力部队和政府机关实行精兵简政和生产自救运动，没有粮食蔬菜自己种，没有衣物自己做，没有水源自己挖。在缺乏生产资金和生产工具的极端困难的情况下，太行军民发扬自力更生、奋发图强的精神，一面动手开挖窑洞解决住宿问题，一面学习耕作技术，制作生产工具，开垦荒地，抢种补种、采集野菜、兴修水利、纺花织布、合作生产。这些实践有力地支援了抗日前线的军事斗争，为抗战胜利开辟了一条广阔的道路。

二、八路军根据地建设历史经验与时代价值

"民族要复兴，乡村必振兴。"进入新时代以来，党中央、国务院高度重视乡村治理，提出"实现乡村有效治理是乡村振兴的重要内容"，要求"推进乡村治理体系和治理能力现代化，夯实乡村振兴基层基础"，"健全党组织领导的自治、法治、德治相结合的乡村治理体系，构建共建共治共享的社会治理格局，走中国特色社会主义乡村善治之路，建设充满活力、和谐有序的乡村社会，不断增强广大农民的获得感、幸福感、安全感"。[①]为新时代背景下乡村治理提供了方向。2017年，正值八路军建军80周年，

---

① 中共中央办公厅　国务院办公厅. 关于加强和改进乡村治理的指导意见 [EB]. 2019-06-23.

习近平总书记在山西考察时特别强调："要永远铭记为民族独立、人民解放抛头颅洒热血的革命先辈，努力为人民创造更美好、更幸福的生活。"[①]山西作为八路军文化资源第一大省，深入挖掘红色革命文化的精神内涵，大力弘扬和继承太行精神，深入挖掘八路军在根据地建设中的历史经验，对于加强基层党的建设，推动乡村治理现代化具有重大意义。

（一）以思想建设坚定理想信念

太行精神是中国共产党在伟大的抗日战争期间，在领导和指挥八路军和太行人民建立晋绥、晋察冀、晋西南、晋冀鲁豫等敌后抗日根据地的过程中，在同日本侵略者进行艰苦卓绝的抗战中铸就的革命精神。这是八路军文化的精神内核，充分体现了中国共产党是拯救和振兴中华民族的领导核心，是最广大人民根本利益的忠实代表，体现了太行儿女的英雄气概，体现了中华民族是不可战胜的伟大民族。2009 年 5 月 25 日，习近平在考察八路军太行纪念馆时强调："结合新的实际与时俱进地大力弘扬太行精神，坚定正确的理想信念，始终保持对党对人民对事业的忠诚；坚持执政为民的政治立场，始终保持同人民群众的密切联系；锤炼坚忍不拔、百折不挠的品格，始终保持知难而进、奋发有为的精神状态；坚守党的政治本色，始终保持艰苦奋斗的优良作风，为推动经济社会又好又快发展提供强大精神动力。"这为新时代，继承和弘扬八路军文化，助推山西高质量发展提供了发展方向和基本遵循。

1. 以忠诚团结端正政治态度

抗日战争是中华民族历史上的空前灾难，不仅遭遇残酷战争环境、面对残暴敌人，更面临极端艰难的生存条件、严重短缺的物质资源。异常野蛮凶悍的日本侵略军不仅装备精良、兵强马壮，而且泯灭人性，铁蹄所至，烧杀抢掠，无恶不作。抗战初期，八路军不仅数量上仅有数万，而且武器装备极其落后，枪支弹药更是严重短缺，许多战士还使用原始的大刀长矛；

---

① 习近平：为党的十九大胜利召开营造良好环境 [N]. 人民日报（海外版），2017-06-24（01）.

敌后根据地更是面临敌伪重兵反复围攻"扫荡"，以及粮棉医药等各种物资严重短缺，但是在整个抗日战争时期，广大的八路军指战员凭借对党和人民的无限忠诚，始终团结一心，坚守民族气节，忍受极端困苦生活，也要坚决抗战，宁可牺牲自己，也要坚守党的秘密，保护人民的生命财产，决不投敌当汉奸，决不出卖国家民族利益。整个抗战时期，没有一个八路军高级将领叛变投敌，也没有一支成建制的部队叛国当伪军。

2. 以爱国主义坚定政治信仰

在革命战争年代，广大党员干部为了全中国人民的解放事业不怕牺牲，英勇战斗，始终把国家利益和人民利益放在最重要的位置，具有崇高的理想信念和坚定的政治信仰。在社会主义市场经济建设的今天，部分党员干部出现严重拜金主义、享乐主义和极端个人主义倾向和明显的道德滑坡、贪污腐化、信仰缺失、价值观扭曲等现象，严重影响了党在人民群众心中的形象，制约了国家和民族的进步与发展。因此加强以爱国主义为核心的理想信念教育，坚定广大党员干部的政治信仰是当前重大的时代课题。八路军文化是八路军指战员和太行人民用鲜血和生命谱写的以爱国主义、英雄主义和无私奉献为核心的政治文化，不仅具有强大的精神感召力、生命力，更是加强党员干部理想信念教育重要的精神文化资源。学习和领会八路军文化的精神实质，深入挖掘和传承八路军文化的历史资源，并赋予其新的时代内涵，使之成为丰富人民群众尤其是加强广大党员干部思想道德建设的精神食粮，进而对广大党员干部树立正确的人生观和价值观，提高党员干部对市场经济负面影响的免疫力，激励党员干部坚定理想信念和保持奋发向上的精神状态具有重大时代价值和现实作用。

3. 以为人民服务丰富政治情感

由于中国共产党的正确领导和马克思主义、毛泽东思想的理论武装，八路军成为一个为人民利益、为全民族利益而结成的具有强大战斗力的先进集体。在这个光荣而先进的战斗集体中，广大的八路军将士始终本着全心全意为人民服务的根本宗旨，始终坚持人民利益高于一切的根本立场，想群众之所想、急群众之所急、解群众之所困，积极推进有利于人民群众的各方面社会改革和社会实践，用实际行动谱写着党与人民群众的血肉联系和人民军队与人民群众的骨肉深情。

（二）以党组织建设争取群众

基层党组织建设是乡村治理的核心与基础。党的十九大报告指出："党的基层组织是确保党的路线方针政策和决策部署贯彻落实的基础。要以提升组织力量为重点，突出政治功能，把基层党组织建设成为宣传党的主张、贯彻党的决定、领导基层治理、团结动员群众、推动改革发展的坚强战斗堡垒。"八路军在根据地建设中，一直以基层党组织建设为中心，不断以党组织的纯洁性吸引群众，以党员干部的模范行动影响群众，充分发挥基层党组织思想建设、作风建设、组织建设和制度建设的功能，教育和引导党员干部和党员发挥模范带头作用，并积极吸纳群众中的先进分子加入党组织的队伍，不断巩固党支部的战斗堡垒。

1. 以党组织的纯洁性吸引群众

早在山西抗日根据地初创时期，党员发展速度非常快，到中共六届六中全会召开时，山西各地的党员就由抗战前的 1200 余名增加到 4 万余名，伴随着党员数量的迅速增加，出现了党员思想不纯洁、阶级觉悟不高等现象，造成了党员成分复杂、群众信任度不高等后果，严重影响了群众参军参战的积极性，影响了党对抗日战争的领导。为此，太行根据地的党组织开展整顿基层党组织的活动。首先，对党员成分进行慎重审查，先审查各级干部尤其是分委支部干部，通过审查把动摇、投敌和犯有严重错误的干部清理出党，确保党的领导机关掌握在经过考验、忠诚可靠者手里；再审查普通党员，将混入党内的阶级异己分子、投机分子、敌探、奸细等破坏分子清除出党，劝告那些已经加入党组织但却不遵守党的纪律的党员退党，把立场坚定、敢于斗争、善于联系群众的优秀分子吸收入党，确保党的纯洁性。其次，加强马克思主义理论教育，在斗争中选拔积极勇敢的干部充实领导层。健全支部组织生活与各种工作制度，建立支部经常的会议汇报与检查制度，开展经常性的批评与自我批评，使支部教育经常化、制度化，并通过支部教育有计划地培养干部。

2. 以党员干部的模范行动影响群众

群众对党的认同和支持，对党群、干群关系的认识，主要是根据党员特别是党员干部的表现来判断的。为了争取群众，八路军总部机关的干部带领战士一直在根据地开展拥政爱民工作，使拥政爱民在根据地蔚然成风。

八路军总部机关所在的武乡县砖壁村非常缺水，为了解决群众的吃水问题，朱德总司令亲自勘察地形，选择挖井地址，并带领八路军战士在景沟为村民打了一眼 13 米深的活水井，在村西掘了一个用于蓄水的池，在南沟筑起了蓄水的坝，确保村里的人畜用水。砖壁人民为了感恩共产党和八路军，把八路军总部为他们打的井、挖的池、打的坝亲切地称为"抗日井""八路池"和"军民坝"。从此以后，砖壁村解决了缺水问题。在救灾度荒中，机关干部、部队战士和学校教职员工与当地人民同劳动、同生产，与群众共患难，节衣缩食，每天每人减少口粮，以黑豆、米糠、树叶、野菜充饥，用节省的口粮救济灾民。为了"保证不饿死一个人"，边区政府还通过拨赈灾款、赈灾粮和组织农民以工代赈、生产救灾等方式，帮助农民渡过难关。

在八路军领导干部模范行动的影响下，根据地形成了"母亲叫儿打东洋、妻子送郎上战场"的群众踊跃参军参战的动人场面。抗战期间，八路军 115 师和晋察冀部队由 3000 余人发展到 32 万人，120 师由 8000 余人发展到 8.5 万人，129 师由 9000 余人发展到近 30 万人。同时，根据地的地方武装也迅猛发展，成为重要的抗日武装力量。除此之外，根据地的人民群众还担负着繁重的战勤任务，如抬担架、运物资、带路、送信、抢救伤兵、看护病员等，从而使八路军和地方武装的军需供应和战勤服务得到可靠保证。

党员是党的肌体的细胞，党的组织和党员队伍建设是党的建设的基础。实践中，党的先进性更是要靠千千万万高素质党员来体现。当前党员队伍出现了一些思想不纯、队伍不纯、作风不纯等问题，严重影响了党的先进性和纯洁性。八路军时期基层党组织以严格审查、清退不合格党员、开展支部教育等方式保障了党员队伍的质量，并通过拥政爱民、解民所需、团结抗灾等的模范带头作用不断赢得群众和扩大党组织和党的工作覆盖面，这对于当前党组织的先进性和纯洁性建设有着重要的启示意义。

一是在发展党员上，要坚持标准、严格程序，同时通过大力推行党员发展公示制度，加强发展党员的公开性和透明性，加强群众对发展党员的参与性与监督实效，坚决消除通过拉票换票、拉帮结派、独断专制、功利交换等现象，确保党员发展质量。

二是在党员日常管理上，要加强广大党员和干部的理论武装、党性修养、道德教育，严格党内组织生活，尤其是要健全党员党性定期分析、民主评议等制度，积极探索以党外民主丰富党内民主的形式，扩大党员干部评议的范围，畅通民主评议的渠道和公示范围，特别要健全和细化党员干部日常考核细则和奖惩办法，用制度和民主来确保评议实效。

三是积极探索和创新"党员能进能出"机制建设的具体标准、程序和措施。一方面，严格党员进入机制，确保源头质量；另一方面完善党员退出机制，将党性分析、民主评议与党员退出机制相结合，探索党员退出机制的不同方式和不同性质，既要严格清退不合格党员，又要畅通再次入党的渠道。

四是党员干部的先锋模范作用是保持党的先进性和纯洁性关键。当前信仰动摇、道德滑坡、党性缺失等行为损害着党在人民群众当中的形象和信任，要推动广大党员发挥先锋模范作用。要以坚定信仰、增强党性、提高素质为重点，抓好信仰、作风和道德建设这个基础，不断从思想上建党，特别是要通过不断创新、完善和细化党员干部激励机制、党员立足岗位创先争优长效机制和党员干部直接联系群众机制建设，用制度来充分保障发挥先锋模范的党员干部受到尊重和称赞，确保德才兼备、踏实工作、为民办实事的党员干部得到提拔与重用。

（三）以民主政治建设团结群众

抗日战争不仅是争取民族独立的军事斗争，同时也是争取民主治国的政治尝试。为了团结和依靠群众，实现党的统一领导，建立统一政权，中共中央和八路军总部在根据地开展了生动活泼的民主政治建设。

1. 开展村选运动

抗战初期，山西抗日根据地的各级政权基本上沿袭阎锡山设立的旧政权形式，严重影响根据地的生存与发展。为了改造旧政权，边区政府颁布村选命令，并组织农民开展村选运动。第一，党员干部通过各种形式积极宣传群众，如组织村剧团、宣传队、歌咏队等，通过戏剧、小品等娱乐方式，形象地对农民进行民主教育，动员民众参与村选；第二，成立选举委员会，举办选举培训班，对农民进行选举技术培训；第三，根据农民文化程度不高、识字不多的现实状况，采取一些便于操作的选举办法，如（红绿）票选法、画圈法、画杠法、画点法、投豆法、烧洞法、投纸团法等[1]；第四，由农民选举产生村长、副村长，组成村政委员会。经过充分的动员宣传，激发了根据地农民的参选热潮，村选获得了根据地农民的广泛支持。以太行、太岳区的村选为例，多数村的农民参选率达到85%以上，有的村甚至达到95%。[2] 村选产生的村政权也基本改变了阎锡山的旧政权结构，实现了贫苦农民当家作主的愿望。

2. 建立"三三制"政权

抗日根据地的民主政治建设，除了以村选改造农村旧政权外，还通过民主选举产生区级、县级、边区级民意机关，建立区级、县级、边区级抗日政府，民选产生的根据地抗日新政权，与以往欺压民众、鱼肉乡里的国民党旧政权有着本质的区别，它们是发动、组织根据地农民参与抗日战争的中坚力量。

1940年3月，中共中央要求在抗日战争时期，按照"三三制"原则建立民族统一战线的政权，实行一切赞成抗日又赞成民主的几个革命阶级联合起来对汉奸和反动派的民主专政。[3] 为了贯彻中共中央的民主精神，边区

---

① 董江爱. 山西抗日根据地的村政改革 [J]. 党史研究资料，2004（06）.
② 王若飞. 我们是怎样在敌后抗日根据地建设起民主主义的政治 [N]. 解放日报，1942-07-07.
③ 毛泽东.《毛泽东选集》（第2卷）[M]. 北京：人民出版社，1991：741.

政府在 1940 年 7 月—10 月进行了一场大规模的选举建政运动。第一，在根据地 97 个县 1500 万人口中进行了普遍动员，使 81% 的选民参与了各级民意机关选举，完全按照"三三制"原则在根据地建立起民意机关——临时参议会。第二，在成立临时参议会的基础上，筹备召开了临时参议会，选举产生了临时参议会驻会委员和正副议长。临时参议会又按照"三三制"原则选举产生边区政府委员，组建边区政府。第三，审议通过了边区政府的施政纲领及其他条例、法令，从根本上保障根据地人民的人权、财权和地权。第四，按照"三三制"原则对县级和区级政府进行充实调整。

民主建设是我国社会主义政治建设的本质属性和内在要求，人民民主是我们党始终高扬的光辉旗帜。根据地以普选方式和"三三制"原则选举产生的民主政权，是中国共产党领导根据地政权建设的伟大创造，使根据地群众切身感受到了人民当家作主的尊严，使各抗日阶级内部关系得到了合理调整，使根据地边区政府成了坚强的抗日民主堡垒，为抗战胜利立下了不朽功勋。这是我们党在民主方面的积极创新，是党在民主问题上走向成熟的标志，更为当今全过程人民民主政治建设提供了丰富的实践经验和群众基础。

首先，要积极发展党内民主。党内民主是党的生命，要不断健全党内民主制度体系，积极探索新形势下党内民主的实现形式，鼓励党内民主创新，实现以党内民主带动人民民主。其次，党的代表大会和人民代表大会是代表全党全国人民利益的根本制度，尤其是要代表广大群众的权益，因此要不断提高工人、农民的代表比例，扩大党内基层民主，还有不断增强人大代表的作用，尤其是要提高基层人大代表特别是一线工人、农民、知识分子代表比例，降低党政领导干部代表比例。再次，要不断健全社会主义民主协商制度，社会主义民主协商是我国人民民主的重要形式，我们既要充分发挥人民政协作为协商民主重要渠道作用，更重要的是要加强同民主党派的政治协商，加强政协和各民主党派在决策中的地位和作用，把政治协商纳入决策程序，坚持协商于决策之前和决策之中，增强民主协商实效性。最后，要大力开展和推进基层民主自治制度。在基层开展民主自治是人民依法直接行使民主权利的重要方式。随着我国村民自治的不断深入和成熟，为我国的民主政治建设注入了新的活力，同时也伴随着钱权交易、贿选、干部腐败、宗族干预、干群关系紧张甚至黑恶势力操纵选举等现象，严重侵蚀着基层民主的公信力。究其原因，一方面，我国村民的民主素质还不高；另一方面，村民自治中后三个民主"民主管理、民主决策、民主监督"机制还不够完善，群众的民主权利还不能真正行使。从八路军在根据地开展的村选运动中我们可以看出，提高群众参与民主效能感和放大民主效果，既要使群众能够掌握民主技能、提高民主意识，更需要群众的民主权利能够真实实现。因此健全基层党组织领导的充满活力的基层群众自治机制，一方面要贴近群众实际、扩大群众有序参与、拓宽范围和途径、丰富内容和形式等不断提高群众的民主意识和能力；另一方面要以推进信息公开、加强议事协商、强化权力监督、提升民主决策等为重点，切实保障人民享有更多更真实的民主权利。

（四）以保障经济利益赢得群众

抗战初期，中共中央就明确指出军队有保卫人民利益的责任，政权有扶持群众运动和照顾群众利益的责任。面对日军对根据地疯狂扫荡和经济封锁，再加上自然灾害的沉重打击，中国共产党领导的八路军始终坚持人民利益高于一切，想群众之所想，急群众之所急，采取精兵简政、减租减息、生产自救、厉行节约等措施减轻农民负担，帮助群众解决生产生活中遇到的问题。

1. 精兵简政

在抗日战争最困难时期，抗日根据地内部面临着根据地面积不断缩小、人口日益减少而党、政、军机构却相对臃肿的"鱼大水小"的矛盾，人民负担日益加重。根据李鼎铭的建议，中共中央发出一系列指示强力推动根据地的精兵简政工作，规定各根据地的党政机关和民众团体的全部脱产人数不能超过其至少于居民总数的3%，[①]达到精简、效能、统一、节约和反

---

① 中央档案馆.中共中央文件选集（第13册）[M].北京：中共中央党校出版社，1991：264—265.

对官僚主义的目的。各边区政府切实执行中央指示，并取得良好效果：一是紧缩行政机构，把大批的机关干部充实到连队中，大大提高了工作效率，节省了人力、物力，减轻了人民负担；二是把大量的正规军充实到地方武装中，加强了地方武装的力量，提高了地方武装的独立作战能力。这项改革对于巩固抗日根据地，坚持长期抗战具有重要的政治、经济和军事意义。

2. 减租减息

为了调动各阶层人民尤其是地主阶级的抗日积极性，巩固和扩大抗日民族统一战线，中共中央将没收地主土地的政策改变为减租减息，号召根据地进行减租减息的经济改革。在减租减息运动中，边区政府颁布政策法令，规定了地主减租减息的具体标准，组织并发动农民群众与地主进行斗争，维护农民利益。对于地主明减暗不减、收回土地报复佃户或利用农民不识字、不会算账等弱点损害农民利益等行为，党组织领导农民，采取访贫、诉苦等方式与地主展开说理斗争，迫使地主与农民清理旧债、退还抵押、签订新租约等。减租减息运动在各抗日根据地的普遍开展，说明广大农民群众在党的领导下，真正组织和团结起来，具备了以斗争维护自身利益的能力。同时，佃户依约交租、债户依约付息的做法，进一步缓和了农民和地主的紧张关系，巩固和发展了农村统一战线，不仅把广大农民和地主阶级都调动到了抗日战场上，为抗日战争的胜利奠定了群众基础，而且为解决农民土地问题、完成新民主主义革命的历史任务做了重要准备。

3. 生产自救与厉行节约

为了克服根据地遭遇的积极困难，中共中央对八路军提出了"自己动手、发展生产、改善部队生活、减轻人民负担"的要求，在处理公私关系和军民关系上要求公私兼顾、军民兼顾，在生产和消费关系上要求努力生产、厉行节约。为此，抗日根据地普遍开展"不能饿死一个人"的自救互济运动和救灾度荒与发展生产紧密结合的大生产运动。边区政府还通过拨款、贷款等筹集资金，组织和扶持农民采取打井挖池、开渠修滩、开荒造地、抢种补种等方式，帮助农民进行生产自救。在帮助农民救灾度荒的同时，各野战部队还利用战斗间隙，大力开展各种生产节约活动。在部队内部展开了干部与士兵之间的生产大竞赛，掀起了努力生产、共渡难关的热潮。太行军区的部队每人平均开荒 3 亩多，共开荒 8.8 万亩。同时，干部和战士还积极在驻地附近种菜，养猪、羊、鸡、兔等。还有的开办了榨油、制粉、磨豆腐等作坊，建立了纺线、缝纫、织毛衣、编草帽等合作社。不仅使部队实现了自给自足，而且还有了一定的扩大再生产能力，为根据地解决困难发挥了重要作用。

共产党领导八路军在努力生产自救的同时，在消费上厉行节约，尤其是八路军参谋长滕代远和副参谋长兼八路军后勤部长杨立三在总结后勤部生产节约活动经验的基础上制定出台的《滕杨方案》，包括积极生产（规定了每个人参加农业生产、手工业生产、副业生产的任务、办法及收益分配标准，鼓励个人参加一切农业、手工业和副业生产活动，多劳多得，个人可以按收益多少参与分红）和奖励节约（规定了服装、办公用品、粮、煤、厨房用具、公用物品、牲口用具、生产工具及其他一切公物等方面的节约要求及奖励办法，按规定标准节约的可以提成分红，分红所得归个人自主使用）两个部分，较好地处理了生产与分配、积累与消费、集体与个人利益的关系，提高了后勤部队的生产积极性，又培养了后勤士兵勤俭节约的好习惯，这一做法是马克思主义理论与中国实际相结合的光辉典范。

中国共产党的诞生、发展和壮大都是在与人民群众密切联系、共同战斗中形成的，可以说党和人民群众须臾不能离开，离开人民群众党就失去了力量源泉，而党的作风关系党与人民群众的关系，进而关系党的群众基础和依靠力量。因此必须以党和人民群众的密切联系为核心和重点来加强和改进党的作风建设。在抗战期间，八路军始终高举"抗日民族统一战线"这面旗帜，深入理解当时中国社会的主要矛盾，始终坚持党同人民群众的血肉联系，提出"坚持抗战，反对分裂，团结御侮，共赴国难"的口号，以"土地归农民所有""人民当家作主""民主、平等、自由"为奋斗理想，把当时占最多数的农民和向往民主政治的知识分子团结在党的周围。党领导的八路军更是始终本着全心全意为人民服务的根本宗旨，坚持军民一致、共甘共苦、不拿群众一针一线、热心帮助群众等原则，用实际行动谱写了党和人民群众的血肉联系和人民军队与人民群众的骨肉深情，激发了太行抗日根据地广大人民群众的抗日热情，涌现出太行母亲送儿上战场等可歌可泣的故事，进而铸就了抗击日本侵略者的铜墙铁壁。

同时，为了激发抗日根据地人民群众和各阶层的抗日积极性，奠定抗日根据地政权的群众基础，在整个抗日战争期间，为适应识字不多或不识字的农民参与选举的需要，改造乡村政权，进而建立抗日民主政府，中国共产党领导的八路军在太行抗日根据地采取票选法、画圈法、画杠法、画点法、投豆法、烧洞法、投纸团法等选举办法，团结广大根据地人民群众及各阶层人士，不仅实现了劳动人民的当家作主，使抗日民主政权真正成为在人民民主基础上产生的人民政权，而且为抗日战争获得全面胜利提供了有力保障，也为新民主主义社会的建立提供了不可或缺的宝贵经验。

当前我国正处于高质量发展的关键期，效率与公平、繁荣与浪费、经济建设与民生改善、财富聚集与贫富差距等问题已经成为我国转型发展的突出问题，尤其是城乡区域发展差距和居民收入分配差距拉大，侵害群众利益的事件、社会矛盾群体性事件时有发生，损公肥私、轻视劳动、贪污浪费等现象依然存在，不仅严重制约了我国经济的持续发展，更加大了人民群众的负担，甚至影响到我国社会的稳定。

总之，根据地建设大大增强了中国共产党同根据地人民的血肉联系，使群众更加信任党、信任八路军，这对在极端艰苦的环境下坚持抗战胜利的中国共产党及其领导的八路军有着至关重要的作用。历史经验充分证明：无论是党的组织建设，还是党的民主建设、经济建设无一离不开人民群众的信任和拥护，而党员干部的行为是人民群众认识党的最直观、最形象的标志，也是人民群众决定是否跟党走的重要依据。在当代中国，干群关系仍然是我国所有社会阶层关系中最重要的一对关系，党同人民群众血肉联系的性质始终没有改变，但由于少数党员干部的形式主义、享乐主义、官僚主义和奢靡之风，严重损害了党的形象，影响了党群、干群关系，进而严重威胁到党的执政地位。因此创新和发展群众路线，树立反映时代要求的群众观念，建立和谐的党群、干群关系，锤炼艰苦奋斗的工作作风，已经刻不容缓。

第二节　典型红色村庄的发展历程与治理困境 [1]

红色村庄是承载红色资源的基层单元 [2]，它是革命纪念地、革命文物和革命将领故居的所在地，是党和国家的红色基因库，也是中国共产党百年来形成的一系列伟大精神的物质载体。红色村庄因红而生，也因红而兴，是中国共产党领导人民的百年革命斗争、艰苦创业、改革创新和复兴伟业的物质见证，它产生和发展的过程，浓缩了中国共产党的梦想追求、情怀担当和牺牲奉献，凝结了新时代激励党员干部以史为鉴、开创未来，埋头苦干、勇毅前行的强大精神动力。

本节选取的案例——武乡县 W 村正是山西红色村庄的典型代表。小小的 W 村，承载着中国共产党领导人民艰苦奋斗抵抗外来侵略者的光辉历史，也是伟大太行精神、党群连心、军民鱼水情等厚重红色文化的重要物质载体。抗日战争期间，W 村是八路军总司令部和中共中央北方局所在地，被誉为"华北抗日根据地的心脏"，朱德、彭德怀、刘伯承、邓小平、左权等老一辈革命家在这里领导和指挥了敌后抗日战争和革命根据地的创建。1961 年，W 村八路军总部旧址被确定为全国第一批重点文物保护单位。毛泽东主席曾为 W 村八路军总部旧址批示："发扬革命传统，争取更大光荣。"红色村庄是承载红色资源的基本村落单元，革命文化传统深厚，红色精神代代相传，但现实中此类村庄因地理条件制约、交通出行不便、发展理念落后，造成村庄发展迟缓、矛盾纠纷突出、农民主体作用发挥不充分、道德滑坡、乡村治理失效等突出困境和问题。本节以 W 村这一典型红色村庄为案例，通过系统的资料梳理和田野调查，分析该村 80 余年的发展历程，

---

① 本节内容主要根据山西大学政治与公共管理学院班允博硕士论文部分内容修改完成。

② 石瑾. 红色村庄的活态传承与保护探析 [J]. 党史博采（理论），2018（07）：27—28.

阐述红色资源与村庄治理间的互动关系，分析在红色村庄发展中的问题和治理困境，提出应在红色精神指引下增强村庄发展内生动力，发挥农民主体作用，实现资源合理利用，推动红色村庄治理有效，实现高质量、可持续发展。

一、艰苦奋斗：红色村庄的形成过程

W 村地处太行抗日根据地的中心腹地，群山环绕，进可攻，退可守。抗日战争期间，八路军总部长期在此驻扎，在中国共产党领导的政治动员下，军民团结，万众一心，历经千难万险仍艰苦奋斗，百折不挠，赢得了革命战争的胜利。一个普通的太行山村就这样被改造为红色村庄，奠定了村庄的红色基因，留下了具有突出理论价值、历史价值、实践价值的红色精神资源和红色物质资源。

（一）红色村庄及 W 村的基本情况

村庄，或称为村落，是乡村地区最基层的微观构成单元，是以农业生产为主的居民点，是人类最早的聚居形式和人类集约利用资源的自然结果。作为一个相对独立的社会单元，村庄不仅具有生产、生活功能，而且还具有社会、政治与文化等多种功能。[1] 红色村庄作为政策概念被明确提出，始于 2020 年 9 月 30 日中共中央组织部、财政部联合下发的《关于开展推动红色村组织振兴建设红色美丽村庄试点工作的通知》（组通字〔2020〕16号）。该通知要求在全国范围内选择一批红色村作为红色美丽村庄建设工作试点，传承红色基因、弘扬革命传统，充分依托红色资源，全面加强村党组织建设，以红色精神的传承赓续不断激发广大群众创造美好幸福生活的磅礴力量，夯实党在农村的执政根基。

红色村庄是"中华优秀传统文化的继承载体，也是续承革命优良传统

---

① 李利宏. 煤矿产权结构与资源型村庄治理 [M]. 北京：中国社会科学出版社，2016：1.

的基层单元"，既是革命历史旧址、遗址、纪念设施或场所及重要档案、文献、手稿、视听资料和实物等有形红色资源的物质载体，也是中国共产党执政的历史见证，更是集中形成的中国共产党人伟大精神品质的精神载体。[①]发展红色村庄重在处理好红色文化发展与美丽村庄建设的关系，既要积极激发红色文化对村庄发展的铸魂赋能作用，同时又要通过村庄的整体性发展促进红色文化更好地传承与传播，[②]助推红色村庄振兴要注意开发利用地方红色文化资源，体现出物质财富贡献、精神价值引领的二重意蕴，发扬红色传统、传承红色基因。[③]红色村庄因红而兴，红色资源伴随其发展全过程。与一般农业型村庄相比，红色村庄集聚了丰富的红色资源，有其显著特点和发展优势。

一是从国家与农村关系的角度看，红色资源是政治资源，具有很强的政治属性，党和国家高度重视红色资源，投入大量资源对其加以保护和利用，为红色村庄带来独特的发展机遇。发展红色村庄，必须用好红色资源，抓住政策机遇，以红色资源的高水平保护和利用为抓手，带动村庄发展，促进乡村振兴。同时，全面加强红色村庄党组织建设，增强政治功能和组织力，发挥红色村庄的组织优势，以党组织的示范带动作用促进乡村振兴深入扎实开展，夯实党在农村的执政根基。

二是在产业结构和经济利益方面，在全党上下深入开展党史学习教育的背景下，红色资源具有强大的引流效应，成为红色村庄的金字招牌，既可集聚文化旅游和教育等产业，也可与生态农业、体验采摘等产业同频共振，引投资、引客流，与产业发展互促共进，把资源优势转化为红色村庄全面振兴的产业优势。同时，红色村庄多数坐落于风景秀丽的山川峡谷，"绿色为基，红色作魂"，良好的自然生态环境也是其发展乡村旅游，实现

---

① 石瑾.红色村庄的活态传承与保护探析 [J].党史博采（理论），2018（07）：27—28.

② 龙金菊，梁正海.红色美丽村庄建设中红色革命遗址保护与利用：基于贵州石阡困牛山红色革命遗址的考察与思考 [J].铜仁学院学报，2022（04）：39—49.

③ 陈木标.乡村振兴视域下地方红色文化资源开发利用研究：以广东省化州市柑村为例 [J].老区建设，2021（16）：68—75.

产业振兴的重要基础。

三是在红色精神传承和乡风文明方面，红色村庄坐落的地址有革命历史旧址、遗址、纪念设施或场所及重要档案、文献、手稿、视听资料和实物等物质资源，是中国共产党领导下革命、建设、改革的历史见证。村庄百姓间口口相传的红色故事中凝练的正向情感和高尚精神，转化为红色村庄进步发展的文化优势，成为激励一代代村民干事创业的精神标杆，形成文明向上的乡风民风，构筑起红色村庄特有的精神品质，转化为红色村庄振兴的治理优势。

W村隶属山西省长治市武乡县，位于太行山西麓，山西省东南部，长治市最北端，东邻南上合，南于下合接壤，北与北上合交界，西与上北漳毗连。全村含正庄、后庄，窑科三组，共83户，576人，耕地面积500亩，党员45名。

在地质条件上，W村海拔1100米，坐落在一个狭长的山谷里，一条小河从村子的中央流过。这里地形复杂，是一个四叉沟的汇集点，非常便于疏散隐蔽。该村地下有铝土岩、砂石岩、砂岩、页岩、石灰岩及煤层组成的海陆交替相交的含煤建造，矿产主要有耐火黏土、泥炭、煤炭、铁、油页岩等，土壤主要为白土、红土和黑土，年均气温9.2摄氏度，阳光充足，气候宜人，水源充沛，四面环山。平均降雨量580毫米，无霜期150天左右，季候风多属于春夏，日照数为3840小时。在水文条件上，该村位于蟠洪河东岸，村内河流纵横，小泉河、后沟河交汇于境内，沿河西岸河道开阔，坡度较陡，冲刷严重。该村以农业、煤炭、旅游三大产业为主。主要农作物与经济作物有玉米、谷子、高粱、豆类、马铃薯、梅杏、核桃、红枣、苹果等品种，农民年人均纯收入7000元。

抗日战争时期，八路军总司令部、中共中央北方局等机关长期在武乡驻扎，当时仅有14万人口的小县，有9万余人参加各类抗日团体，有2万余人献出了宝贵的生命，为中华民族的解放事业做出了巨大的牺牲和贡献，铸就了伟大的太行精神。W村是八路军总部和中共中央北方局所在地。1939年11月11日，八路军总部从砖壁村移驻W村，八路军总部首长在此领导指挥了华北抗日根据地的游击战争和政治斗争，指挥大小反顽斗争 135 次，为抗日战争的胜利奠定了坚实的基础。在这一时期，W 村历经 4 次行政变更。1937 年第一次改编，由小化大，W 为行政村，下辖石圪节、东头、西头、南上合、乔南、果烟垴、下合、枣林、西垴等 9 个村。1939 年 9 月第二次改编，由大化小，W 仍为行政村，下辖石圪节、西垴、西头等 4 个村。1942 年 9 月，第三次改编，W 改为行政村，下辖西垴村。1952 年 3 月，第四次改编，下辖西垴、石圪节 2 个村，其在地域上的建制逐步稳定，形成了村庄内部的稳定性和延续性。

（二）红色遗迹的留存

新中国成立后，八路军总司令部 W 村旧址等红色遗迹得到妥善保护，红色遗迹在物质层面丰富发展了村庄红色资源，引发广泛关注。

1. 八路军总司令部 W 村旧址

1949 年后，地方政府将八路军总司令部 W 村旧址妥善保护，将其改建为八路军总部旧址纪念馆。1961 年 3 月，八路军总司令部旧址被确定为全国重点文物保护单位。2006 年，八路军总司令部北村旧址被国务院核定公布为第六批全国重点文物保护单位，归并入八路军总司令部旧址。八路军总司令部 W 村旧址和纪念馆还是首批国家级抗战纪念设施、遗址，国家国防教育示范基地，山西省党史教育基地，山西省青少年革命传统教育基地，山西省爱国主义教育示范基地和长治市党性教育基地，是国家三级博物馆。W 村被认定为第五批中国传统村落和省级历史文化名村。

今天的八路军总司令部 W 村旧址纪念馆由联通的 5 个农家院落和一排窑楼组成，有窑洞 36 孔、房 51 间、碑亭 2 个，建筑面积 3960 平方米，占地面积 3.7 万平方米。纪念馆主体为抗战时期八路军总部旧址和领导人旧居，内设展览为纪念太行抗日根据地军民艰苦抗战历程的各类实物、图片和文字介绍。

图 3-1　八路军总部 W 村旧址纪念馆

2. 朱德总司令亲手种下的红星杨

红星杨紧邻八路军总司令部 W 村旧址纪念馆，是朱德总司令在 W 村亲手栽下的一棵大杨树。1940 年春，为了粉碎日军、顽伪对根据地的重重封锁，朱德总司令率领八路军总部官兵进行植树造林运动，在 W 村植树 2 万多棵，并在总部附近亲手栽下了一棵白杨树。朱老总在植这棵树的时候，将一枚珍藏多年的红五星帽徽深埋于白杨树的根部，这棵杨树长大后，在每根树枝的横断面上都奇迹般形成一枚红五星，老百姓亲切地称之为红星杨。W 村的人们都说，那白杨树枝上的红五星，就是朱总司令他老人家栽树时的血汗变成的。还有人说，朱总司令是天上星宿下界，他把自己的五星帽徽埋在树根下，红星就长在了树枝中，因而人们都管这棵大白杨叫红星杨，都认为它是神树。

1957 年 8 月 1 日，武乡县人民委员会为此树立了朱德总司令手植杨树纪念碑，成为 W 村的红色记忆。碑的正面刻着："朱德总司令手植杨树纪念碑"，背面刻着："1938 年，八路军总司令部和中共中央北方局转战武乡，1939 年 9 月进驻 W。在这里，朱德总司令和我党政军许多领导同志遵照毛主席人民战争的伟大战略方针，直接指挥着华北敌后的对敌斗争。1940 年春天，朱总司令在指挥八路军前门打'虎'，后门拒'狼'的紧张作战的同时，为建设根据地，亲自带领当地军民开展大规模的植树造林，植树 2 万多株。清明节那天，朱总司令在 W 村南小河湾里亲手栽植了一株白杨树……"W村百姓守护这棵红星杨，就是守护朱老总头上的那颗红五星，守护八路军将士全心全意为人民的那颗火红的心。

图3-2 朱德总司令亲手种下的红星杨

红色资源和历史吻合，与时代同行。见证了中华民族迎来了从站起来、富起来到强起来的伟大飞跃，是党100多年来艰辛而辉煌奋斗历程的印证。红色资源的物质表现是印证中国共产党百年奋斗历程的资料库，凝结着历史、映照着现实、昭示着未来，展现了中国共产党百年以来的梦想和追求、情怀和担当、牺牲和奉献。不仅是八路军总司令部W村旧址和红星杨，在革命战争年代，W村的每个院落都住过八路军，每家每户都出过子弟兵，这些都是中国共产党领导太行人民革命、建设、改革的历史印证，激发出党员干部新时代以史为鉴、开创未来、埋头苦干、勇毅前行的强大精神力量。

二、资源依赖：红色村庄依附式发展

20世纪60年代，外部因素对组织运行的影响问题引发了西方社会学界的关注。西方社会学家费佛尔、汤普森等人提出的资源依赖理论认为，组织是一个利益集合体，生存是组织的首要使命，组织所拥有资源的数量、质量、结构决定了其实力和竞争力，[①] 但没有任何一个组织是自给自足的，组织内部无法解决生存和发展所需要的各种资源，[②] 为了生存，所有组织都必须与其环境进行交换，采取各种策略获取组织发展所需的资源，这一需求产生了组织对外部资源与环境的依赖。[③]

　　W 村作为重要的革命文物旧址和红色基地，具有丰裕的资源储备。新中国成立后，各级政府高度重视其红色精神传承、红色资源保护和村庄经济社会发展，投入资金，出台政策，建设红色纪念场馆，完善村庄基础设施，支持村庄产业发展，红色村庄逐渐产生了经济发展中的产业依附，对政府和政治权力的政治依附及红色文化传承中的路径依赖，形成了资源依附式的发展道路。

（一）资源丰裕与村庄产业依附

1. 依附红色资源发展红色旅游

　　1964 年 5 月，经过修缮的八路军总部 W 旧址正式对外开放，逐步成为闻名全国的爱国主义教育、国防教育和红色教育基地。旧址正式开放后，许多抗日将领和在这里生活和战斗过的战士纷纷到此故地重游，各级党政机关、领导干部也到此参观学习，慰问村庄百姓。2004 年 12 月，中共中央办公厅、国务院办公厅印发了《2004—2010 年全国红色旅游发展规划纲要》，该纲要提出了红色旅游概念，要求大力发展红色旅游，八路军总部旧址被列为红色旅游经典景区，吸引大量游客到此参观学习。随后，八路军总部旧址入选山西省青少年革命传统教育基地和全国爱国主义教育示范基地，W 村这个太行小山村成为名扬全国的红色明星村，政府机关、企事

---

① 马迎贤. 组织间关系：资源依赖视角的研究综述 [J]. 管理评论，2005（02）：55—62+64.

② 乔运鸿，龚志文. 资源依赖理论与乡村草根组织的健康发展：以山西永济蒲韩乡村社区实践为例 [J]. 理论探索，2017（01）：99—104.

③ Thompson.J.D.and McEwen.W. J.Organizational Goals and Environment: Goal-Setting as an Interaction Process. American Sociological Review, 1958(01).

业单位组织前来学习培训，周边很多学校组织学生前来开展爱国主义教育，大量游客自发前往 W 村开展红色观光旅游。W 村接待的游客数量和村庄知名度有了明显提升。2011 年，W 村八路军总部旧址实行全天接待，免费开放，招聘专业讲解员，提升接待水平，充分发挥了爱国主义教育基地的作用。2017 年总部旧址全年接待游客 21 万人次，2018 年全年接待游客 45 万人次，为周边产业带来巨大客流。①

2017 年 6 月 27 日，位于武乡县的太行干部学院正式挂牌成立，学院将弘扬太行精神、传承红色基因作为办学宗旨，秉承"锤炼党性为目的、传承精神为主线、差异发展为方向、案例教学为特色"的办学理念。八路军总部 W 旧址是太行干部学院每一批学员都会来参观、学习、培训的地方。

村庄大力发展红色旅游后，地方政府投入大量资金，优化村庄基础设施，提升八路军总部 W 旧址及纪念馆的建设水平。2008 年 10 月，武乡县文化局实施红色景区基础设施建设工程，邀请山西大学专家团队进行建设项目环境影响评价，太原市园林建筑设计研究院进行总体施工设计，总投资 1697 万元，其中国债资金投入 1020 万元，地方配套 677 万元。该项目包括总部停车场及环境治理分项工程，主要建设内容是周边 8000 平方米环境治理及绿化，停车场、厕所、步行道、暗涵、排水供电、庭院照明、警务室、接待市及附属服务设施建设，这一项目明显优化了村庄环境，提升红色项目的建设水平。2010 年，国家又投入 1000 多万元，对村庄环境进行进一步修复和改善，重点修复八路军驻扎时期留下的石碑、亭子，建设高标准停车场。2015 年，在省财政资金支持下，W 村建成一座高规格的旅游接待多功能大厅，负责培训、会议接待等，同时兼具乡村记忆传承和农家书屋功能。为贯彻落实国家政策，从 2015 年开始，武乡县财政每年投资 100 万元，专款用于文物修缮保护，进一步提升了八路军总部 W 旧址的保护和利用水平，促进红色旅游开发。

---

① 开发村庄红色旅游后，前来 W 村参观游览的游客数量明显增加。据统计，2010 年前后，该村年均游客数超过 12 万人次。

2. 依附红色产业改善村民生活

作为红色明星村，W 村的发展得到地方政府高度重视。在这里生活和战斗过的许多抗日将领和战士后代每次到访，都会深入群众，关心过问老区人民生活。有的老同志看到部分村民生活条件艰苦，流下热泪，决定为 W 村村民捐赠电视，为村办小学捐赠桌椅、修建餐厅。在多方支持下，20 世纪八九十年代，W 村基础设施建设已达到一定水平，明显优于周边村庄，甚至优于武乡县城，村里创办了幼儿园和敬老院，兴建了人民舞台，修筑了供水池，全村老百姓开始使用自来水，安装了闭路电视，修建休闲广场、健身器材、篮球场，建起图书室和老年活动中心，安装投影机，购置娱乐工具，供老年人活动。W 村一度被誉为"小延安"，村民生活水平得到明显提升。

2013 年 5 月 31 日，武乡县红色旅游公路正式开工建设。这条红色旅游专线自县城北社直达 W 村，投资 2.4 亿元，全长约 20.7 公里，极大地方便了村民出行，使武乡县红色旅游资源得到有效整合，避免旅游车辆与运煤车辆混合运行，加快武乡红色旅游事业发展，促进沿线群众脱贫致富。

随着 W 村红色旅游产业的发展壮大，村庄交通车流、到村游客人数日益增加，W 村部分村民也陆续参与到红色旅游产业中，利用自家院落开办农家乐和红色民宿，在八路军总部旧址附近开设特产店、小吃店、采摘体验园等，这些也在一定程度上增加了村民收入。

3. 依靠政府支持开采地下矿藏

根据《武乡县志》记载，武乡矿产资源丰富，有铝土岩、砂石岩、砂岩、页岩、石灰岩及煤层组成的海陆交替相交的含煤建造，自古就有开采煤炭等矿产资源的历史。"县东铁产颇多，惟以获利甚微，废而不采者百余年。木金陶土，各匠具有，大率不甚精巧，营屋制器，粗足本邑之供应。其出境营业者甚不多见，输出品亦止砂锅、铁铧数种。邑（县）东富有煤矿，悉用土法开采，以交通不便，转运艰难，故其业终未大盛。至山川茂密之区，居人往往于耕耘之暇斩伐树木，制为屋材，或更剐木为器，编条为筐，销售各处，借补生计之不足，是则农而工者也。"①

在国家"有水快流"的政策激励下，1985年，W村时任支部书记李某希望开办乡村集体煤矿（人民公社解体前叫社队煤矿），推动集体经济发展。这一决定得到村民的拥护，却也遇到了很多阻碍。办煤矿是大工程，需要雄厚的启动资金支持，用以购买机器设备等，而在改革开放初，村集体基本没有收入，村民也几乎没有积蓄，这笔资金从哪里来？李某和村干部想到寻求曾在W村工作生活过的老同志后代和省市领导的帮助，李某和时任村民兵队长的郝某写好申请办W村集体煤矿的材料，辗转长治、太原、北京等地，找到各级领导，希望寻求帮助。

我们找到领导，一般不是先提要钱建煤矿的事，而是先给领导拉近关系，讲我们是W来的，讲我们村的革命故事，讲村里老人当年为八路军做的贡献，牺牲了多少，奉献了多少，挺多领导都被我们感动了，经常讲着讲着就眼含热泪，会主动问我们村里的情况，问问老人们的情况，了解村里有什么需要。这时我们再拿出写好的材料，讲出我们想让领导支持办煤矿的事，这样效果就比较好，领导也能理解我们，愿意支持我们，主动帮我们和银行打招呼，找单位担保。要是没有领导的支持，全靠我们村里，这座煤矿还不一定什么时候能建成。②

经过村干部一年多的沟通运作，W村获得银行特批的50万元贷款，解决了启动资金这一难题。经过相关部门的备案审批，W村办煤矿项目终于获批，村里开始购置设备，下挖矿井，建设煤矿。

村办煤矿开始生产后，由于村里采煤技术较为原始，只能采集浅层煤，杂质较多，煤质较差，得不到市场认可，连年亏损。村支书李某决定再次向银行申请贷款，增加下挖矿井深度，尝试挖探深层煤，但又因为W村特殊的地质条件，连续几次试探都未能成功，白白耗费了大量资金。在省领导的支持下，银行也一贷再贷，累计投入近500万元，严重超出了村集体

① 武乡县志编纂委员会. 武乡县志 [M]. 太原：山西人民出版社，1986.
② 资料来源于2021年7月对W村原民兵队长郝某的调研访谈。

经济的承担能力，村民也从起初的支持鼓励、出工出力，逐步产生对村干部的质疑，抱怨连连。"开矿开不出来，村里人的情绪都挺大的，有人觉得是我们在中间动了手脚，占了好处。我们做村干部的也觉得委屈，家里人都跟着抬不起头来。村里人的态度让我们这些干部特别寒心，好几个干部趁着这个机会悄悄离了村，到外面打工，甚至是全家搬离，户口都从村里迁走了。"①

20 世纪 90 年代中后期，由于煤炭价格下降，开采成本加大，技术不达标，生产出来的煤炭卖不上价，W 村集体煤矿负债累累，且生产断断续续，成为村里的集体负担，也成了村干部眼中一块烫手的山芋。在这一背景下，地方政府决定通过托管、承包等方式对其进行无偿转让，在县政府的牵线安排下，浙江私营企业主以极低的价格承包了包括 W 村煤矿在内的多座集体煤矿，但不承担前期债务，村办集体煤矿的所有权性质转为私人所有。村集体煤矿在转让中成为集体挂名、个人经营的产权性质模糊的煤矿，村集体利益遭受严重损失。

1997 年，该业主投入资金，在 W 村建成一座年产 9 万吨的小型煤矿。随着煤炭市场逐步转好，煤炭价格持续上涨，W 村百姓又集资投建了两座洗煤厂。被煤矿困扰多年的 W 百姓终于见到了一丝曙光，看到了发展的希望。在这一时期，村里包括村干部在内的多数百姓几乎都参与到和煤矿有关的事务中，村中差不多家家都有农用汽车从事拉煤等运输业，还组建了运输队，吸收村民跑运输，年轻人大都在煤矿上班，年纪稍大一些的就在煤矿清扫卫生、清理垃圾。但之前村办集体煤矿所产生的近 500 万元银行欠款无人过问，W 村呈现出负债累累的集体经济和藏富于民共存的吊诡画面。

2008 年开始，煤炭市场进入最好的时期。2009 年，另一位民营企业家整合包括 W 村矿在内的 5 座煤矿，投资成立山西 W 煤业有限公司，经过技改扩建，进一步提升煤炭生产能力，成为长治地区较有影响力的民营企业。

---

① 资料来源于 2021 年 7 月对 W 村原民兵队长郝某的调研访谈。

经过煤矿产权的数次变更，私营企业主成为村庄煤炭资源的实际受益者，村集体除了继续背负巨额债务外一无所获，村民被迫承担资源开采带来的负外部性后果。

（二）政府主导下的红色精神传承

1. 讲好八路军故事

W村的一砖一瓦、一草一木和每一位村民都是红色精神的见证。历史上，W村自发举办过很多红色文化活动，很多远近闻名的红色故事由该村村民代代相传，在红色精神传承中发挥了重要作用。随着政府文化职能的充分发挥，红色精神传承和红色文化教育工作逐步正规化，政府开始设置专门机构，聘用专职人员负责相关工作。武乡县也成立了专司革命文物保护和发展的事业单位，建设和运营八路军总部旧址纪念馆、组织红色文化传承和红色教育活动成为其重要职责，八路军总部旧址纪念馆的讲解员、管理员等工作人员也逐步入编，成为事业单位工作人员。这在很大程度上充实了文化队伍力量，提升了红色文化活动水平。

年近六旬的魏阿姨是八路军总部旧址纪念馆的一名优秀讲解员，她从20多岁嫁到W村，就被村里经历过革命战争年代的老人讲述的八路军故事深深感染了。从那时起，她便立下一个志向，要把八路军的故事讲给更多人听。于是，魏阿姨一边做家里的农活，一边给村里的孩子们讲红色故事，随着讲解的水平越来越高，有些前来总部旧址参观的游人还慕名找到她，请她带领他们参观总部旧址，给他们也讲讲八路军的好传统、好精神。"那时候收集讲解八路军的这些事没什么目的，大家喜欢听，我也喜欢讲，特别是看到我们村的孩子们听了八路军的故事，说他们以后长大了也要当解放军，保家卫国，我就特别有成就感。后面有外头来我们村参观的人，有时候也愿意找到我，听我讲，只要人家找我都会过去讲，每次讲都热血沸腾，都会热泪盈眶。"①

---

① 资料来源于2021年7月对W村村民魏阿姨的调研访谈。

就这样，魏阿姨成为远近闻名的红色故事义务讲解员。20世纪90年代，经文物部门选聘，魏阿姨成为八路军总部旧址的一名正式职员，讲红色故事正式成为她的本职工作。

2.开展红色教育

武乡是全国知名的红色旅游重点县。为加大红色文化传承力度，弘扬好红色革命精神，该县举办了大量红色教育主题活动，形式多样，内容广泛，产生了广泛影响。如打造的实景剧《太行山上》，创新"红色文化＋演艺"模式，从太行、村庄、旗帜、土地四个篇章徐徐展开，还原出一幅幅强烈震撼的太行军民浴血奋战、共同抗日的抗战历史画卷，"弘扬太行精神，把《在太行山上》再唱响"。又如连续举办10余届的武乡八路军文化旅游节，整合房车自驾露营推广太行红色旅游、"感悟太行精神"红色研学、"请党放心　强国有我"青少年文艺节目展演等丰富多彩的活动形式。

在武乡的每一项红色活动中，必不可少的一个环节就是组织全国各地的客人到W村参观八路军总部旧址，接受红色教育，但几乎每一项活动都将W村作为开展红色教育的一个单纯场域，重点发挥的还是其物质性作用。W村村民坐"红"不"红"，村庄红色文化传承与教育活动严重缺位，几乎没有以村庄为主体的红色文化和红色教育活动，村民难以参与到红色教育之中，更难从红色教育活动中成长受益。

三、外强内弱：红色村庄的治理困境

丰裕的红色资源为W村带来了荣誉和财富，也影响了村庄的发展路径，造成村庄发展的全面依附。以红色旅游为代表的红色产业发展如火如荼，农民却很难从中获益，村集体收入靠煤矿分红，农民生活来源主要依靠煤矿打工，煤矿成为村庄发展实际引领者。经济结构失衡引发利益冲突，导致乡村治理失序。由于党组织软弱涣散与村民自治失能，村民逐步丧失了对村干部的信任，干群关系紧张。本应传承红色精神和文明乡风的W村治理显著失序，靠"红"不"红"，特别是由于过度依附政府和煤矿资源无序利用带来的不良后果，使其远近闻名的红色圣地沦为一片精神荒漠。

（一）经济依附下的村庄产业结构失衡

人，尤其是农民是解决乡村问题的关键。我国是农业大国，重农固本是安民之基、治国之要，广大农民在我国革命、建设、改革等各个历史时期都做出了重大贡献。[①] 习近平总书记高度重视激发农民作用，指出"要发挥亿万农民的主体作用和首创精神，调动他们的积极性、主动性、创造性"[②]。但在 W 村的产业发展中，政府成为红色旅游及相关产业投资、建设、运营的唯一主体，村集体难以参与其中，村民对项目规划缺少了解，更难从中直接获益。与此同时，大量村民参与到村庄煤炭资源的开发中，到煤矿从事各类工作，获得高额报酬，煤矿每年又以各种形式给予村集体经济奖励和补偿，成为村集体收入的重要组成部分。红色村庄产业结构的失衡导致村庄内部阶层分化，以村集体利益为代表的公共利益明显受损。

1. 发展红色旅游难使村民受益

新中国成立后，中央和地方政府高度重视 W 村发展，投入大量资金，建设红色项目，千方百计保护红色资源，发展红色旅游和相关红色产业，取得了丰硕成果，但政府投资越来越多，红色项目越建越好，村民对红色资源保护的热情却逐步退却，对红色资源项目非常冷漠，对红色精神的认同逐渐淡化。

为何村民对红色资源保护如此冷漠，甚至冷眼旁观？根据驻村调研期间，武乡县投资建设的以八路军总司令部旧址 W 村为核心的"1+4"革命文物保护利用主题片区项目为例，其中可以发现村民冷漠态度的背后原因：一是村民对红色资源保护利用项目缺少了解。在八路军总部 W 旧址"1+4"革命文物保护利用片区建设中，武乡县政府引进专家团队高位推动，宏观

① 习近平.向全国亿万农民祝贺中国农民丰收节 [N].人民日报，2018-09-23（01）.
② 习近平.习近平谈治国理政（第 3 卷）[M].北京：外文出版社，2020.

谋划，挖掘文化内涵，深耕红色旅游，[①] 但村民只能通过项目建设处周边张贴的标语、指示牌等了解项目建设的规划与内容，难免一知半解。村干部忙于事务性工作，没有很好地在村民中讲解普及项目建设概况，造成以讹传讹，产生"年年施工，大拆大建"等负面印象。同时，红色项目建设施工的过程在一定程度上会影响居民生活，村中的主干道路被挖开，尘土遍地，因村民对项目缺少认识，也就很难认同、理解和支持，产生较重的负面情绪。

二是村民难以参与到保护项目建设中。红色资源保护利用项目投资较大，属于重大乡村建设项目，其投资、设计、施工、建设有着严格程序，参与建设的工程企业要通过政府公开招标，其施工人员多为外包施工队，本村村民难以参与其中。在调研中，一位年逾六旬的老人看到正在刷墙的外聘工人，眼神中满满的失落。他对笔者说道："政府花钱投资搞建设，最终受益的是我们的村，这我能理解。但修路、修桥、绿化环境，好多他们能做的事我们也能做，我们也想为我们的家乡出点力，做点贡献。我身体还可以，做点这些还能贴补生活，现在我们的钱都让外人赚去了。"[②] 老人的倾诉代表了 W 村多数在村村民的心声，他们渴望参与到家乡建设中，希望用自己的双手保护从小守护的红色资源。

三是村民难从红色资源中直接获益。当前 W 村的主要红色景区还是占地面积 500 平方米、建筑面积 150 平方米的八路军总部 W 旧址纪念馆，其参观游览时间在一小时左右。外来游客没有在村里开展其他活动及购物用餐等更多需求，个别村民开设的旅游纪念品商店、餐馆、民宿等因此游客寥寥。

我从小听家里老人讲八路的故事，村里的（八路军总司令部旧址）纪念馆就盖在我家门前，听说里面建得越来越好，但我很久都没进去过了。都说我们这是八路军的故里，小的时候我也感觉自豪，但现在感觉八路这

---

① 参见武乡县人民政府 2021 年政府工作报告。

② 资料来源于 2021 年 7 月对 W 村村民的调研访谈。

些故事离我越来越远了。^①

正如马克思在《资本论》中指出的那样，政治是经济的集中表现，经济基础决定上层建筑。当村民难从红色产业中受益时，其对红色资源保护会越来越冷漠，对传承村庄红色精神的态度也将大打折扣。

2. 煤矿成为村庄发展实际引领者

改革开放后，W 村地下煤炭资源得到村民重视，逐步开采利用。10 余年的村集体经营未果后，20 世纪 90 年代中后期，浙江私营企业主史某以极低的价格承包了包括 W 村煤矿在内的多座集体煤矿，但不承担前期债务，村办集体煤矿的所有权性质转为私人所有。随着煤炭市场逐步转好，煤炭价格持续上涨，煤炭市场进入了好时期，村内又相继建起了村民投资建设的两个个体洗煤厂。2009 年，民营企业家陈某整合包括 W 村矿在内的 5 座煤矿，投资成立山西 W 煤业有限公司，进行技改扩建，进一步提升煤炭生产能力。在这一时期，村里包括村干部在内的多数百姓几乎都参与到与煤矿有关的事务中，每家每户都养着大车搞煤炭运输，年轻男性到煤矿从事一线勘探、采煤等工作，村里的中老年人则在煤矿上从事安全保卫、卫生清理等服务工作，或进行种树、种草、栽花及清理垃圾等杂务工作，家庭主妇们也纷纷到矿上开饭店、收拾卫生等。因煤炭开采的高昂利润，私营煤矿确定的劳动报酬也较有竞争力^②，煤矿成熟技工的月薪近万元，杂务工作的月薪也在 3000 元。

优厚的劳动报酬对 W 村村民产生巨大诱惑，私营煤矿及其雇佣的煤矿经营者在村中地位明显提升，不仅可以控制煤炭生产，也能在一定程度上过问、影响村庄公共事务，有着一定的公共权力。私营煤矿定期缴纳的占地补偿款、污染补偿款成为村集体的主要收入来源，很多本应由村集体操办的公共事务，如办庙会、发福利等都要从矿上要钱，依附于私营煤矿主的支持。村民还将从煤矿要钱（指巧立名目、寻求各类经济支持）的能力

---

① 资料来源于 2021 年 7 月对 W 村村民的调研访谈。

② 煤矿成熟技工的月薪为 8000—10000 元，安保、环卫等杂务工作的月薪为 2000—3000 元，远高于村民从事农业生产所得。

作为评判村干部能力的重要标准，个别村干部与煤矿负责人成为利益共同体，同进同出，称兄道弟，对于煤矿负责人提出的需求也是尽力解决。煤矿成为红色村庄发展的实际引领者。

煤矿开采严重破坏 W 村生态环境，破坏地下水资源，严重影响村民生活，但即便这样，村集体和村民也无法摆脱对煤矿开采的经济依附，出现"边抱怨煤矿危害村庄生态环境，边依赖煤矿开采获得经济收入"的无奈局面。长年开采煤矿，现在的 W 村全靠一口 300 米深的机井吃水，用水成本很高，地下水质浑浊，杂质很多。每当下雨天，村民纷纷把提前准备的缸、盆放进院子里，接下雨水供生活使用。煤矿开采还引发山体采空、植被毁坏、地面塌陷、水土流失、土地退化、严重污染等一系列问题，严重威胁农民生命财产安全。"我们也知道这些问题是矿上造成的，吃水吃不上，家里的地也塌陷着，但是没办法，现在的 W 村离不开这几座煤矿，我们也在矿上打工。真不知道以后的 W 村该怎么办。"[1]

3. 内部阶层分化与公共利益受损

W 村"一煤独大"下严重失衡的产业格局，引发了村庄内部的人口结构分化。根据村民的收入来源和职业结构差异，W 村内部形成若干人口结构，均有其突出特点：一是配合政府开展红色资源保护和红色旅游的事业单位工作人员，[2] 如八路军总部 W 旧址纪念馆的讲解员、管理员，保护红色资源、提供相关服务是其基本职责，其职责发挥多是在工作场所，体现在工作岗位上，在普通村民看来，他们是村里少有的公家人，与老百姓有着天然屏障。二是煤炭相关从业者，如私营煤矿工人、运输队员和提供相关服务的工作人员，占据了 W 村村民的大多数，他们的生产生活均以煤矿为中心，关注的是煤矿能带给其的经济收益，对村庄发展和红色资源保护较少关心。三是村两委干部，这是 W 村少数关心村庄发展和集体事务的人，"无奈"是其工作的主题词。他们一方面要配合政府完成红色资源保护与

---

① 资料来源于 2021 年 7 月对 W 村村民的调研访谈。

② 2021 年 6 月，武乡县成立文物保护和旅游发展中心，该中心为政府所属的事业单位，全面负责全县红色旅游发展和红色资源保护。

开发的大量工作，另一方面要协调村庄与煤企间关系，同时还要协调处理村庄公共事务。"我知道老百姓对村干部不满意，对我有意见，觉得我们当干部就是不作为，就是搞腐败。但我们工作也很难，方方面面都要协调，都要处理，就是夹缝中生存。"① 四是普通村民，这部分村民普遍年龄偏大，或是缺少技术难以到矿上务工，于是选择在家务农或养老赋闲，相比之下，他们的收入偏低，不是村庄煤炭开采和红色旅游的直接受益者，因此抱怨连连，对村庄发展和治理意见颇多。

因职业结构和利益结构差异，W村村民产生了明显的人口结构分化，大家互不理解，缺少沟通，难以形成合力。革命战争年代团结一心的红色村如今却四分五裂，矛盾频发，村庄公共利益严重受损。

（二）红色精神内核的流失

1. 代际更替与价值观多元化

在W村，当年亲历过革命战争，与八路军将士"同甘共苦、艰苦奋斗"过的老人已基本离开人世，他们的第一代子女如今也年过六旬，村庄的主力多为这代老人的孙子女甚至是重孙子女。W村的红色精神在代际更替中发生变异，红色精神在传承中出现代际隔离与分化，红色精神逐渐失传。在调研中，很多年轻人对村庄的红色历史感受模糊，只能说个大概，甚至讲不出一个完整的红色故事，对红色精神逐渐"无感""冷漠"。

分析W村红色精神传承后继无人的问题，其主要原因是缺少面向村民的红色传承和红色教育活动。红色基因和红色文化是维系红色村庄共同体的基本要素，但在村庄实际发展过程中，八路军总部旧址纪念馆与村庄整体脱节了，到总部旧址学习、接受教育的基本没有本村村民，大多数村民一年甚至几年都不到纪念馆参观一次，红色村庄红味越来越淡，甚至沦为精神荒漠。

---

① 资料来源于2021年7月对W村党支部书记L某的调研访谈。

2. 不良乡风的体现

随着红色精神的逐步淡化，W 村的社会风气出现了很多问题，勤俭节约、艰苦奋斗、无私奉献的精神变得越来越淡，村民间浪费攀比、涉黄涉毒等问题时有发生。

浪费攀比之风兴盛。随着煤矿的开采，W 村村民的生活水平越来越好，收入越来越高，村民间攀比买房、买车、随礼的现象时有发生。个别村民嫌贫爱富，哄抬彩礼、乱摆酒席等现象时有发生。

黄赌毒事件发生率较高。W 村地处太行山区，文化教育水平整体偏低，村民文化程度普遍为初中、高中毕业，这导致他们较为容易被外来低俗、腐朽文化影响腐蚀。特别是在 20 世纪 90 年代至 21 世纪初，W 村涉黄涉毒事件时有发生。这些恶劣事件恶化乡风水平，严重影响到村庄社会风气。

四、内生自主：红色村庄的发展路径

进入新时代以来，党和国家全面推行乡村振兴战略，高度重视红色资源保护利用，支持革命老区振兴发展，为红色村庄带来重大发展机遇。红色精神是红色村庄的根与魂。化解强资源依附下的红色村庄治理困境，必须重拾红色精神，增强村庄发展内生动力，发挥农民主体作用。以"百折不挠，艰苦奋斗"的精神用好红色资源，提升村庄产业经济发展水平；以"万众一心，敢于胜利"的精神凝聚治理合力，形成多元协同的治理模式；以"英勇斗争，无私奉献"的精神教育鼓舞村民，提升村庄精神文化水平和村民思想道德觉悟，为村庄培根铸魂。探索一条内生自主式的发展道路，推动红色村庄治理有序，实现红色村庄高质量可持续发展。

（一）用好红色资源，引领村庄产业振兴

"民族要复兴，乡村必振兴。"2017 年 10 月 18 日，习近平总书记在党的十九大报告中提出乡村振兴战略，指出农业农村农民问题是关系国计民生的根本性问题，必须始终把解决好"三农"问题作为全党工作的重中

之重，实施乡村振兴战略。党的十八大以来，习近平总书记多次赴革命老区考察调研，强调要把革命老区建设得更好，让老区人民过上更好生活。2021 年 1 月，国务院出台《关于新时代支持革命老区振兴发展的意见》，提出加快健全支持革命老区振兴发展的"1+N+X"政策体系和具体举措，助推红色村庄和革命老区努力走出新时代振兴发展新路，把革命老区建设得更好，让革命老区人民过上更好生活，逐步实现共同富裕。① 山西省人民政府也制定颁布了《关于新时代支持山西太行革命老区振兴发展的实施意见》，要求扎实推进老区振兴发展，大力传承红色基因。这为太行革命老区全面推动经济社会高质量发展提供了重大政策支持，成为 W 村发展红色产业、走向自主振兴的重大发展机遇。

1. 全面提升红色资源保护利用水平

W 村面积相对较小，可供开发利用的红色资源品种少，形式较为单一，这些都是限制红色产业发展的重要因素。为此，武乡县经过认真调研，决定发挥 W 村周边红色资源多，且分布密集这一优势，以点带面，重点突破，围绕八路军总部及其领导下的敌后抗战这一主题，以 W 村为核心，确立了"一线三区"革命文物保护利用密集区，建设浊漳河北源河谷红色旅游带，整合周边的八路军野战政治部下合村旧址、中共中央北方局党校上北漳旧址、中共中央北方局妇委会石圪垤旧址、前方鲁迅艺术学校下北漳旧址四处革命旧址，以八路军总司令部及其领导下的敌后抗战为主题，连片打造"1+4"革命文物保护利用主题片区。主题片区的建设有效打通了红色资源间的物理屏障，为 W 村发展红色产业提供了新的机遇。

村庄基础设施是发展红色产业的重要基础。W 村在革命文物保护利用主题片区和乡村振兴示范区建设中，积极筹措资金，提升红色资源保护利用水平，改造村庄污水处理设施、公共厕所及户厕等卫生设施，为八路军总部旧址外的旅游区厕所接通了污水管网，高标准优化村庄沥青路面、改造村庄下水管网，新建生态停车场、乡村文化站、新时代红色文化传承广

---

① 《国务院关于新时代支持革命老区振兴发展的意见》（国发〔2021〕3 号），2021 年 1 月 24 日.

场和大槐树红色广场，不断丰富群众文化体育生活。同时，积极盘活现有的红色旅游资源，开发村里闲置的房屋和广场。这些都为高水平保护利用村庄红色资源、发展村庄红色产业奠定了坚实基础。

2. 高质量发展红色产业

高质量发展红色产业是将村庄红色资源变现、让村民受益的重要方式，这就要求 W 村不能只将红色产业停留在传统的参观、游览上，也不能只发展低端原始的农家乐、采摘园，而是要将产业发展的重心放在充分阐释红色资源和革命文物的内涵和价值上，下大力气发掘村庄红色资源的精神价值，实现红色资源串联展示，延伸产业链，充分发挥"红色 +"产业优势，提升附加值，提高吸引力，发挥红色资源的引领和集聚作用。

一是积极融入武乡"红色文化 + 演艺"产业体系。近年来，武乡县策划打造了一部精品实景剧《太行山上》和大型原创红色民歌剧《红肚兜》。该剧特邀国内知名导演团队策划指导，采用行浸式观演模式，时长达 80 分钟，分为太行、村庄、旗帜、土地四个篇章，还原出一幅幅强烈震撼的太行军民浴血奋战、共同抗日的抗战历史画卷。这部实景演艺的成功推出，很好地填补了山西红色旅游演艺的市场空白，吸引了省内外大量观众，对太行精神内涵解读提供了项目支撑。W 村可依托八路军总部旧址及纪念馆，积极融入现有红色演艺项目，丰富红色产业发展内涵，亦可集思广益，创新发展，以新媒体新科技助力演艺项目编排和设计，推出更有吸引力的红色演艺项目。

二是学习先进地区乡村振兴经验，促进红色资源优势与乡村全面振兴融合发展。找准红色资源和乡村振兴之间的契合点，提升乡村配套服务设施和运营接待能力，形成集参观、研学、旅游、服务等功能于一体，具有革命传统体验、红色精神传承、绿色休闲观光等特色的红色旅游产品。面向未来，着眼长远，探索"红色旅游 + 红色研学""红色旅游 + 民俗文化""红色旅游 + 电商""红色旅游 + 商务会展""红色旅游 + 现代农业"等新业态，让红色村庄更宜居，让老区人民更富足。

3. 实现产业协同发展

发挥现有产业优势，用好村庄产业基础，这是实现红色村庄产业振兴的重要命题。为此，应合理协调 W 村农业发展、煤炭开采与生态环境保护之间的关系，走三产融合、协同发展的产业道路。

一是科技赋能，促进特色农业优质高效发展。打响 W 村羊肥小米标志品牌，探索多种农作物耕作、轮作技术，研究推广小型农机农具播种收割技术，提高农业生产效率，整合产业发展资金，打包同类产业项目，实现集体经济抱团发展，优化集体经济利益分配机制，让农民能从农业生产中真正获益。

二是合理发展村庄煤炭产业。科学评估 W 村地下煤炭储量，明确煤炭开采与生态环境影响的红线，确定煤企、村庄、农民群众间的利益共享机制与利益分配规则，让煤炭开采真正造福于民，为村庄经济社会可持续发展服务。

三是绿色为基，保护村庄生态环境。W 村地处太行山区，气候适宜，空气质量优，森林覆盖率高，空气湿润，冬暖夏凉。应充分发挥红色村庄生态环境优势，走绿色可持续发展道路，以绿储能，增强村庄发展动力。

（二）多元协同治理，凝聚村庄发展合力

党的二十大报告指出，要完善社会治理体系，健全共建共治共享的社会治理制度，提升社会治理效能，畅通和规范群众诉求表达、利益协调、权益保障通道，建设人人有责、人人尽责、人人享有的社会治理共同体。要从制度入手化解红色村庄的治理困境，发挥基层党组织的战斗堡垒作用，鼓励多元主体积极协同，充分尊重农民主体权利，发挥治理合力，实现乡村治理体系和治理能力的现代化。

1. 党建引领激发红色村庄自治合力

党组织软弱涣散是造成 W 村治理困境的重要原因。提升 W 村基层治理能力，必须建强农村基层党组织，发挥基层党组织的战斗堡垒作用，强化其政治功能，突出其引领作用和凝聚作用。在具体工作中，要以弘扬红色

精神为抓手，教育引导好 W 村全体党员，坚定他们的政治信仰，将红色精神内化于心、外化于行；要提升基层党组织组织力、领导力，发挥基层党组织对广大村民的组织引领作用，将党建成果化为红色村庄建设的助推器；要发挥村两委的治理骨干作用，既把握方向又带头实干，引领村民统一思想，为振兴红色家园出一分力。

尤其是要以党建引领激发基层自治合力，破解"政府干、群众看"的难题，一是要充分发挥党支部书记的领头雁功能。"群众看党员，党员看干部，干部看书记"，村党支部书记要提升个人领导力和工作能力，积极联系群众，了解村民的急难愁盼问题，积极对接资源加以化解。二是要以村规民约激发村民主人翁意识，引领村民共建共治共享美好家园。针对乡村治理中的普遍问题、棘手难题，结合村庄实际，制定了有操作性的村规民约，并积极引导村民参与乡村治理。三是文化赋能，凝聚村民守护家园的心气，要大力加强文化建设，举办各种文化活动，唤起村民回忆与情感共鸣，增强村民归属感，提升文化认同感。

2. 充分发挥农民主体作用

农民问题是"三农"问题的核心。中国共产党长期的农村工作经验表明，做好农村工作必须相信农民、依靠农民，只有坚持农民的主体地位，才能保证党的各项工作的顺利开展。[①]具体来说，农民主体性包含了农民面对乡村治理现代化表现出来的自主性、自觉性、能动性和创造性等要素，是农民参与乡村治理合目的性与合规律性统一程度的把握与体现，其基本特征是农民在实践中的自主性、自觉性、能动性和创造性的统一。[②]

在红色村庄的发展建设中，应充分调动农民的积极性、主动性，发挥农民主体作用，尊重农民主体性地位。具体到 W 村的工作中，要尊重农民首创精神，倾听农民群众对红色村庄建设的意见和建议，通过各种方式向村民普及相关的项目规划、建设信息，让群众发自内心地支持村庄建设，

---

① 王晓毅. 坚持农民主体地位是实现高质量乡村振兴的保障 [J]. 人民论坛, 2022（05）：44—46.
② 吴春宝. 新时代乡村建设行动中的农民主体性功能及其实现 [J]. 长白学刊, 2022（01）：124—131.

参与到项目建设之中。更重要的是要信任农民、依靠农民，给农民施展才华、贡献力量的机会和舞台，改变政府的大包大揽，鼓励农民成为红色村庄建设的主体力量，进而维护好红色资源保护和红色村庄建设的宝贵成果，为家园建设提供新动能。

3. 合理发挥企业作用

促进红色村庄全面振兴，实现红色村庄治理有效，还应用好市场机制，合理发挥企业作用。

一是提高认识。充分认识到企业在促进乡村发展中的重要作用，主动对接企业，推介 W 村以红色资源为代表的特色产业资源、文化资源、生态资源，吸引企业与村庄合作，凝聚发展合力。

二是用好政策。巩固拓展好"万企帮万村""万企兴万村"行动成果，梳理好各级政府出台的相关政策，抓住政策机遇。

三是明确主体。在红色村庄发展中，村民、村集体是发展主体，不能将发展的责任转嫁到企业身上，更不能将乡村发展等同于企业发展，而应相互配合，各主体都应履行好自己应尽的责任，互相补位而不缺位、越位。

（三）重拾红色精神，为村庄培根铸魂

红色精神是红色村庄的根与魂。破解红色村庄的治理困境，促进红色村庄全面振兴，必须重拾红色精神，教育引导村民，培育文明乡风。为做好新时代乡村治理，提升乡村治理能力和水平打下坚实基础。

1. 突出红色特色，诠释抗战文化

深度挖掘 W 村蕴含的红色精神、红色基因和红色文化，结合社会主义核心价值体系，突出红色精神的时代价值，把 W 村建设成为重要的爱国主义教育基地和社会主义核心价值观示范点。W 村应充分发挥传承和弘扬红色精神的主体作用，安排专人梳理村庄红色历史、革命家史和发展历史，撰写《W 村村志》，诠释伟大红色精神、太行精神，在诠释红色精神中教育引导村民，特别是年轻一代。

2. 开展特色活动,弘扬太行精神

特色活动是传承红色精神的重要载体。W村应深度挖掘太行精神、八路军文化的丰富内涵和时代价值,让革命历史说话、让革命文物活起来,深度策划、参与到各类红色活动之中,在活动中教育引导村民,提升村庄品牌力、影响力,把《在太行山上》再唱响。如武乡县以"弘扬太行精神、传承八路军文化"为主题,连续举办10届的八路军文化旅游节,就多角度挖掘、展示、宣传八路军总部红色文化品牌,实现文化搭台、经济唱戏、产业升级,助力革命老区振兴发展。又如武乡县以革命文物作为生动教材,创建的全省党性教育基地——太行干部学院和全国青少年太行革命传统教育基地——太行少年军校,引导党员干部和青少年通过理论学习、现场参观、实践研习等相结合,聆听革命主题讲座,参与革命旧址现场教学,观看情景剧和实景演出,体验吃小米饭、住老区炕,参加"小小八路军"军事特训、农事劳作等红色研学活动,深度体验红色文化、感悟太行精神。

3. 教育引导农民,培育文明乡风

W村还应充分组织村民,利用各种农民喜闻乐见的方式,寓教于乐,传承红色精神。如组织村民围绕太行精神精心编排、创作和表演具有本地特色的民歌民谣、快板秧歌,表演节目包括抗战歌曲《鲁艺校歌》《黄水谣》《鲁艺校驻在下北漳》、情景剧《逃难歌》、歌舞《太行军民欢庆胜利》等。邀请专业老师采用线上线下相结合的方法精心指导,提升村民文化演出水平。

文明乡风是红色精神的有机体现。W村应把村庄精神文明建设作为一项重要任务,转变村民不良价值观念和不良风气。综合采用各种方式和手段,评选道德楷模和"红色模范",鼓励村民在"红"言"红"、在"红"行"红",诚信为人,热心公益,无私奉献,积极工作,勤俭节约,艰苦奋斗。

第四章　社会主义先进文化在乡村治理中的典型案例

社会主义先进文化是以马克思主义为指导，与社会主义先进生产力相匹配，充分体现时代精神，并不断提高人的精神境界的精神指引。[①]中国共产党历来重视文化对社会发展的引领作用，始终把发展社会主义先进文化置于国家整体发展的重要战略地位。习近平总书记在庆祝改革开放40周年大会上的讲话中指出，40年来，我们始终坚持发展社会主义先进文化，加强社会主义精神文明建设，培育和践行社会主义核心价值观，传承和弘扬中华优秀传统文化，坚持以科学理论引路指向，以正确舆论凝心聚力，以先进文化塑造灵魂，以优秀作品鼓舞斗志，爱国主义、集体主义、社会主义精神广为弘扬，时代楷模、英雄模范不断涌现，文化艺术日益繁荣，网信事业快速发展，全民族理想信念和文化自信不断增强，国家文化软实力和中华文化影响力大幅提升。在建设社会主义现代化强国的征程上，我们必须以社会主义先进文化为指引，激发文化的内生活力，为中华民族伟大复兴提供强大的文化凝聚力。

在建设文化强国的背景下，党和国家大力加强了农村文化基础设施和文化服务设施建设，尤其是加大对革命老区、民族地区、边疆地区、贫困地区农村文化建设的支持力度，但各地在实践中更多注重基础设施等硬件建设，对价值引领、集体主义、公共意义等精神培育方面相对欠缺。劳模精神、劳动精神、集体主义、公共精神是社会主义先进文化的重要组成部分，是培育和践行社会主义核心价值观的关键。因此加强农村文化建设，要充分发挥农民在文化建设中的主体作用，通过思想引领和文化活动来培育和践行社会主义核心价值观，形成农村积极向上的文化氛围和农民良好的精神状态，推进农村文化大发展大繁荣，进而为乡村振兴奠定深厚和持久的内在力量。

---

① 姜土生.用社会主义先进文化占领意识形态阵地[N].光明日报，2019-01-16（06）.

第一节　西沟村劳模涌现的历史经验与实践价值

新时代新征程上，我们要深入学习贯彻习近平总书记重要讲话精神，深刻认识和大力弘扬劳模精神、劳动精神、工匠精神，汇聚起亿万职工群众团结奋斗的磅礴力量。集体化时期我国农村涌现出大量劳模，带领广大农民战天斗地、发展生产，不仅为我国农业现代化和工业体系建设做出巨大贡献，更密切了党和群众之间的血肉联系，还将崇尚劳动、自力更生、艰苦奋斗、集体主义等价值观深植于农村大地。因此挖掘集体化时期农村劳模涌现的历史经验，对于构建新时代乡村精英培育机制、推进乡村振兴顺利实施具有重要的实践价值。山西平顺是劳模之乡，新中国成立以来，全县先后涌现出李顺达、郭玉恩、武侯梨、申纪兰4位全国著名劳模和100多名省部级劳模。西沟是平顺的缩影，更是集体化时期中国农村的缩影。本节以山西省平顺县西沟村为例，通过实证调研，深入挖掘该村集体化时期劳模涌现的历史经验，并从农村基层党组织建设角度，总结劳模产生对构建新时代乡村振兴精英培育机制的实践价值与经验启示。

一、西沟村的基本情况

平顺县西沟村地处太行山南端，是全国劳模李顺达、申纪兰的家乡。全村国土面积30500亩，耕地面积1560亩，辖9个自然庄，635户，2138口人。西沟村党总支下设4个分支，12个党小组，12个村民小组，110名党员。

西沟村是全国第一个农业生产组织——李顺达互助组的诞生地。1943年2月6日，为响应党组织关于"组织起来，生产度荒"的号召，李顺达与宋金山、路文全、王周则、桑运河、李达才等6户农民商议决定，成立了农业生产组织李顺达互助组，这是抗日战争时期全国成立的第一个农业生产组织。同时,西沟村还是中国农村开展合作化运动的典范,被誉为中国农村探索社会主义道路的先行者。1951 年 12 月 10 日,以李顺达互助组为依托的西沟初级农业生产合作社正式成立,李顺达被选为社长,申纪兰被选为副社长。1952 年秋后,为了突出山区建设的特点,西沟农业合作社更名为西沟农林牧生产合作社。

西沟村是最早提出开展全国爱国丰产运动的倡导者。1951 年 3 月 6 日,李顺达互助组率先向全国发起爱国丰产竞赛的倡议,全国各地有 1938 个互助组和 1600 多位劳模积极应战。1952 年,李顺达、郭玉恩、吴春安、任国栋 4 人获得农业部颁发的全国爱国丰产运动最高奖——"爱国丰产金星奖章"。毛泽东主席亲笔为李顺达书写了"生产战线上的模范"奖状,并亲笔为西沟村《勤俭办社,建设山区》一文写下了热情洋溢的按语。

西沟村是中国农村最早开展男女同工同酬的发源地,申纪兰是中国妇女举起男女同工同酬大旗第一人。1952 年申纪兰带头动员妇女下田劳动,并向社里提出了"男女干一样的活,应记一样的工分"的要求。她带领妇女在一个封闭贫瘠的小山沟同男人们展开了劳动竞赛,争取男女同工同酬,使村党支部实行了"男女干一样的活,记一样的工分"的分配办法,成为维护农村妇女权利的里程碑。

新中国成立以来,西沟村在全国著名劳模李顺达和申纪兰的带领下,组织起来,自力更生,艰苦创业,经过几十年的奋斗,将一个自然条件恶劣的穷西沟,建成了农林牧贸工商全面发展的社会主义新农村,在全国树起了光辉榜样,成为全国农业战线的一面旗帜。从 1953 年开始,李顺达、申纪兰带领西沟人开始在山上、河滩植树造林,打坝造地,建设山区,被称为"全国植树造林的样板""治山治沟改天换地的榜样""多种经营全面发展的典范",70 多年来一直被誉为山区农村发展的方向。更重要的是在与这千沟万壑、穷山恶水的斗争中,形成了西沟人民坚韧、勤俭、朴实的民风和自强不息、苦干实干、不屈不挠、团结奋斗的劳模精神。

二、西沟村劳模涌现的历史经验

西沟村 70 多年的发展史，是中国现代农村社会历史发展的一个缩影。尤其是西沟村从抗战时期到改革开放后涌现出了大量的乡村精英，他们有抗战中的战斗英雄或民兵英雄，有集体化时期的劳动模范，有改革开放后的村治能人，正是有了一代一代乡村精英的代际相传，才有了西沟村劳模精神的传承与发展，使得精英群体不断参与到乡村治理过程，带动了整个村庄的发展。

（一）以党的教育规范干部群众行为

党的十九大报告指出："党的基层组织是确保党的路线方针政策和决策部署贯彻落实的基础。要以提升组织力量为重点，突出政治功能，把基层党组织建设成为宣传党的主张、贯彻党的决定、领导基层治理、团结动员群众、推动改革发展的坚强战斗堡垒。"西沟村党支部从建立以来，一直以基层党组织建设为中心，充分发挥其思想建设、作风建设、组织建设和制度建设的功能，教育和引导党员干部和党员发挥模范带头作用，并积极吸纳群众中的先进分子加入党组织的队伍，不断巩固党支部的战斗堡垒。

1. 以思想教育为基础坚定理想信念

思想建设是党的基础性建设。"农村党组织的重要功能之一就是围绕党的中心任务宣传教育和发动群众，以实现党的目标。"[①]西沟村主要通过对错误思想的纠偏和多种形式的宣讲教育对党支部的思想建设常抓不懈，使得广大党员干部和党员能够坚定理想信念，不忘初心，牢记使命。

一是组织反复学习党的战略方针。首先，为了把干部群众的思想统一到党的路线上来，党总支组织大家反复学习党的战略方针，经过典型解剖，路线分析，干部和党员提高了思想觉悟。其次，虚心求教，认真学习。党组织的干部和党员代表经常性地向周边先进的党支部学习借鉴经验，弥补

---

① 徐勇.现代国家、乡土社会与制度建构[M].北京：中国物资出版社，2009：219.

自身的不足。最后，在大家提高思想觉悟，统一思想认识的基础上进一步开展工作。思想教育并不是一帆风顺的，得经过许许多多细致艰苦的思想工作才能完成。例如西沟村经济发展起来后，村民中滋生了图阔气、怕艰苦的思想苗头，村党支部抓住这个问题，组织了青年开展大讨论，并请李顺达同志给大家讲了老贫农王周则在旧社会的艰苦生活，从而使广大青年认识到艰苦朴素、勤俭节约的优良传统，逐步纠正自身的错误思想。例如一些年轻人只学习书本上的，就是劳动怕下力，造成了黑夜学理论、白天劳动磨洋工的现象。为此，党支部组织大家学习，让广大党员群众了解到共产主义的理想信念和艰苦奋斗的党员精神。

二是积极创新思想教育活动方式。充分运用现场教学，组织积极分子和青年党员到日军杀害西沟 16 名兄弟的磨石凹、西沟党小组成立的旧址、李顺达同志当年从河南林县逃荒上来住的破土窑以及当年民兵战斗过的老西沟口等地方，回顾建党以来走合作化道路的发展史，进行现场参观和现场带入式教育。不仅如此，青年入党入团，在党支部成立的北沟崖壁下进行党内教育；知识青年插队返乡，要参观西沟教育展览馆；过年过节要组织党员群众吃忆苦饭、唱忆苦歌、开忆苦会，介绍村史、民兵战斗史，讲革命、讲传统，进行今昔对比的教育。另外，还进行实物展览教育，每年秋收都要把丰收的庄稼、村里过去逃荒时的破被子，以及老党员的讨饭篮子、要饭碗、破衣衫等在社会主义教育展览馆进行展览，对党员群众进行教育。此外，党支部还组织大家写家史、编课本，使他们认识到西沟的今天是艰苦奋斗的结果。

三是邀请老党员的现身宣讲。经常性邀请革命老前辈、老党员，如李顺达、申纪兰等，对党员干部群众进行言传身教，使思想建设既见人，又见物，生动活泼。言传，就是请革命老前辈、老党员讲家史；身教，就是老前辈、老党员用自己的行动影响和教育群众。"农村新兴精英必须以其在群众中的模范带头作用获得群众的信任和认可。"[1] 通过言传身教，把讲、忆、查、比结

---

[1]　徐勇. 现代国家、乡土社会与制度建构 [M]. 北京：中国物资出版社，2009：221.

合起来，使艰苦奋斗、自力更生的劳模精神在西沟村代代相传。

2. 以组织培养为重心带领青年成长

组织建设是党支部建设的重心，要以提升组织力为重点，吸纳和培养大批新干部，使他们在解决实际问题中学会工作、迅速成长。智慧在实践中，办法在群众中，这是培养新干部的主要方法。西沟村党支部采取让新干部挑重担，大胆使用，在实践中经受锻炼，提高觉悟，增长才干。

一是创造条件，经受锻炼。西沟党支部有计划地、因地制宜地创造条件，组织青年干部到后进单位，把他们放到风口浪尖上去锻炼，解决老大难问题，完成急、难、险的艰巨任务，在斗争中增长青年干部的才干。例如在一次抗洪救灾中，党总支让青年干部秦周则完成抗洪救灾，他在带领群众救灾中，看到洪水第一个跳下去与水搏斗，影响带动了广大群众，很快疏通了溢洪道，避免了一场严重的洪水猛涨、大坝冲毁的危险事故。事后，他深有体会地说，情况越复杂，越能锤炼意志，任务再艰巨，只要大胆闯就没有克服不了的困难。

二是重点培养模范群体。西沟村在党的领导下不仅涌现了大批的英雄模范人物，还涌现出许多先进集体和模范群体，为完成各个时期工作任务起了重要的带头促进作用。比如在生产建设中逐渐出现了天柱队、十果组、纪兰排、十姐妹、八字标兵等先进集体，后又组织成立了太行英雄队这一模范集体。太行英雄队以金星英雄李顺达、申纪兰等为代表，吸收工业、农业、商业、财贸、教育、卫生等各个方面各条战线上的先进人物参加，通过思想发动，自愿报名签字，逐步扩大组织。由同级党委确定党委或支委担任指导员，加强政治思想领导，每月进行一次。全队通过广播、简报、黑板、英雄台、英雄榜、英雄花来传播发扬先进人物与先进经验，逐步提高队员们的战斗力，所有的模范人物，在太行英雄队的统一领导下，分散到各个行业进行活动，通过英雄队的活动，与广大积极分子、群众联系起来。模范群体密切了党与群众的关系，这是群众路线的深入化、具体化，使党的群众路线贯彻得更加生动活泼。

三是广泛吸纳群众参与。通过太行英雄队的传播效应，吸引群众参与到村庄建设上来，能够更好地组织群众。太行英雄队成立后，就受到广大群众的热烈拥护，迅速产生巨大的力量，调动了各条战线上群众的积极性，大家以参加太行英雄队为荣。比如石匣 60 多岁的一对夫妇，一起向李顺达提出要参加英雄队；龙镇妇女杨改巧说："去年不让我参加十果小组，今年成立英雄队可不能把我关到门外了，一定好好干，请批准参加。"提出成立英雄队不过四五天，就有 1800 人报名，已批准的达 1382 名，每一位积极分子都在考虑如何进步，用模范的条件来检查自己。例如幼儿教师申引弟为了参加英雄队，晚上睡不着觉，定出自己的目标是办好幼儿园，再养两口猪，养鸡 10 只。羊工杨弄成找干部报名说："我放着 140 只羊，下了 146 只小羊，还要种地二亩八分，亩产 1200 斤，看能不能入英雄队。"群众要求参加太行英雄队的这股热情，迅速推动了当年的春播生产，同时加强了群众的组织性。

3. 以制度建设为保障规范村民行为

制度建设是党的建设的重要保障。制度问题是"更带有根本性、全局性、稳定性、长期性"[1] 的问题，关键要将制度建设落实到规范各级党组织、党员的言行上。西沟村党支部在制度建设中，主要通过建立经常性的学习制度和严格的日常管理制度规范党员干部和所有村民的思想和行为。

一是建立了经常性的学习制度。在 20 世纪 60 年代之前，村中只在村干部中进行政治理论和思想的学习。从 60 年代开始，这种学习制度开始向村民中扩散，党支部在每个生产队成立了学习小组，将理论学习与思想提升组织化和制度化。1964 年，从党团组织入手，制定了每月一次的党课和团课进行党性学习。同时，成立了农民讲习所，系统地向农民宣传党的理论知识和方针政策。在民校里也增添了政治课，每周两次向学员讲解政治理论知识。

首先，丰富多种学习形式。比如讲用会，由干部研究自己学，自己讲，谈收获，谈体会，互相启发，互相鼓舞；报告会，既报告党的历史经验和

---

① 邓小平.邓小平文选（第 2 卷）[M].北京：人民出版社，1994：333.

理论学习的历史意义，又报告理论学习在现实中的重大作用；忆苦思甜会，请老党员、老红军、老贫农做政治报告交流党史和革命战争时代的感人故事，激发农民的艰苦奋斗和无私奉献的精神。除了这些学习和会议制度外，青年、妇女、民兵、贫协各个系统都还有自己的学习组织形式和学习制度。

其次，创新文化辅导制度。考虑到大部分农民文化水平低，农户居住分散的特点，党支部从积极分子中挑选了一批思想觉悟高，有一定文化水平，能联系群众的知识青年、转业军人，担任生产队、生产组、山庄、饲养室、羊工、铁匠炉等行业学习的辅导员，以村中主要干部组成的学习领导小组为核心组成了学习毛泽东思想辅导队，使得参与学习的人数达到全村的 90% 以上。

再次，大力兴建民校。过去西沟村的 200 多户人家只有 3 个人上过高小，大部分贫下中农连小学门都没进过，文盲占到总人口的 83%。1958 年以来，党支部分片办了 7 所民校，本着农忙少学、农闲多学，从不间断地学文化，成立几年来就完成了全村 180 多人、90% 以上扫盲任务。1965 年兴办了一所半耕半读的农业中学，有 30 名学生进了自己的农业中学。

二是建立了严格的日常管理制度。首先，建立了财务包干责任制、开支预审批制、物质领用制、财产管理使用制等制度，严格规范和约束党员干部日常行为。比如财务收支有凭证，财账相符、财务相符，日清月结，季公布，年总结；支出审批上实行 10 元以内由主管财务的大队领导审批，10—50 元由委员会审批，50 元以上（不包括已通过待执行项目），由成员代表会或者社员大会通过；既无开支计划，又未经领导审批签字，财会人员不得支付。其次，始终坚持自力更生，勤俭办一切事业的原则，用较少的钱办较多的事，可花不可花的钱不花；发扬"五不花钱买"勤俭办社的光荣传统，即山上有的不花钱买、地上能长起来的不花钱买、自己会造的不花钱买、能修修补补的不花钱买、能自繁自育的不花钱买；爱护公共财物，借用公物，及时归还，无故损坏，按情节轻重，酌情赔偿等。再次，认真执行严格的生产考勤评比制度。如要求各生产单位必须按照大队收支计划办事，年初制订出本单位的收支计划，月检查、季评比、年总结，如变动时，必须提出补充计划，经大队批准；以农为主，压缩非生产用工，未经领导批准，在单位不能随便抽调劳力。严格执行五好评比手册，认真做好记工情况的登记和记录。手册上每天详细记录大家出勤时间，并通过民主评工评出好、中、差按劳取酬；党、团、青、妇、民兵等各系统，一般白天少开会，开会不记工。最后，是检查监督制度，通过财务、账务、事务公开，民主评比、互相监督，并严格执行月检查、季评比等，随时向违纪制度的不良现象作斗争，严格规范约束党员干部和群众的日常行为。

4. 以集体主义为核心维护公共利益

村庄集体观念的形成是建立在对村庄共同体认同的基础上的。通过党员集体观念的塑造提升了党支部的凝聚力，由此密切了党和群众之间的联系，使得群众对村集体产生认同，使得整个村庄的内聚效应不断加深。西沟村的广大党员干部和所有群众始终坚持集体主义，以维护村庄公共利益为核心，互帮互助共建集体。

例如党员牛存则一家住的庄子离村远，离山近。支部给他分配了放牲口任务，他认为这就是为集体服务的好机会，白天放，黑夜喂，起五更，睡半夜，精心喂养。怕冬天缺了草，整个夏天手不离镰刀，每天放牲口回来的时候，总是赶一群牲口、扛一捆草。有一年天旱断了水，他动员老伴，背起粮食搭上锅，赶上牲口到远处就水放牧，走了十来天返回家一看，自己的猪饿死了，鸡也被狐狸吃了。老婆埋怨他，他说："为集体就不能先考虑个人的事情。一心一意为集体放牲口，瘦牲口喂成胖牲口，大牲口下了小牲口，越喂越多。"牲口多了没处圈，他东一块石头，西一锹土，一个人为集体盖了3间马棚。饮牲口家具不够用，他到供销社一次买了两个大铁盆，售货员问他买这些铁盆干啥？他说他是村里的饲养员，买上用来牲口饮水，售货员给他开发票，他摆手不要，售货员说："你不开发票回去咋报销？"他说："我买铁盆是个人掏钱集体用，就不报销。"牛存则修了一孔新窑，刚修起来，就把集体的牲口圈进去，有人说他："人住破窑，畜圈新家，安排得不合适。"他说："我祖上三辈不是串房檐，就是住庙院，没有兴过土木。到我手下能修起新窑洞来，这也是党给的，就应该让它为集体服务。"例如老党员路文全60多岁还能为集体放牲口。老汉干活不重，思想不轻，起早搭黑，想尽办法把牲口喂好，放了5年，6头牲口，放成16头，对集体做出了很大贡献。之后的救灾过程中，党支部考虑到路文全的年纪大了，还要放牲口，没有给他安排搂地的任务。可是路文全说："集体不给我分配任务，我自己给自己分配。"他起早搭黑中午不歇晌，从山上到山下，一把锄头，为集体搂地15亩。割蒿沤肥中，他又把镰刀磨快，一边放牲口，一边割蒿，一个多月割蒿36000多斤，一个老汉顶了3个年轻人。路文全常说："我不光是个中国人，还是党教育了30多年的共产党员。共产党是先锋队，共产党员就是要胸中有集体有群众。"在这种思想支配下，只要是对集体有利的事，别人不给他分配任务，他就自己给自己分配任务。西沟村的老党员就是这样一心向着党，一心为集体，迈开大步往前走，风吹浪打不回头。

此外，西沟村全体党员群众不仅关心本村的发展，还将集体主义、互帮互助的精神扩展到周边村庄。西沟村地处干石山区，多发旱灾。年逢抗旱时节，水贵如油，西沟的庄稼渴得不行，紧挨西沟的川底村也十分缺水，但西沟村的广大党员干部充分发挥集体主义精神，宁肯自己旱地，也不能叫邻队断了水。他们发扬风格，把西沟水库里存的水放出来，连人带水一齐去帮助川底浇地。

川底村的干部群众十分感动，说："可得好好谢谢你们哩！"他们说："光一个西沟建设不成社会主义，谁家增了产都是为国家做贡献！"有一年雨季西沟村暴雨连绵，这让患重感冒的共产党员张明朝再也躺不住了，他想，下这么大雨，洪水下来非把庄稼破坏不可。于是他积极响应党总支书记李顺达同志的号召"洪水下来，共产党员、共青团员、民兵要带头跟洪灾作斗争，保护好集体的财产"。拖着病体和九排长王志林等五六个党员钻进了大雨中，到村外查看水情。来到村外，看到山洪下来把乃峪沟沟口水池装满了，眼看就要漫过大坝冲毁邻村的六七十亩庄稼。这时有的民兵说："咱队的地也涌进洪水了。"在这种情况下，张明朝想自己是共产党员，要顾全大局，毅然说道：哪里的庄稼危险就救到哪里！"正说着，洪水漫过了大坝，水一个劲地往地里冲。这时，他早已把自己的病抛在了脑后，第一个跳下水去带头干了起来。他们又挖沟，又挡坝，大石头搬了一块又一块，干了大半个下午，才把水撤下去，保护了邻村的庄稼地。西沟的共产党员和群众就是这样，把多垒一截坝、多垫一块地、多割一捆蒿、多打一担粮和建设社会主义新山区结合起来，与邻近村庄互帮互助共同建设。

（二）以干部表率带动村民劳动奉献

外部力量的引导和嵌入形成了培育乡村精英的外力，而精英能力和素质的提升关键在于自身的形塑。毛泽东在陕甘宁边区劳动英雄和模范工作者大会上的讲话中指出："你们有三种长处，起了三个作用，带头作用，骨干作用和桥梁作用。"[①] "乡村精英是产生于乡村基层，掌握着经济、技术等资源优势并利用其优势获得成功，从而在特定乡村社会中具有某种权威和号召力的人。"[②] 因此，乡村精英因其"特别努力，有许多创造，工作中成了一般人的模范，提高了工作标准，引起了大家的学习"[③]。通过其权威性和号召力发挥先锋带头作用时更容易带动村民形成良性的集体行动，扩大乡村精英的范围和人群，进而推动乡村治理的发展。

1. 以身作则严格要求影响群众

西沟党支部通过党员干部不断深入田间地头，做好表率，着力解决了一些党员和群众精神松懈、怠工等问题。例如李顺达以身作则带动群众，晴天一身土，雨天一身泥，每天起早搭黑，早出晚归，垒坝搬的是大石头，刨地扛的是大镢头。他每次从上边开会回来，总是先到地后回家，哪怕10分钟，他也不放过。逢年过节，不是替羊工放羊，就是替饲养员喂猪、喂牲口，从不休息。一次他从太原开会回来已经很晚了，听到村民夜战割玉米，他立即拿起镰刀就下了地。有年秋收时，一天他有病，两顿没有吃饭，

---

① 毛泽东.毛泽东选集（第3卷）[M].北京：人民出版社，1991：1014.

② 江维国，李立清.顶层设计与基层实践响应：乡村振兴下的乡村治理创新研究 [J].马克思主义与现实，2018（04）：189—195.

③ 毛泽东.毛泽东选集（第3卷）[M].北京：人民出版社，1991：1014.

仍然坚持和村民参加集体生产劳动，大家劝他休息，他说："劳动治百病，出一身汗就好了。"在李顺达的带动下，党支部的干部在劳动中都是轻伤、小病不下火线，见缝插针参加集体生产劳动。干部积极带头天天下地劳动，对村民鼓舞很大。群众都说："我们西沟村的干部，真是先干了一步。在劳动中起了带头作用。"第十队队长索喜堂说，远处看武侯梨，近处看李顺达，天天下地劳动，干起来又卖力，村民看见了，哪个不是心里佩服，埋头紧跟着。将大比小，咱们当队长的前头干，不怕村民不跟上来。

申纪兰作为女性干部，总是挑最脏最累的活儿来做，淘厕所她总是抢先跳进茅坑里，且一干就是好几天。村中每到雨季，家家户户都在忙着整修自家的房屋院落不被雨水毁坏，而申纪兰心心念念的是村中的鳏寡老人。一次村庄遭遇特大暴雨，洪涝爆发，申纪兰顾不得自家的安危直奔独居的军属老大娘家里。"大雨波得我喘不过气来，可我想老大娘一定比我心急，就顾不得这个了，跑到她家一看河水漫到了院，老大娘站在水里望着家发呆，我马上把她背在安全地方，此时听闻我抢救老大娘的邻里村民也赶来抢救东西。水进了屋，拿东西就有危险，我想到党员干部为人民服务的精神，就不畏险阻地同其他村民拼命抢救，东西刚救完，房子就塌了。"

村中的老支委宋金山一向是村里的"常带头"，时时事事都冲在最前面，直到生命的最后一刻都在为了公共事务贡献力量。村庄建设过程中进行开山炸石，有人不敢点炮，他说："来！我去点。"种苹果树不会嫁接，他说："来！我先学。"抬重石把杠压断了，他却嫌杠子细，说："来！给咱换根粗的。"最后宋金山在与村民一起进行积肥的过程中遭遇窑口坍塌，为了抢救村民，不幸被塌方压身，经抢救无效牺牲。

只有有效地发挥党员干部带头作用，才能感染身边的群众，才能使得全村村民能够尽可能地参与到村庄的公共建设和公共事务中来。

饲养员马娥则，原来私心重，集体牲口随便用，功劳先往自己账上记。后来在党员干部带头作用的引导下，主动地进行了自我批评，自己为集体喂牲口，却假公济私，对工作不负责任，决心把集体牲口喂好。有一年大旱缺水，她把牲口赶到离家十几里的老西沟就水就草，一月没有回家，家里死了猪娃，她也不在乎，说为了村庄集体，各家各户不值一提。青年张反娥原来是个天冷天热不出勤、脏活重活不想干、心不耐烦磨洋工的村民，后来她处处带头干重活，拣脏活，为集体贡献自己的力量。有年冬天的一个夜里，北风怒吼，大雪纷纷，她想到集体猪圈不严实，就用谷草堵窟窿，一心为集体办好事，她说这是她作为村民应尽的义务。

2. 危急面前勇敢向前感染群众

作为群众中的先进分子，"如果没有千百万党员的忘我牺牲精神便不可能取得革命、建设的伟大成就"[1]。西沟村因其每年降雨量集中，不仅有连年的旱灾，还有集中爆发的水灾。每当灾害时节，党员群体都是冲锋在前不畏艰险，身体力行保卫集体财产。

例如党员赵满仓在抗洪救灾的日日夜夜，哪里最困难，赵满仓就出现在哪里；哪里最危险，赵满仓就冲向哪里去。他和党总支副书记张俊虎、副队长郭虎，带头跳到齐腰深的洪水中排水护坝，水中滚石砸伤了他的脚，大家劝他回去休息，满仓说："能叫断了气，也要保住河湾地。"凶猛的洪水像脱缰的野马一样奔腾而来，直径一尺粗的大树眼看就要被洪水卷走，赵满仓大喊一声："抢救集体财产！"第一个跳进激流之中，浪几次把他打倒，他坚持继续战斗，直到把十几棵大树全部打捞上岸。赵满仓带领村中党员群众，白天搞突击，黑夜加班，踏洪水，战恶浪，排水护地，开闸垒坝，补种禾苗，加肥加锄，经过三个多月的艰苦奋斗，终于把洪水冲决的石坝又垒起来，把冲倒的庄稼又扶起来，把冲走的禾苗移栽补起来，各种作物很快复壮。1970年村中的旱象严重，村中发动党员群众寻找水源，李秋贵年老多病，患有严重的肺气肿，大家没有考虑让他去，开会也没敢叫他。但是，这件事还是叫老汉知道了。他从炕上爬起来，挂着拐棍就要上山，他老伴急着说："你气喘咳嗽成这样，大家又没来发动你，算了吧！"老汉说："不能靠发动，应该主动！"他终于跌跌爬爬地上了山，直到给村里找到三股小泉水，解决了人畜吃水问题，才歇下来。后来李秋贵的病越

---

[1] 徐勇，慕良泽. 新时期党内民主建设的主要特点和经验 [J]. 探索与争鸣，2008（11）：4—8.

来越重，临终时，他没有说多少自己家里的事，而是把最小的儿子腊成叫到床头，千叮咛万嘱咐，要孩子听党的话，建设好新山区。在抗灾救灾中党员们始终以集体财产保护为目标，最大限度地维护了群众和集体的利益。

村中的妇女干部李菊先，在大雨倾盆洪水袭击的情况下，主动带领妇女把放在仓院内1000多斤小麦抢打出来。申纪兰同志在水库下游，当水库溢洪道出水后，她首先跳进洪水，疏通渠道，引水归槽，水中滚石砸伤了她的脚，她一声不响。在她的带动下，共产党员张明朝、张芝怀、张起发等也都积极跳水拨渠。在抢险排洪战斗中，西沟党支部委员个个冲锋在前，带领群众与洪水顽强搏斗。

3. 勤俭节约艰苦奋斗教育群众

"历览前贤国与家，成由勤俭破由奢。"[①]勤俭节约是中华民族的传统美德，也是西沟村古已有之的精神传承。西沟村从村政财务到干部作风到群众修养一直延续着勤俭这一传家宝。1956年中共中央办公厅编撰出版的《中国农村的社会主义高潮》中记录了西沟村"勤俭办社，建设山区"的故事，如制定了劳动力管理制度，就地取材挖掘潜力的建设办法，通过从多方面寻找增加收入的生产门路、降低生产成本和堵塞浪费减少非生产性的开支等方式开源节流。[②]西沟村一直坚持因陋就简、按物取材、事事勤俭、自力更生的方针，通过党员干部带动群众的方式，充分利用一切可能利用的资源，能用废物代替的绝不随便拿钱去买，农具不足的就发动群众找旧农具修理代用，经过修理变成了好农具。干部办公没有纸用，就把过去印过文件的废纸捡来用，没有仓库家具，就和群众商量借用，少花钱多办事节省费用。正是因为勤俭建村的传统使得西沟村的旧面貌得以改变。

李顺达始终坚持勤俭品格。据村民回忆：他身上那套洗得褪了色的蓝布衣裳不知穿了多少年，一条羊肚子手巾扎扎实实地箍在头上和普通村民一样，家里的陈设简简单单。院子里的东房原来是一个烂草棚，后来因为

---

① 人民日报评论部. 习近平用典（第1辑）[M]. 北京：人民日报社，2015：219.

② 中共中央办公厅. 中国农村的社会主义高潮（上册）[M]. 北京：人民出版社，1956：104—105.

往来的客人没处住，才改成 3 间客房。屋子的正墙上挂着画像，周围有几张地图、照片和国外友人送给他的一些纪念品。此外，就是炕上的几套铺盖。这就算是西沟头等漂亮的房子了，是专门接待客人的。至于他一家老小却仍然住在西边的一孔小窑洞里。李顺达的母亲从河南逃难来的时候，带着一架纺花车，一直用到送往北京历史博物馆做展览才作罢。从爷爷手里留下来的一把菜刀，磨得剩下半截了，还当好刀用。他经常对村民们这样说："成人要仔细，就是富日子也要会过，细水长流才能富上加富，事事都得精打细算、勤俭节约才行。"

申纪兰在 20 世纪七八十年代曾担任过山西省妇联的领导，在这 10 年的时间里她一直坚持"不转户口，不定级别，不要工资，不脱离劳动，不脱离西沟"的"五不"原则。一有时间就扎根西沟，下地劳动。卸任后又担任了长治市人大常委会副主任，同样坚持着这"五不"原则。后来，申纪兰亲自找到长治市委，希望能够通过市委向省委反映不再考虑她担任任何职务，多考虑年轻的干部。后来，申纪兰大部分时间在西沟村中度过，偶尔出门为党员干部和青少年无偿讲课。她住着朴素的民房，吃着农家的饭菜，习惯去自己的土地走走，晚上按时收看新闻，一直致力于为西沟村的发展再多贡献一分力量。

勤俭的品质不在于个人的物质财富殷实与否，而在于个人内心的精神世界是否丰盈。在两位全国劳动模范的示范带动教育影响下，西沟村的勤俭品质得以代代相传。这样的乡村治理理念和乡村干部作风也正是当前农村治理过程中不可或缺的精神内涵。

（三）以驻村干部引导加快劳模成长

通过驻村干部进行嵌入式治理是国家整合乡村社会的一种常态性方式。驻村干部通常是受到上级的委派嵌入乡村社会，其首要任务就是协助本村的党员干部进行党支部的组织建设，提升其组织能力。基层党组织初步建设时期，因根基不深加上党员干部的能力素质还未达到一定的标准，使得组织建设中面临不少困难，驻村干部首先帮助解决党组织建设中的难题。

1. 以全面培训提高劳模思想理念

西沟村早期的驻村干部代表是时任平顺县委书记的李琳。李琳在 20 世纪 50 年代到西沟驻村，不仅对西沟村党支部进行规范化建设，更是对党员干部进行思想理念的培训。李琳在西沟村驻村期间正值西沟村互助组初建到人民公社时期，正是他对李顺达、申纪兰等劳动模范的培养和宣传使得西沟村为全国人民熟知。由于劳动模范的草根性和群众性，他们普遍文化水平较低，在遇到治理难题时有时难以解决，对西沟村发展的前沿性认识不强。李琳通过对西沟村的全面了解，对劳动模范开展了多样性培育，使他们能够牢固树立党性，坚定理想信念。思想认识上的培育主要是通过在田间地头和会议党课中，以自己的知识和经验积累进一步提高劳动模范的思想觉悟，为此李琳还亲自编写党课教材并进行授课。文化知识上的培育是在党员干部会议和日常工作中，不断拓宽党员干部的视野理念。

驻村干部在建设支部的基础上更多的是从嵌入的视角对乡村精英的思想观念和工作能力实现提升。特别是在思想观念上，驻村干部能够进一步拓宽乡村精英的视野，使其立足于更高的站位把握和调整乡村发展的方向，进而完善其工作方式。通过驻村干部对精英的培训，乡村干部能够在思想上更多地了解到村庄之外乃至国家层面的思想动态，这就使得他们更好地提高自身认知，坚定理想信念，更能将这种思想认知传递给周边的群众。

2. 以驻村共建提高劳模工作能力

领导干部驻村工作，解决实际问题是提高农村党员干部工作能力的最有效途径。

据张章存老人的回忆："李书记那时候骑着马来，走的是石头河滩路，也没有很多人跟着，只有一个小伙子跟着一起来。那时候吃的都是派饭，吃住就在老百姓的家里。每天和老百姓一起劳动，了解党支部的情况，发现问题就要解决问题。"李琳来到西沟村走遍了西沟 44 个自然庄，"他住在老西沟自然庄，离三岔口还有 3 里多地，往后边上山就是 4 里多地，就这些个山里和沟沟洼洼的地方，李琳全部都到过"。每天了解到的情况、发现的问题当天晚上就召开支部会议予以解决。"西沟村的党支部为什么能一步一步地建设起来了？跟李琳的工作是分不开的。李琳在西沟的时候都是当天出现问题，黑夜里就开会研究问题，当天就解决问题，以前的问题根本就不隔天，当天就给开了会了。"

李琳在西沟村进行 5 年规划，在修水库、修路、修坝、治滩和造地中培养干部开阔眼界，注重根据形势变化改善自身的工作方式，不断提升自身素质。此外，他还建议在村庄治理中发动妇女，调动女性的积极性和创造性。1955 年，李琳同时任新华社记者马明一起撰写了《勤俭办社 建设山区》一文，被收录在《中国农村社会主义的高潮》一书中，毛泽东主席亲自撰写了按语，使得西沟村的劳模走向了全国。

李琳的驻村工作不仅仅是增加了村中的劳动力，更多的是在嵌入的视角下发现西沟村存在的问题并予以解决。一方面，驻村干部根据其思想高度和工作经验来观察问题和思考问题，为基层党组织解决其工作中的难题，尤其是在通过驻村工作解决实际问题的过程中，更能有效地丰富党员干部的工作方式，提高工作效率；另一方面，驻村干部深入群众身边了解民生疾苦，协助乡村党员干部进一步密切党组织与群众之间的关系，以此提高党支部的运行效率和完善支部运行机制，提升了基层党支部的组织能力。

3. 以群众文化教育扩大劳模群体

驻村干部不仅要提升党员干部和原有的少数劳模的思想水平和工作能力，更要发现、培育、培养更多的劳模，其中对群众进行科学文化知识普及和党的大政方针教育至关重要。西沟村党组织建设时期，本村的干部和村民都不具备较高的文化水平，而驻村干部的嵌入能够一定程度上弥补村庄思想文化的空白。他们通过民校的党课教育将党和国家的路线、方针政策传递到村民中间，进而通过聘请专业教师或培养本地教师的方式普及科学、卫生、文化和法治等知识，将思想建设惠及村庄群众，扩大劳模群体涌现的社会基础。

20 世纪 60 年代，平顺县委组织部副部长张满有前往西沟村驻村。起初张满有还是采用老思路开展工作，但由于西沟村的自然庄分布在各道山沟里，还没有了解到全面的情况就开始解决问题，造成了干群关系较为紧张，表现为不断地包办代替，忽视了工作方法。张满有认识到了问题所在，立即改进工作方式，从注重日常工作转变为重视群众思想教育来调动群众的积极性，从根本上缓和干群矛盾。为此，张满有寓思想教育于生产，寓文化普及于工作，成立了党课学习工作组。工作组内包括宣传员、组织员和辅导员。除了党支部会议上的宣讲外，充分利用吃饭和休息时间宣传党的理论知识和国家政策，辅导村民听懂、看懂和读懂报纸文章。此外，张满有还挑选培训了42位具备一定文化程度的党课团课辅导员深入农民讲习所、民校、文化室、工地、田间、街头和饭场，从思想上孕育村民们自力更生艰苦奋斗的精神和毫不利己专门利人的胸怀。张满有针对文化程度较低的村民还推广了科学文化知识，使得村民学习的范围越来越广，成效也越来越显著。

干部驻村蹲点是我们党培养锻炼干部的重要渠道，也是推动人才下乡、制度下乡、资源下乡，进而推动乡村党建、经济、政治、文化、社会等发展的重要方式，尤其是在乡村治理中处于重要地位。从西沟村的实践来看，驻村蹲点干部的工作成效直接影响着乡村治理成效，他们通过自身文化素质、工作经验和工作方法，对深化农村党员干部和劳模理想信念、提升思维理念、增强工作本领以及提高农民群众的科学文化知识、政策认知等方面具有重要的作用。可以说，驻村干部的发现、引导、培育和宣传，一定程度上是加快劳模成长、扩大劳模群体涌现的社会基础。

三、西沟村劳模涌现的实践价值

乡村振兴关键在于人才振兴，重点是通过乡村精英的培育，带领广大农民参与乡村振兴，但当前农村普遍存在人才缺乏、精英外流的问题，已严重制约乡村振兴战略的落实。回溯我国百年乡村建设历程，乡村精英对于乡村经济、政治、文化等至关重要。集体化时期农村涌现出大量劳模，带领广大农民战天斗地、发展生产，不仅为我国农业现代化和工业体系建设做出巨大贡献，更密切了党和群众之间的血肉联系，还将崇尚劳动、自力更生、艰苦奋斗、集体主义等价值观深植于农村大地。因此挖掘集体化时期农村劳模涌现的历史经验，对于构建新时代乡村精英培育机制、推进乡村振兴顺利实施具有重要理论意义和实践价值。

中国共产党是中国特色社会主义事业的领导核心。党的基层组织是党全部工作和战斗力的基础。抓好基层党组织建设，健全党组织领导下充满活力的现代乡村社会治理机制，是巩固和加强党在农村的执政基础、推进基层治理体系和治理能力现代化的重要内容。十九大提出实施乡村振兴战略，关键在于加强党的领导。西沟之所以能够取得令人瞩目的巨大成就，根本在于以基层党组织建设为中心，巩固党支部的战斗堡垒作用。"红太阳照亮老西沟"，正是共产党的到来，掀开了西沟历史全新的一页。"西沟的一切都是靠党的领导"，正是共产党的领导，让老西沟焕发新颜。西沟始终把党组织建设放在首位，发现、培养、吸纳先进分子进入党组织，发挥他们的模范带头作用，同时通过思想建设、作风建设、组织建设和制度建设，严格约束党员干部，以身作则、牺牲自我，把群众利益放在第一位，团结带领广大群众发展生产，实现了改天换地。

首先，当前农村正处于社会转型关键期，基层党组织软弱涣散现象比较严重，乡村治理面临很多难题和挑战。在乡村治理现代化进程中，基层党建扮演着关键角色。西沟的实践启示我们，强化农村基层党组织建设，推进抓党建促乡村振兴，突出政治功能，提升组织力，把农村基层党组织建成坚强战斗堡垒。以李顺达、申纪兰为代表的西沟党员模范，他们本身就是农民，对于农村农民有着深厚的感情，因此能够全身心地投入乡村建设。在乡村振兴中，同样急需造就一支懂农业、爱农村、爱农民的农村工作队伍。注意挖掘、培育一大批人才参与乡村振兴，并将其中的先进分子吸纳到党组织中来，发挥其模范带头作用，倾听了解农民群众的诉求和期盼。

其次，要创新形式，把思想建设摆在首要位置。乡村振兴，关键在人，尤其是以党员干部为代表的优秀人才。除了把优秀人才吸纳到乡村建设中来外，还要注意对这些乡村精英的培育和塑造。要通过思想建设，以党的理念、方针、政策和社会主义核心价值观教育引导他们，提高其内在道德约束，自觉严格要求自己，为乡村振兴注入正能量。同时，还要完善对党员干部等先进分子的外在制约机制。

再次，中国共产党是具有先进性的政党，如此才能担当领导重任，但同时它又是生活在群众之中的政党，因此要以群众利益为根本利益。当下乡村治理的主体是以党员干部为核心的各类精英，与西沟的党员模范群体相比，他们的素质和能力都有很大提高，但是他们因为掌握了资源或权力，容易脱离群众，因而需要注意扩展其民意基础。因此要融党的先进性与群众性为一体，找准基层党建和群众生产生活发展共同诉求的结合点，增强基层党组织的引领能力。

第二节　激发贫困人口内生动力的吕梁山护工

加强扶贫同扶智、扶志相结合是打赢脱贫攻坚战的重要历史经验。习近平总书记更是多次强调要"着力激发贫困人口内生动力""提高贫困群众自我发展能力"。解决贫困问题不仅是一个经济问题，更是社会政治问题，是一项系统复杂的社会工程，涉及党、政府、企业、社会和贫困人口等多个主体，而提高贫困群众的自我发展能力，夯实贫困人口稳定脱贫基础，不仅需要政府、企业和社会承担相应的责任，更需要贫困群众不断提高自我参与、自主脱贫和稳定增收能力。当前我国已历史性地解决绝对贫困问题，但已脱贫人口中因支出过高、生计脆弱、能力不足等因素导致返贫的风险依然存在。总结梳理脱贫攻坚的成功经验，对于探索创新相对贫困治理路径、不断提高相对贫困人口的贫困治理能力，进而促进乡村振兴实现共同富裕具有重要的意义。

激发贫困人口内生动力、提高自我发展能力是实现贫困治理现代化的重要内容，不仅需要政府、企业和社会都承担相应的责任，更需要广大群众主动参与、积极作为。尤其是全面建成小康社会、历史性地解决绝对贫困问题后，巩固脱贫攻坚成果、解决相对贫困问题必须高度重视相对贫困人口自身能力建设。因此在农村进行文化治理，要将"没有共建就没有共享"的新发展理念贯彻到农民脱贫致富和公共精神培育的整个过程，培育农民的精神自信，大力加强农民扶智、扶志力度，通过加大新型农民培训力度，提高农民知识、技能等素质，提高对农民自身价值的认识和精神自信，通过农民自身能力和信心的提升，盘活农村资源，自觉且自信地参与到乡村振兴中来，实现真正的共享。作为革命老区和集中连片特困地区的吕梁市，通过大力发展和培育吕梁山护工，加大技能培训，探索走出一条帮助贫困人口掌握技能、实现就业、脱贫致富的路径，不仅为贫困山区的脱贫攻坚探索了新的发展渠道，更为提升贫困人口能力素质，解决相对贫困问题，进而为探索新时代乡村治理现代化和乡村振兴的实现形式提供了参考和借鉴。

一、激发内生动力是实现乡村振兴的现实需求

从国家治理能力现代化的宏观视角和本质要求来看，提高群众内生能力主要在于提升其贫困治理能力，即贫困治理主体在贫困治理过程中充分利用政府、市场和社会三方力量，整合各方面资源，在相应的制度规范下发挥贫困群众的自主潜能，推动贫困群众全面发展的能力。[①] 总结我国精准扶贫的实践经验，通过政府扶持、企业帮助等，贫困群众的生产、生活和收入水平等取得了飞跃性的变化，但实践中仍然存在贫困群体主体意识缺乏，甚至还存在等、靠、要的现象，对政府和扶贫主体单位产生了严重的外部依赖性。

一方面，是长期以来形成了单向性和单一化的扶贫模式，重实物帮扶、轻精神扶志。笔者实地调研发现，部分地方政府存在这种重视实物、资金扶贫，轻视精神扶贫的现象，长期以来形成了简单的扶贫思维和扶贫惯性，只重视实物供给，忽视了致富意识、脱贫信心、脱贫自身能力的建设，不

---

① 莫光辉，皮劲轩.国家治理能力现代化视域下贫困治理体系优化策略：2020 年后中国减贫与发展前瞻探索系列研究之二 [J].学习论坛，2019（04）：38—47.

仅影响了脱贫攻坚成效，更极易导致返贫。尤其是这种重实物、轻精神的扶贫方式，还极容易产生矛盾，为村庄埋下不稳定的隐患，比如部分有劳动能力的贫困户如果并没有付出相应的劳动而能得到更大更多的实物、资金帮扶后，这种矛盾性就可能变得明显和激烈，甚至增加村庄的不稳定。思想上、精神上的贫困比物质上贫困更持续，如果在贫困治理中，贫困群众没有承担起主动参与自身脱贫实践的主体责任，仅仅作为被动接受或者说被外部支持推着走而不是积极主动的前进者，导致扶贫主体和扶贫对象互动失灵，贫困群众的主动脱贫、自主发展意识和行为就不能得到有效激发。因此实现贫困治理现代化，解决相对贫困问题，必须转变扶贫思维，提高相对贫困群众的主体意识和责任。

另一方面，长期以来部分地方对于贫困村和贫困群众更多采取的是"输血"的帮扶项目，对于"造血"式和村庄内源式帮扶项目还较为欠缺。笔者实地调研发现，许多地方在扶贫中仅限于对上级政策或者说指标任务的执行方面，对于激发农民的主体积极性重视不够，对于扶贫政策、扶贫思想的宣传上较少或较浅，对于激励贫困农民主动地改变贫困面貌政策措施较少。扶贫的根本不是短期济困，而是解决发展能力不足问题，尤其是对于解决相对贫困问题，必须通过不断加强和改进贫困地区的"造血"功能，挖掘和整合其资源禀赋，创造保障其持续发展稳定增收的路径。

"使有恒产，方能稳富。"无论是解决绝对贫困问题，还是解决相对贫困问题，都是一个系统整体和持续的工作，不是一个短期应急的工程。既要做好"输血式"的帮扶项目，解决群众当下之急，更要在增强农民稳定收入上下大功夫，实现"造血式"扶贫；又要政府、社会各界形成良好扶贫氛围和外部环境，又要从根本上激发贫困群众脱贫的主动性和积极性。尤其是目前我国已总体性进入绝对贫困基本消除、开启乡村振兴、走向共同富裕的新局面，但已脱贫人口中因支出过高、生计脆弱等因素导致返贫的风险依然存在。因此必须探索相对贫困治理路径，不断提高相对贫困人口的内生能力即贫困治理能力，促进其持续稳定的发展。

二、吕梁山护工提高群众内生能力的实践探索

作为我国"十三五"期间扶贫攻坚的重点区域，山西省曾有国家级贫困县 36 个、省级贫困县 22 个，集中分布在吕梁山、燕山—太行山两大连片特困地区，而革命老区和煤矿资源型地区的吕梁是全国 14 个集中连片特困地区之一，干旱少雨、多山少绿，生态脆弱与深度贫困相互交织、互为因果，脱贫攻坚任务艰巨。精准扶贫实施以来，吕梁聚焦本地深度贫困的突出问题，充分利用资源型地区产业转型的政策机遇和丰富的劳动力资源，启动实施了吕梁山护工培训就业工作，多形式宣传发动，分类式订单培训，多元化就业安置，多层次跟踪服务，探索走出一条帮助贫困人口和富余劳动力掌握技能、实现就业、脱贫致富的吕梁路径。

（一）充分发挥政府职能，提高群众劳动技能

吕梁市以实施就业优先战略和积极就业政策为导向，充分发挥政府职能，将吕梁山护工纳入全局性工作，通过加强顶层设计，从组织建设、政策体系、培训基地、宣传动员等方面构建完整的制度体系。

一是从组织建设上，构建了权责明晰、分工明确的组织领导体系和责任体系。首先，成立了工作领导组，由主要领导担任组长，并整合全市宣传、人社、扶贫、财政、农业等资源，加强部门之间的合作联系和责任分工。比如在领导组下成立吕梁山护工培训就业工作领导组，不仅设有综合协调小组，负责部门之间的联系和资源整合，还重点通过加强人社局的职责功能，具体负责吕梁山护工的培训就业，提高群众的劳动技能与就业渠道的对接。其次，在招募工作中成立了由县市区政府、乡镇、村两委、驻村工作队、第一书记组成的招募工作组，其中村两委及第一书记、驻村工作队负责宣传动员和初选，乡镇负责审核，县市区职能部门核准，最后按计划分类选送。再次，通过设置监督考核组加强工作的督查落实，通过发挥宣传部门在发动群众、典型推广中作用，营造良好社会氛围，不断提高群众脱贫致富的志气和信心。

二是从政策体系上，形成从整体规划到具体行动计划、从技能培训到品牌推广等一整套完整的政策体系。首先制定出台《吕梁山护工（护理）培训就业工作五年规划（2016—2020）》，将吕梁山护工纳入全市整体扶贫规划和全市未来经济社会发展总体规划重点任务，从顶层设计上保障项目的持续发展。同时，为保障项目的落地实施和后续发展，先后制定了《培训就业实施办法》《工技能培训提升工程行动计划》《培训就业管理办法》等配套政策，明确了项目重点、具体行动以及具体的运行管理。另外，还专门制定了《关于进一步打响"吕梁山护工"品牌促进转移就业扶贫的意见》，从后续的项目提升、品牌建设等进一步明确了吕梁山护工做大做强的未来发展方向，从政策延续上保障了项目的持续健康发展。

三是政府扶持成立专门培训基地。为了保证培训质量，吕梁市政府通过实地调研、多方考察。一方面，规划专项基金，并充分整合现有资源成立护工培训学校，设立各种实景模拟教室和操作间；另一方面，加强与高校的合作，通过采取公开招标、竞争性磋商等方式，择优选定省内6所公办院校和5所民办学校作为定点专业培训机构，并对基地和定点培训机构实行教师备案考核制，编印通俗易懂、图文并茂、简单实用的培训教材。

四是从宣传动员上，通过搭建线上线下各种平台，采用新媒体、报告会、文艺作品等多种形式广泛宣传，营造浓厚的社会氛围。比如专门修建了吕梁山护工服务大厅，通过线上线下相结合，为愿意参加技能培训和就业的群体提供便捷的服务；充分利用各种假期、传统节日，组织如"我在他乡挺好的""春风行动"等优秀护工脱贫致富事迹巡演会、宣讲会、专场招聘会以及市委书记、市长欢送会等活动，用群众身边优秀的护工现身说法、现场进行传帮带等发动群众积极参与到吕梁山护工培训中来；制作《走出大山天地宽》《诚信勤劳专业——吕梁山护工》等专题片，广泛实施"互联网＋吕梁山护工"工程，充分利用网站、微信公众号、短视频等新媒体，对培训就业工作具体情况，尤其是优秀护工事迹进行大力报道，不断扩大吕梁山护工的影响力、知名度。特别是央视新闻频道《走基层·摆脱贫困——十万护工出吕梁》对吕梁山护工进行了集中报道后，更增加了群众的信心和自豪感，广大群众积极报名，踊跃参训，吕梁山护工也赢得市场和社会的高度关注和认可。

（二）构建政企合作平台，拓宽群众就业渠道

吕梁市通过加强政府与市场的合作，通过构建政企合作平台，采取"政府政策引导＋企业具体运作"的模式，加大跨省劳务协作，不断拓宽就业渠道。

一是通过政府推介会的形式，以政府信用提升吕梁山护工的知名度。先后与国家卫健委、山西省人社厅等单位合作，在全国各地开展推介会，并邀请企业实地参观考察培训基地，尤其是邀请家政企业直接参与基地招募培训宣讲的各项工作环节，以公开透明的服务体系赢得企业认可，不断提升护工的培训、服务质量，赢得市场份额。目前吕梁护工已经与北京、天津、陕西、山东、江苏等地建立固定的劳务合作关系，与100多个省内外家政公司建立长期的用工协议，就业率已从刚开始试点的16%提升到60%左右。

二是依托市场需求进行专业培训。吕梁市在开展吕梁山护工脱贫项目过程中，始终坚持专业化、常态化培训，不仅持续挖掘和培育"诚信、勤劳、专业"的吕梁山护工品牌内涵，而且坚持通过专业化的培训扩大市场核心竞争力。为加强培训实效与实际就业的契合度，吕梁市充分进行市场调研，并以市场紧缺的各类护理员、家政服务员为重点培训内容，分类型设置专业课程，如产妇护理、婴儿护理、养老护理、康复保健、家政保洁等，依托11所定点专业培训机构，对学员进行侧重化、专业化、实景式培训。另外，培训内容不仅包括理论学习，更以实景实操实训，尤其是还对学员开展普通话、礼仪等方面的素质培训，整体提高吕梁山护工的综合素质。

三是采用订单式培训方式，根据大中城市客户的多样化需求，设立服务菜单，不仅推出精准化、专门化单向服务产品，而且还推出集"家政＋育儿＋特长辅导＋家庭护理"为一体的高端综合性服务套餐。

（三）加强质量跟踪服务，维护良好品牌形象

吕梁山护工不仅提高培训的专业性，而且还重视培训质量，尤其是始终坚持人人持证后再上岗。在培训基地培训考试合格的成员，不仅有培训学校颁发专门的结业证，而且通过理顺培训学校与人社部门的制度衔接，由人社部门直接进行职业技能等级鉴定，颁发专业的技能证书，取得双证的学员被推荐到家政公司就业。同时，加强后续的就业跟踪服务。为保障吕梁山护工的服务质量和品牌声誉，也为维护群众的权利，一方面，吕梁市以公共服务形式在各地成立集中服务站，如在北京、太原、青岛、苏州、神木等地分别成立吕梁山护工服务站，并专门由工会、团委、妇联等组织进行跟踪服务；另一方面，成立了全国首家面向脱贫攻坚护工群体提供法律援助的公益性法律服务平台——吕梁山护工法律援助中心，为省内外 26 个城市的吕梁山护工直接提供贴身法律援助和维权服务。

通过跟踪服务，不仅维护了群众权益，而且还监督了服务质量，弘扬吕梁革命老区人民勤劳、朴实、诚信、善良的品质，维护吕梁山护工的品牌形象。近些年，吕梁山护工已累计培训 37 期，6.9 万余人，实现就业 3.8 万余人，其中贫困人口占 50% 以上；就业区域辐射北京、上海、天津、陕西、内蒙古、山西、山东等 11 个省（直辖市），平均月工资 4000 元，实现了"一人培训、全家受益，一人就业、全家脱贫"的目标。吕梁山护工也成为一个叫响全国、享誉全省的特色劳务品牌。

三、以"思维－机会－技能"提升群众内生能力

习近平总书记强调，农村现代化既包括"物"的现代化，也包括"人"的现代化。[①] 当前我国相对贫困问题的风险依然存在，共同富裕的压力依然存在。不断提高贫困群众自我发展能力，促进贫困群众"人的全面自由的发展"更是必须面对的重大现实问题。贫困治理的过程也是一个社会再动

---

① 习近平.把乡村振兴战略作为新时代"三农"问题的总抓手[J].求是，2019（11）.

员、再组织和再塑造的过程，[①] 不仅需要资源、资金、项目、技术、人才等外部性支持动力，更需要贫困地区和贫困人口通过要求自身改变贫困的内生性动力，[②] 目标是帮助贫困地区和贫困人口具备发展经济、提升收入的意识和能力。[③] 因此从全面现代化的角度和贫困治理的过程和目标来看，贫困治理现代化不仅包括扶贫理念、扶贫政策体系、扶贫方式方法或手段等的现代化，而且包括贫困人口贫困治理能力的现代化，即通过精神上价值引领、提供机会平等的外部环境和劳动技能培训，实现"使自身生产力水平同外部支持力量相结合以发挥最佳效益"[④]。

（一）转变理念和思维，充分发挥相对贫困群体主体意识

传统的贫困治理更多地关注贫困者的收入问题，通过改善生活生产条件、增加生计收入等解决绝对贫困问题。对于解决相对贫困问题，就需要转变思维和理念，更需要关注人的多种需求和持续的自我发展能力。因此能力贫困治理是解决相对贫困问题的关键，就要将满足物质需求与精神、权利、能力、机会等各种非物质需求结合起来，探索创新贫困治理路径和措施。

脱贫攻坚的伟大实践表明，扶贫必须与扶志相结合，只有通过价值引领，激发群众的脱贫志气、信心，摒弃等、靠、要的依赖思想，让其通过自身的努力勤劳致富，实现"内外结合""物质与精神统一"，才能真正达到扶贫的目标。绝对贫困问题解决后，相对贫困治理问题面临两个转向，即"事后救助积极转向预防返贫风险，从实物救助积极转向能力与服务援助"[⑤]。在这个过程中，需要加大价值引领，牢固树立"靠勤劳、靠技术、靠

① 洪大用.完善贫困治理体系，推进贫困治理现代化 [N].光明日报，2017-10-09（11）.

② 龚维斌.习近平贫困治理思想研究 [J].中共贵州省委党校学报，2016（04）：5—13.

③ 杜利娜.马克思的贫困理论及当代启示 [J].马克思主义研究，2018（08）.

④ 习近平.摆脱贫困 [M].福州：福建人民出版社，1992：46.

⑤ 王立剑，代秀亮.2020 年后我国农村贫困治理：新形势、新挑战、新战略、新模式 [J].社会政策研究，2018（04）：3—14.

能力"理念，贫困治理要从注重资金、项目等外力帮扶转变到相对贫困群体自身能力建设，不断提高劳动者的技能和素质，提高自身贫困治理能力和返贫防治能力。因此解决相对贫困问题，提高相对贫困群众的自身贫困治理能力建设，必须重视培养相对贫困群体的内生动力和发展能力，使其充分发挥主体意识，承担一定的反贫困责任。[①]

（二）加强政策衔接，提供获得自主发展机会的社会环境

贫困治理作为社会再动员、再组织和再塑造的过程，也是一种利益再分配过程。在这个过程中，除了转变传统的扶贫思维和理念、重视群众能力贫困治理外，更要有公平公正和机会均等的社会环境，这就要求政府必须积极履行职能，发挥制度优势，建立权利公平、机会公平、规则公平为主要内容的社会公平保障体系，保障群众享有优质便捷的公共服务，更要加强与企业、社会的合作，营造群众公平参与、平等发展的权利体系，逐步提高群众的自我发展能力。

贫困最终并不是收入问题，而是一个无法获得某些最低限度需要的能力问题。解决相对贫困问题、实现贫困治理现代化的核心议题是促进人的全面发展和机会均等，关键在于给予其获取收入的能力和机会。[②]推动生存保障积极转向就业激励，建立必要的社会支持、机会和能力性援助机制，使有条件的贫困人口通过工作自救和能力提升实现自我脱贫。在这一过程中，需要立足多元主体，强化多方资源整合，形成合力。一是改变政府单方面投入资金、实施项目的现状，在资源配置上实现再整合，实现"撒面式"向"整合式"转变，引导和鼓励社会力量向相对贫困地区汇聚，以市场为导向，走规范化、集约化的特色产业兴旺之路。二是进一步深化相关领域改革，推进资金使用管理、教育公平、医疗保障、农村土地制度、农

① 郭劲光，俎邵静.参与式模式下贫困农民内生发展能力培育研究 [J].华侨大学学报（哲学社会科学版），2018（04）：117—127.

② 谢治菊.论贫困治理中人的发展：基于人类认知五层级的分析 [J].中国行政管理，2018（10）：104—108.

技人员绩效挂钩等领域的改革，逐步实现贫困治理、乡村振兴与农民自身发展的有机衔接。三是推动社会组织、企业通过开展项目，传递信息、传授生产技能，提升受助对象的自主发展能力。

（三）加大人力资本开发，逐步提高劳动者的技能和素质

提高劳动者的劳动技能和素质是解决相对贫困问题的关键，也是最有效的措施。"要改变一般的人的本性，使它获得一定劳动部门的技能和技巧，成为发达的和专门的劳动力，就要有一定的教育或训练。"[1] 加强人力资源开发，通过职业教育和技能培训等，挖掘相对贫困群体的优势和潜能，是提高人口素质、相对贫困人口自我发展能力的根本。

加强相对贫困群体的人力资本开发与挖掘，建立生存保障与就业激励的有效衔接机制。摆脱绝对贫困后，农村依然会是相对贫困的集中分布区。对于这些地区来说，提高劳动者技能素质，加强转移就业力度是最直接、最有效的途径，即通过各种教育和培训提升受助者的工作技能，使其通过工作自救和能力提升等实现自我脱贫。[2] 因此加强新型农民的技能培训，充分发扬农村群众厚道、朴实、勤劳、诚信等性格特征，一方面，加强农民技能培训与乡村振兴相关项目的契合度，鼓励和支持农民参与乡村建设；另一方面，加强劳务输出的动员、培训、组织、服务等工作，拓展多样化新型就业岗位，树立外出务工人员良好形象，形成具有素质高、信誉好的特色劳务品牌。

山西吕梁是典型的煤矿资源型地区，也是深度贫困山区，长期以来单一的产业结构和脆弱的生态环境加大了该地的脱贫攻坚压力。通过大力发展和培育吕梁山护工，加强农民就业能力，一方面，不仅为贫困山区的脱贫攻坚增添新的发展渠道，更为资源型地区的转型发展提供新的思考，即

---

① 马克思. 资本论（第1卷）[M]. 北京：人民出版社，2004：199.
② 王立剑，代秀亮.2020年后我国农村贫困治理：新形势、新挑战、新战略、新模式 [J]. 社会政策研究，2018（04）：3—14.

创造机会和条件不断提升劳动者就业能力和技术；另一方面，吕梁山护工从动员、培训、劳务输入等也是一个政府、企业、农民等多元主体共同参与的过程，在这个过程中不仅贫困人口的能力、素质得到了提升，而且增强了自身改变贫困的内生性动力，也为我国基层治理现代化的有效实现形式进行了探索，即通过政府、社会、市场、农民等多主体共同参与扶贫治理，进而促进基层社会治理形成多元主体互动合作的治理形态。

从实践中来看，吕梁山护工的生成和发展是在政府强势主导下进行的，政府始终发挥着主导作用。贫困治理尤其是劳动转移型的扶贫模式最终必须形成多元主体协同合作的过程，虽然在这个过程中政府必须承担自己的公共责任，但更需要正确处理政府与市场、政府与社会的关系，尤其是在合作的过程中双方通过"协商与合作达成决策、规则与制度"①，实现政府与公民对社会生活的共同治理，②实现这个目标的关键在于保持政府与企业、社会组织的一种平等互利的合作伙伴关系，而不是上下级隶属领导关系。因此在未来相对贫困治理的过程中，政府要不断地向社会、市场等赋权、放权，提供更多的政策环境、资金援助、人才引进等方面的服务保障，杜绝直接插手和干预市场的具体运作过程。从企业、社会的角度来说，就要通过更好地服务贫困群众，解决实际问题，不断提升贫困群众的认可度和信任度，不断增强其经济可持续发展能力和社会效果来提高其社会声誉，最终实现政府、企业、社会和贫困群众等多元主体的互动共赢，实现政治效果、社会效益、经济效率的统一。

第三节　党组织带动下的 C 村群众性文化活动

文化活动具有氛围感染与价值导向的双重功能，而群众的价值认同和

---

① 何增科.人类发展与治理引论 [J].马克思主义与现实，2002（06）：19—28.

② 俞可平.敬畏民意：中国的民主治理与政治改革 [M].北京：中央编译出版社，2012：36.

积极参与更是文化治理的本质要求和动力来源。文化有活动，才会有活力，文化治理只有群众参与，文化治理才有意义。农民是农村文化建设的主体，农村文化建设更应该广泛动员调动农民参与的积极性和主动性，充分发挥农民在文化建设中的主体作用，依靠农民开展多种形式的农村文化活动。因此实现农村的文化治理，关键是要通过整合村庄的文化资源，积极营造多种形式的文化社群，组建各种正式和非正式的群众性文化社团，经常性地开展群众喜闻乐见的文化活动，尤其要将文化活动与农民精神家园结合起来，培养与激发农民共同体精神，强化共同体意识，通过由表及里、由浅入深的渐进式推进节奏，从唱歌跳舞、观看表演的文娱活动，到涵养民间生活规范的礼仪活动，逐渐向更高层次的构建基层社会公序良俗、充实丰富村民精神世界推进，潜移默化地教育群众注重自我公共行为，培育农民的公共意识和公益精神，让先进文化占领农村文化阵地，为群众的生活方式、行为习惯、道德情操和整体意识等涂上社会主义核心价值观的底色，激发群众共同参与乡村振兴。

C村是一个典型的城中村，随着城市的扩张和交通建设，该村逐渐从原来以粮食、蔬菜、豆腐为主的农业生产型村庄变为商贸流通型村庄，目前该村建有五金商贸园、家居购物广场、灯饰城三个大型市场，各种小商店更是不计其数，村民以房屋、门面出租和做生意为主要收入。乡村的转型不仅带来经济结构的转变，更使得该村的社会文化发生了巨大变化，尤其是传统的乡土社会瓦解，邻里之间感情淡漠，村民更多关注自身利益，除了涉及集体分红，对其他集体公共事务更是冷漠。缺乏了集体认同和公共约束后，社会风气恶化。2007年之前该村是当地出了名的混乱村，不仅环境卫生脏、乱、差，而且随着流动人口的增多，打架斗殴、聚众赌博甚至吸毒现象经常发生，成为远近都害怕不敢轻易来的村。从2007年后，该村在新一届的村党支部的带领下，从社区文化活动入手，以党员带动和群众性自发文化活动为重点，着力改变群众的精神风貌。

一、以严格党员要求吸引群众自发参与

C村党支部首先是从改变村庄脏、乱、差环境卫生开始，多次组织动员群众甚至是集体出钱雇人打扫村庄的街道，但是村民大多对集体公益事务冷漠，并没有把集体作为自己的家，不仅不主动参与，刚扫净的街道很快就会重回原样，甚至还视村集体这种行为为"浪费集体的钱""不干实事就图表面"，冷嘲热讽。缺乏公共精神和群众的自觉行动，必然导致收效甚微，因此重塑村民的集体认同和公共精神，就成为C村最紧迫的事情。偶然的机会，村党支部副书记兼妇女主任郭某发现，该村每天都有三五成群自发跳广场舞的村民，不仅自备服装、音响，而且还主动将跳舞的文化场地打扫干净。这给了村两委很大的启发，能否把全村村民都组织起来搞文化活动，通过文化活动增加村民之间的感情，进而带动大家热心村庄的公共事务。

随后，村两委决定以郭某为负责人组织村民进行集体跳舞、歌舞表演、太极拳健身等活动。郭某也充分利用自己女性干部的优势，和村里另外两名妇女干部一起挨家挨户地动员全村的妇女参与。结果是村里的文化活动虽然组织起来了，但村民依然没有表现出多大的兴趣，每次来参加的也只零星几人。

迫于无奈，村党支部决定从本村的党员入手，要求全村的党员无论男女老少都必须以身作则参与村庄组织的文化活动，如果不参加就罚款，从党支部书记开始严格执行。措施刚出台时，村里的党员表示不理解甚至不满，村两委干部又挨家挨户做通党员工作。随后在村干部和党员的带动下，逐渐带动了村民代表，尤其是看到村干部都积极参与，加之文化活动越办越好，村民也开始自发地加入文化活动当中，不仅村民自己来，村里的租户、商户甚至周围村庄的群众也加入进来，形成了一种全民参与文化活动的氛围。

二、以群众文化活动凝聚村民情感认同

目前 C 村不仅组织有大型的群众性广场舞、太极拳等健身活动，还规定每周五下午全体干部和党员唱红歌，定期举办各种比赛，尤其是每逢重大节日，C 村都组织大型的文艺晚会或文艺表演大赛，如七一建党节文艺晚会、消夏文化娱乐大赛等，群众积极参与。活动节目都由村民自编自演，最多的一次会演村民竟自发编排了 50 多个节目，最后不得不经过挑选，选上的村民兴高采烈，没有被选上的群众竟要求村委会举办第二现场，甚至在正式演出完还自发上台表演，可见 C 村文化活动热闹。同时，该村在文艺会演、体育比赛的同时，还将诸如好媳妇、好婆婆、村庄好人、道德模范等评比活动搬上了舞台，无形之中为村民树立良好的风向标。

此外，C 村还充分利用村民的积极性和参与热情，组织部分有文艺特长的村民成立了燕蝶飞舞蹈队和婚庆礼仪队，在活动之余，赴周围村庄表演节目，不仅丰富了周围村庄的文化生活，而且还改变了该村的形象，部分村民还由此增加了收入。随着村民之间在文化活动中的共同参与和相互配合，人与人之间的关系也改善了，对村集体的感情、认同和归属感也逐渐加深，整个村庄的精神风貌发生了质的变化，村民们开始主动关心村庄公共事务，村庄脏、乱、差的面貌得到明显改善改变，而且村民还自觉维护村庄形象，相互帮助，找回了守望相助的乡土传统，不仅不再有打架斗殴、聚众赌博的事发生，甚至连家长里短、抚养赡养等家庭矛盾也得到了有效改善，该村已成为远近闻名的文化模范村、先进村。

随着城镇化进程的加快，传统乡土秩序逐渐瓦解，人情关系逐渐冷漠，如何重建乡村的集体认同和村民的集体意识关系乡村的持续发展。C 村的实践得出，通过组织群众性的文化活动，不仅可以丰富群众的精神文化生活，而且可以起到凝聚人心、规范行为、净化社会风气的作用，尤其是将基层党组织的建设与群众文化建设相结合，充分发挥党员的模范带头作用，形成党组织、村集体、村民共同参与的文化氛围，更为实现村庄乡风文明、治理有效提供了路径选择。

第五章　以文化促转型的部分
资源型乡村典型案例

矿产资源是人类赖以生存和发展的物质基础，资源储备及其开发效益是决定国家或地区经济社会发展的重要因素。山西作为中国煤炭开采第一大省，长期采取以煤矿开采与加工为主的发展模式，虽然一定程度上促进了地方经济社会的发展，但是煤矿开采具有极强的负外部性，造成了生态环境破坏、贫富分化加剧、道德滑坡、价值观扭曲等生态危机和社会危机，严重影响社会稳定与发展，并由此倒逼山西加快转型发展。同时，山西又有丰富雄厚的文化资源，许多宝贵的文化资源正待开发，急需由煤炭大省向文化强省转变。为此，山西也加大了资源转型和文化强省的建设力度。早在 2003 年，山西就出台了《山西省建设文化强省发展规划纲要》，提出了文化强省战略，之后又出台了《山西省文化产业发展规划纲要》，在"十二五""十三五"时期不断强化政策扶持，进行文化资源整合与重组，还鼓励国有企业和民营企业进军文旅产业，加快文化产业走出去、引进来的步伐，不断推动文化产业健康有序地发展。在这个大背景下，许多煤矿资源型乡村也开始了从资源开采向文化旅游、生态立村的转型过程。

第一节　"文化富民，乡村都市"的皇城村

文化是旅游的灵魂，没有文化的旅游就没有魅力。打响旅游知名品牌，皇城村首先是挖掘历史文化，让百年古堡新起来。

——皇城村原党总支书记张家胜

晋城市阳城县北留镇皇城村，原名郭峪中道庄，全村共有 279 户，771 人，辖区面积 2.5 平方公里，耕地 220 亩，是一座曾有 370 多年辉煌历史的古城堡村落，同时该地也有清代名相、《康熙字典》的总阅官、文渊阁大学

士、康熙皇帝老师陈廷敬的故居。因为康熙皇帝曾两次驾临而改称皇城村，陈廷敬晚号午亭，所以"午亭山村"是它的别称，"皇城相府"之名则是旅游开发的产物。该村地处山西、河南两省交界地段，与河南省焦作云台山、洛阳龙门石窟及郑州少林寺等著名旅游景区相距咫尺。周边晋长、晋焦、晋洛、晋侯高速公路纵横交错，距郑州、洛阳、长治等三大航空港的路程均为一个半小时，交通十分便利。

从 1998 年起，皇城村开始开发皇城相府景区，发展文化旅游产业。皇城相府是陈廷敬的官邸，分为内城和外城两部分，内外城墙总长达 800 米，平均高度 12 米，宽度 3 米左右，总占地面积约 10 万平方米，是一座罕见的明清时期官宦宅居城堡建筑群，集明清两代精华于一体，融官宅民居、军事防御、中西方文化于一身，被誉为"中国北方第一文化巨族之宅"和"东方第一双城古堡"。经过 20 多年的时间，已发展成为一个由皇城相府景区、九女仙湖景区、农业生态园区、皇城小康新村四大景区组成，历史人文、自然山水、观光农业与现代新村有机融合，吃住行游购娱配套完善，总面积 15 平方公里的综合性文化生态旅游区。2010 年 12 月顺利通过国家旅游部门的严格评审，成为山西省继五台山、云冈石窟之后的第三个、晋城市唯一的国家 5A 级旅游景区。年接待国内外游客 148 万人次，门票收入达到 6000 万元，综合收入 3 亿元，带动 4000 多人增收致富，探索出了一条乡村旅游与新农村建设相结合的新路子。先后被命名为全国文化产业示范基地、全国农业旅游示范点；"皇城相府"商标被认定为继北京故宫之后全国旅游界的第二个中国驰名商标；2011 年 8 月公布的中国最美景区排行榜中，皇城相府荣登"中国最具潜力的十大民居排名榜"首位，皇城村入选"最具潜力的十大乡村旅游"第五位。通过保护和开发皇城相府这一历史文化遗产，不仅其本身的经济效益和社会效益十分可观，而且依靠这块金字招牌，也使皇城村步入了转型跨越发展的快车道。

皇城相府集团是一个总资产达 21 亿元，员工 6000 余人，下辖 19 个企业的村办大型企业，基本上形成了以煤炭产业做后盾，以旅游产业创品牌，以生物制药为主导，跨地区、跨行业、宽领域、多元化的产业结构，使皇城村民的收入早已远远超过了城市人。早在 2007 年，全村农民人均纯收入达到 11500 元，90% 的村民住上了花园式别墅，100% 的劳力实现了稳定就业，3300 多名外村外地农民在皇城相府集团上班。村党总支被评为全国先进基层党组织，村集体先后被评为中国历史文化名村、中国十佳小康村、全国文明村镇、全国民主法制示范村、全国农业旅游示范点、全国生态文化村、全国尊老敬老模范村、全国新农村建设明星村、全国十大特色村、全国十大最美乡村、全国十大魅力乡村、全国十大新农村建设明星村、全国十大最具影响力乡村。

一、初识："愿以皇城举古今，谁言农家不养人"

当汽车驶过层层叠叠的盘山公路，进入皇城村，那座巍峨的皇城相府闯入眼帘时，其森然气度虽不能与紫禁城相比，但也足以令人叹为观止，谁能想到在山西太行腹地的山沟里还藏着这样一座结构严谨、保存完整的东方古堡呢？而皇城村这座深藏于大山深处的小山村一度也曾与中国大地上千千万万的村庄一样，挣扎在温饱线上，但是今天这个村庄已经发生了翻天覆地的变化。

60 岁以上的老人每人每年均可享受 1200—1680 元养老补贴；村民看病住院，除享受合作医疗报销外，村里还报销手术费、治疗费、诊疗费和 50% 的医药费。此外，粮、油、肉、蛋、菜和水暖电气等生活必需品，全由村里集体定量供应，每人每年享受的福利待遇达 6000 余元。在皇城，既没有暴发户，也没有贫困户，即使收入有差距，人们心里也平衡，我们皇城村的总体目的就是要实现人的终身幸福。"皇城相府总支部时任副书记于小建不无自豪地如数家珍，侃侃而谈。

在皇城村，全村人住的是新旧五代别墅，依山就势层层叠叠排列在马路两边，无论二层或三层，都是清一色的白墙红顶花园式小洋楼。随意敲开一户，内部装修摆设丝毫不露怯，真皮沙发、高清电视，漂亮的厨房、卫生间，与城里富有人家毫无二致。在皇城村，没有人知道水、电、煤气的价格，清楚这些的只有村里的会计——这一切在皇城是免费的；在这里，一人工资足以应付全家生活开支，大到农业税、教育费，小到米、面、油、肉、蛋、菜、水果，均由村里负担或补贴。

弹丸之地的皇城村，拥有着诸多"第一"和"唯一"：山西省第一个也是唯一的中国十佳小康村、晋城市第一个也是唯一的中国历史文化名村、晋城市第一个也是唯一的国家5A级旅游景区；村里有晋城市第一座也是唯一经国家旅游局命名的农村三星级宾馆，村办小学是晋城市第一个也是唯一和北大附小建立远程教学的示范小学；即使以往难登大雅之堂的公厕也不落后，这里是全省第一个且是唯一全部改成水冲式自动化感应式洗手间的新农村……

看到如此幸福的描述，我们都会被皇城村村民的收入、福利震惊。到过皇城村的人都会向往那里农民的幸福生活，感受到的是它不一般的漂亮和清净。皇城村最显著的特点就是村民已接近或超过了城市人，并在如此一个小山村里享受了城里都享受不到的公共服务，在这里，体验不到农村的落后和贫困，反而被当地人的幸福生活而深深吸引。我们不禁要问：这座小山村究竟发生了什么？这些翻天覆地的变化是如何产生的？是什么因素促使了皇城村成为远近闻名的明星村？又是什么原因给皇城村民带来了如此幸福的生活？

二、嬗变：从不可再生的兰花炭到永远流传的宰相府

1. 地表150米下掘出第一桶金

山西是煤炭大省，晋城一带几乎处处有煤，而且是优质无烟煤，为化肥工业专用，当地称为兰花炭、香炭。皇城村与山西大多数村庄的发展路径相似，凭借得天独厚的资源优势建起了煤矿。与其他明星村一样，皇城村也出现了本村的精英——张家胜。

张家胜在皇城村属于颇为传奇的人物。那时，皇城村的小伙穷得娶不上媳妇，张家胜突然开着一辆嘉陵摩托进山，轰动了全村。原来改革开放

后，作为全村第一个高中毕业生，他抓住时机，以漆匠手艺起家成了万元户。1984年，当年只有28岁的张家胜被村民选为村委会主任，寄托着全村老少对像他那样快速致富的无限神往。

张家胜上任之初便遇上了难题：作为村里主要收入来源的0.4平方公里的小煤矿接连挖到11个前辈人留下的空洞——多年开采，地下30米浅层资源已濒临枯竭，张家胜请来专业人员一番勘探，终于确认距地表150米处另有一处煤层。4年奔波拿到开采证，又用两年半时间建成了主副井深度和斜长都是当时全公社之最的皇联煤矿。1991年煤矿建成投入开采，到1997年，皇城村集体经济收入已达4000多万元，其中3000余万元来自煤矿收入，地下150米掘到的第一桶金让皇城村在尽可能短的时间里完成了原始积累，之后他们又不失时机地收购了地方国营皇城煤矿和金源煤炭有限责任公司。至此，皇城村的煤炭年产量达100余万吨，这一产量的直接含义是每年3亿多元的收入、1亿多元的利税。

2. 从黑色经济到绿色经济的艰难转型

到1997年时煤炭销售收入就达到3000余万元，让皇城村一跃成为晋城市的首富村，到2003年全村的煤产量达到100万吨，致富速度之快难以想象。

但是，煤炭产业规模发展越大，资源的桎梏也就越发明显，当时周边一些起步较早的村，由于不注重积累，更不去搞转型发展，把资源产业所创造的财富分光吃尽后很快陷入再度返贫的状况。皇城村党支部书记张家胜也在思考这个问题：兰花虽好，终会凋谢，每天一卡车一卡车地往外运，小小皇城村就是坐在煤海上，也有挖光的一天，未来子孙后代怎么办？

皇城村历史悠久，人杰地灵，明清两代，陈氏家族科甲鼎盛、冠冕如林，共涌现出41位贡生、19位举人，并有9人中进士、6人入翰林，享有"父翰林、子翰林、父子翰林；兄翰林、弟翰林、兄弟翰林"之美誉。康熙皇帝盛赞陈廷敬"房姚比雅韵、李杜并诗豪"，亲赐"德积一门九进士，恩荣三世六翰林"之楹联，文化内涵十分丰富，历史古迹遗存较多。但是，由于历代战火和"文化大革命"期间被破坏，加之缺少文物保护常识和意识，相府里的老房子长期被村民居住着，不少古建筑被改建、扩建得面目全非，不少有价值的文物或随便乱扔，或人为破坏，使百年古堡一直在残垣断壁中沉睡了数百年。

前辈人留下的 11 个空洞曾给过张家胜怎样的震撼，旁人无从得知，看着地层深处的乌金一车车运出村外，张家胜心头并不轻松。地下的煤总有挖完的时候，到那时，后人将如何评说自己？当他将搜寻的目光从地下转向地上，传说中在清代朝廷做过大官的陈廷敬留下的大片破败古堡进入他的视线。其时居住在这片古堡中的几十户皇城村人，还不知道这位编撰过《康熙字典》的陈阁老官究竟有多大，康熙皇帝亲题的"午亭山村"匾额做了菜窖的盖板，唯独每年省里市里来煤矿检查的领导们在工作之余对这处老宅的浓厚兴趣让他们好奇。

张家胜意识到了这背后兴许会有商机。1997 年，他踏上了赴省城、京城求证的路途，专家们对陈廷敬及相府的定位让张家胜激动不已。陈廷敬既是康熙皇帝的老师，又是重臣，从政 50 多年间，他罕见地历经了 28 次升迁，做遍了清朝除兵部以外几乎所有要职，也正因如此，陈廷敬在世时修建的宰相府无论整体布局还是细微处都彰显着陈家当时的显赫地位和财力，具有深厚历史文化底蕴，极具开发价值！张家胜决心弄清楚这座破败古堡的身世，他请来首都师范大学历史系教授阎守诚，阎守诚在皇城村转了 3 天，为这 10 万平方米古建筑群的保存完好程度惊叹不已。经阎守诚介绍，张家胜到北京拜访了当时的中国历史学会会长、清史学家戴逸，以及文博界泰斗人物罗哲文、郑孝燮，又几次到上海的高等院校和历史研究院所求证，专家们都肯定了陈廷敬相府的历史和文化价值，这坚定了张家胜开发相府、向旅游业转型的决心。

在身边冷落了近 400 年的皇城古城堡上，皇城人开始了从第二产业向第三产业全面挺进的第二次创业。数年之后，此举被称作皇城村发展史上"背水一战的悲壮之举"，具有"凤凰涅槃的新生意义"。

为了尊重历史、保护文物，在开发过程中，皇城村始终坚持"拯旧如旧、保持原貌"的原则，多次邀请国家和省里的古建专家亲临现场进行指导，还聘请省文物古建工程师进行设计并担任工程监理。在每一个单体建筑的恢复上，能修补的就不拆除，能小动的就不大动；实在需要大动的，也要先留下照片，照原基础请专家绘出图纸，然后按图纸进行施工。经过3年4个月时间的紧张施工，一个投资过亿、总建筑面积超10万平方米的古迹保护和旅游开发工程就大功告成，使这一"藏在深山人未识"的东方古堡开始焕发青春、释放价值。

3. 借《康熙王朝》打出文化牌

即使有了专家的肯定，这个决定最初也没有得到村民的认同。张家胜说，当时他刚提出这一想法，村里就炸开了锅，由于当时整个山西、整个晋城的旅游产业都不是很发达，农民还不知道在一个小山沟里搞旅游能赚钱，加之这一项目投资巨大，村民们不想把大把的钞票投到那"不知何年何月才能见利，更不知能不能见利"的项目中去。

开发皇城相府就意味着要让原来居住在此的村民搬迁出来，这也是一项不轻松的工作。面对重重阻力，村委会组织村民到省内的王家大院、乔家大院，省外的北京故宫、河南南街村、浙江横店去旅游和考察，这一游，把小富即安的优越感游没了，村民们发现外面的世界确实精彩，人们越来越觉得"吃不好""睡不香""坐不住"了，张家胜的决策终于得到认可。

1998年，皇城村投资2亿元开始修复开发皇城相府，并成功实现举村搬迁，投资累计达到5亿多元。同时，在全村开始进行硬化、净化、亮化、绿化、美化工程，建有高标准幼儿园、小学校、卫生所、商业街、文化活动中心、休闲广场、农民公园、三星级宾馆、星级水冲式自动化感应洗手间等设施。煤矿建成花园式矿山，总投资1.3亿元，建成1032亩集多种功能于一体的现代化生态农业园区，优美环境成为皇城村后来发展旅游的基础。

2000年，张家胜得知电视剧《康熙王朝》正在拍摄的消息，他意识到这对皇城相府的品牌营销是一次绝佳机会，当时他与该剧剧组谈好了投资280万元，增加康熙帝与陈廷敬在皇城相府的情节，但是在研究这一投资项目的皇城村党支部大会上，张家胜没有得到他想要的响应和支持。

"从没见过大世面的山村人一听说投资 280 万元拍电视真是惊呆了，几十年来的穷日子让村民们把一分钱看得比磨盘大，今天刚吃了几顿饱饭就要瞎折腾，这个当家人真是昏了头。在村委办公室里，党员干部们吵吵嚷嚷，村民在院子里乱乱哄哄，甚至个别人拾起破脸盆咚咣咚咣地乱敲、喝倒彩。"最后张家胜表态，投资 280 万元是非干不行的事，要是赚了，算集体的；赔了砸锅卖铁、卖房卖地，我认。

2001 年 9 月《康熙王朝》在香港首播，同年 12 月，央视八套向全国播放，随后又被各地方台轮播，同时皇城村适时打出了"看《康熙王朝》，游皇城相府"的广告。这次借助电视剧的营销增加了皇城相府的品牌知名度，当年的门票收入就达到了 1500 万元。

继《康熙王朝》之后，《别拿豆包不当干粮》《文化站长》《契丹英后》《关中女人》等 20 多部大型影视剧先后在皇城相府取景，成为著名的影视拍摄外景地。目前皇城相府在北京设立了万世德文化传媒公司，在香港设立了分公司，通过首都这一全国政治文化经济中心和香港国际大都市的区位优势，用现代传媒对皇城相府品牌进行策划包装、宣传营销，努力把皇城相府文化生态旅游区打造成一个世界文化交流旅游目的地。从皇城相府集团副总经理一职退休的郑日升，并不是皇城人，他认为："皇城相府的开发，不仅仅改变了财富积累的方式，更使皇城人生活方式、思维方式发生了质的变化，从农民转化成为有知识、有现代意识的人。"

4. 从点到面，做大蛋糕

依托祖先留下的历史遗产开发一个景点容易，但如何以此为基点将旅游业做强做大就很难，皇城村也意识到单靠皇城相府一个景点的门票收入不足以支撑皇城村的旅游业发展。

在成功开发皇城相府之后，皇城村又先后开发了自然山水观光型产品——"北方小漓江"九女仙湖、乡村观光体验型产品——生态农业园、乡村休闲度假型产品——相府庄园、参观考察型产品——小康新村，兴办起农家乐，扶持发展起 90 余个家庭旅馆，使旅游景点由 1 个增加到 5 个，景区面积由 0.1 平方公里增加到 15 平方公里，接待宾馆从三星级到四星级再到五星级，相府国旅从国内旅行社到国际旅行社再到我国台湾组团旅行社，从山西省排名第十二到第三，形成了人文景观、自然景观、生态农业相互配套，吃、住、行、游、购、娱等功能齐全的旅游景区。2011年接待游客160万人次，实现门票收入7800万元，旅游综合收入3.5亿元。

为了延长游客停留时间从而促进游客消费，皇城村组建了女子军乐队、民俗艺术团和景区文工团，每天举办文艺晚会和民俗文化展演，丰富游客的夜间文化娱乐生活，使其体会到乡村旅游的独特乐趣。此外，还在相府庄园建起了生态茶楼、生态餐厅、3D影院，增加了旅游产品的种类。

皇城村还投资建起了蜂蜜酒厂，产品除满足景区游客消费购买外，还销到了京、沪、深等市；和周边乡镇联合，建起了农副产品产销产业链，带动生产土鸡蛋、蜂蜜、小杂粮和蔬菜等农副土特产品，丰富了旅游产品。为使旅游产品更具竞争力和知名度，在国家商标局注册了"皇城相府"旅游服务商品商标，开发、生产、加工"皇城相府"商标旅游产品45个大类200多个小类，"皇城相府"商标被国家工商总局评定为中国驰名商标，成为全国继故宫之后的第二个旅游类中国驰名商标，有效延伸了旅游业的产业链，增加了营收来源。

皇城相府十分注重与周边景区景点的联合营销，已经打造了"晋城—焦作—洛阳"旅游金三角线路，使之成为重要的中原旅游精品线路，叫响全国，在此基础上延伸到三门峡、西安，在旅游产品上联合促销，相互搭配。

此外，皇城村也借力晋城市的"对接大上海，融入长三角"招商引资潮流，主动到上海、长三角各地区寻找"焊接点"和"起跳点"。先后组织得力人员3次前往上海进行旅游市场考察，和当地旅行社进行沟通、洽谈，与排在上海旅游行业前五强的春秋旅行社、大通旅行社、上海航空公司假日旅行社等多家旅行社进行合作对接，最终和上海大通国际旅行社签订合约，之后由该旅行社牵头包租20架飞机来皇城相府景区旅游。

皇城相府景区牵头着力打造皇城相府、蟒河、珏山、王莽岭南太行经典线路，以"上海—晋城"一线游包机为切入点，逐渐打通广东、福建、海南等地区的客源市场，让皇城相府在全国旅游市场上更有知名度和影响力。

皇城村专门邀请武汉科技大学编制了《皇城相府旅游经济区特色城镇化规划》，整合周边 3 个乡镇的 11 个村，形成了一个以文化旅游产业带动城镇化发展的新格局，建成一个以皇城相府为龙头、以旅游产业为核心的皇城相府风景名胜旅游区特色小城镇和城乡一体化示范点。

三、提升：皇城相府旅游成名之后的持续发展

1. 加强配套设施建设，使接待能力"强"起来

在皇城相府景区开发建设之初，他们就把目标和档次定在了 4A 级标准上，并投资近亿元兴建了 10 项大的配套工程。一是建成了三星级、四星级宾馆，可同时接待 1000 人的会议和就餐；二是改扩建了 1 万平方米的停车场，缓解了双休日和节假日车位紧张的状况；三是用多种多样的风景树绿化了东西两座荒山 2680 亩，基本做到了四季常青、三季有花；四是修建高标准的水冲式自动化星级感应洗手间 18 座，使游人和村民全都告别了自古以来的土茅房；五是修建 3.5 公里长的运煤专线，使大型货车和旅游专车分道而行，从而净化了旅游环境；六是建成晋阳高速公路皇城相府出口工程，至郑州、洛阳、长治等航空港的路程缩短为一个半小时，为皇城相府这一历史文化旅游景点迎接八方宾客奠定了基础；七是建成 120 套农民别墅，发展起 90 个家庭旅馆，共有 1000 余个床位，由村家庭宾馆接待服务中心统一管理，不仅为喜欢农家乐的游客提供了方便，而且使全村妇女老人实现了就业；八是建成了明清商业一条街，满足了游客购物消费需求；九是投资硬化了全村道路、美化亮化了所有房屋建筑，使皇城夜景成为游客观光的一大独特景观；十是建起休闲广场、农民公园、音乐喷泉、水雾电影等基础设施。这一切，都为提高接待能力、改善旅游环境、打造旅游品牌奠定了扎实可靠的硬基础，2002 年顺利通过 4A 评审，成功实现了民居—景点—景区—品牌的三级跳。2007 年，被评 5A 级旅游景区。

2. 挖掘独特人文内涵，使传统文化"活"起来

文化是旅游的灵魂。树立皇城相府文化形象，提升相府文化内涵，是他们打造皇城相府文化品牌的又一重要举措。一是着力打造陈廷敬文化研究基地。先后举办了名相陈廷敬暨皇城古建、陈廷敬诗学、海峡两岸《康熙字典》等一系列高水平、高规格的学术研讨会；重新印制了6个版本的《康熙字典》，出版了《陈廷敬》《陈廷敬与皇城相府》《陈廷敬诗学论文集》《陈廷敬与康熙盛世》等30余部专集和专著。二是着力打造历史文化博览基地。瞄准"第一"制高点，修复和新建了中国第一座字典博物馆、中国第一个犁镜博物馆；收藏古今中外各种辞书字典3万余册，其中各种不同版本的《康熙字典》127种4800余册；收集有关陈氏族人的奏折、圣旨、著述、诗作等大量文物。三是着力打造民俗文化演艺基地。成立了皇城相府民间艺术团，先后创编了24台表演剧（节）目，分别在景区不同地点每天演出。特别是根据陈廷敬家族迎康熙皇帝游皇城相府的历史情景，编排了大型情景剧——《迎圣驾》开城仪式，如今已成为皇城相府的招牌节目，吸引了许多名家和游人慕名而来。另外还有上党八音会、夜间文艺晚会等多项独具山西特色的文艺表演，展示了皇城相府厚重的文化内涵。

3. 整合优质旅游资源，使景区档次"高"起来

皇城相府小有名气后，为了丰富旅游产品，做成大景点，形成与其他景区呼应配合形成精品线路，他们又连续迈出了整合、扩张步伐。一是整合九女仙湖景区。九女仙湖主体景观为一回水长达20华里的高峡平湖，以湖中耸立的巨石奇观——九女仙台及九仙女的传说而得名。经过对该景区的开发建设、完善提升，目前已成为一处以水上游乐为主的自然风光旅游景区，被誉为"北方小漓江"。二是兴建生态农业科技园。2007年又投资1.3亿元高标准建设了总占地1072亩的农业生态观光园，分为采摘体验区、花卉观赏区、科技农业展示区、露地果蔬种植区、景观树木绿化区等，游客一年四季可赏花、可采摘、可体验，展示了现代高科技农业的发展成果。三是修建五星级休闲娱乐中心。2009年投资2亿多元，开始在大山里建造五星标准的休闲娱乐中心——相府庄园，2011年顺利建成运营，并聘请锦

江国际酒店管理公司管理经营。不仅具备接待国内外大型会议及国际性会议的能力，而且游泳馆、健身馆、KTV、乒乓球、桌球等娱乐运动设施一应俱全，吸引了更多游客到皇城村旅游和消费。

4. 强化市场宣传营销，使乡村旅游"旺"起来

市场经济下，"酒香不怕巷子深"的年代已成过去，要赢得市场，宣传营销很重要。为此，他们围绕"做旺人气，提升名气"，组建了 50 人的市场营销队伍，积极创新宣传营销手段和方式，使旅游人气不断攀升，从 2000 年的不足 1 万人次，跃升为 2010 年的 148 万人次。主要采取了以下四种措施：一是利用现代媒体宣传推介。除精心设计印制宣传单、折页册、导游图、风光 DVD 等传统印刷品外，重点在《人民日报》、中央电视台、《光明日报》、香港版《文汇报》、《农民日报》、《中国旅游报》、人民网、新华网等影响力大的媒体，推出 80 多次专刊专版和专题报道。如中央电视台《走遍中国》《国宝档案》《乡村大世界》《聚焦三农》等栏目，都对皇城相府景区做过专题宣传，并创建了皇城相府旅游网站，可网上订票、网上订房、网上结算，为游客提供了便捷。

二是举办大型活动宣传推介。除和 1000 多家精品旅行社开展良好合作外，累计参加各类旅游景区评选以及京沪杭等大城市举办的重大旅游推介会等 50 多场，对景区走向更广阔的市场予以大力宣传推介。特别是先后在皇城相府景区举办了海峡两岸《康熙字典》学术研讨会、全国大学生服务新农村建设辩论赛、第九届全国村官论坛、世博会吉祥物海宝落户皇城相府仪式等全国性、国际性的大型会议活动 20 多次，不仅吸引了媒体眼球，产生了轰动效应，而且得到了高层领导的关注和支持。

三是借助影视拍摄宣传推介。投资 280 万元赞助拍摄 52 集大型影视剧《康熙王朝》，并推出"看康熙王朝，游皇城相府"的宣传广告，迅速得到市场认知。之后，《别拿豆包不当干粮》《我认识的鬼子兵》《文化站长》《契丹英后》《关中女人》《缘定今生》等 20 多部大型影视剧先后在这里取景，成为许多影视剧拍摄的外景地。陈道明、潘长江、斯琴高娃等众多影视明星也和皇城建立了深厚感情。

四是设立专业公司营销推介。为了把皇城相府品牌推向海外、推向世界，他们又在北京设立了文化传媒公司，在香港设立了分公司，通过借助首都这一全国政治经济文化中心和香港国际大都市的优势，用现代化科技传媒手段对皇城相府品牌进行策划包装、宣传营销，广泛加强对外合作交流，向世界文化交流旅游目的地进军。

四、巩固：用教育、文化、制度、共富保障长远发展

皇城村成功、成名之后，如何保障村庄的长远发展就成为摆在全体皇城村人面前急需破解的难题。皇城村因文化旅游而兴，文化旅游业的发展，虽然需要依靠祖辈留下的文化资源，但更需要当地人文化素质与文明程度的提高，这才是旅游型村庄持续发展的长远之计。为此，皇城村又开始了新一轮以提高村民素质、促进村庄和谐共富的改革和发展之路。

1.三种形式抓教育，提高村民素质

一是现有人才抓培训。皇城村先后同北大、清华、山大等高等院校建立了合作关系，共有50多名文化水平较高的中青年在职干部入校进行专业培训。前些年，他们又把35名35岁以下的中青年干部送到了晋城职业技术学院进行为期两年的脱产学习。此外，他们每年还要分三个层次对村民员工进行各方面的技能和综合素质培训，近5年来，已分50余期共培训了6000余人次。

二是急需人才抓引进。在集团企业的6000名员工中，外来人员就占90％。近年来，他们共引进硕士生4名、大专生500多名、各类行政企事业单位退下来的干部30多名。

三是长远人才抓教育。先后投资600多万元，建成了一流小学和高标准幼儿园，并率先与北大附小共建远程教育示范点。同时还规定，所有适龄青年都要接受高等教育，进入大专院校去深造。全村不仅早已普及了九年制义务教育，而且也普及了高中教育，大专教育正在普及中。皇城人已由农民变工人，工人变成了文化人。全村20岁以上、40岁以下的村民基本

达到高中以上文化程度。

2.三个结合抓文化，深度发展旅游产业

一是挖掘传统文化与发展现代文化相结合。在挖掘传统文化方面，他们编辑出版了有关陈廷敬和皇城相府的书籍20余部，同时还与山西大学合作，成立了陈廷敬学术研究会；投资600余万元，建成了中国第一座字典博物馆，共收藏古今中外各种字书字典3万册。在发展现代文化方面，他们大力兴建文化体育设施，篮球场、运动场、露天剧场，水幕电影、休闲广场、农民公园、多功能演艺厅、文化科技图书室、青年老年活动中心分布村中；他们还经常开展各种文体活动，每两年举办一次的农民运动会，被当地群众称为樊溪河畔"小奥运"；村里还成立有文工团、女子八音会、青年军乐队和威风锣鼓队，每年节假日都要为群众进行演出；为鼓励青年学习上进，男女青年结婚时，村里都要赠送电脑、书柜、书籍等；远程教育进了农家，进了企业。

二是提炼文化产品与发展旅游产业相结合。他们从河南沁阳复制回康熙皇帝御赐陈廷敬的点翰堂法帖碑文40余块，作为旅游产品展示于南书院碑廊。此外，还把有关陈廷敬和皇城相府的书籍，特别是将《康熙字典》作为文化产品去销售，从而有力地促进了旅游产业的发展。

三是打造文化品牌与提升企业品位相结合。他们在拍摄了大型电视连续剧《康熙王朝》后，又连续拍摄了《我认识的鬼子兵》《契丹英后》《三滴血》《关中女人》《烽火别恋》《缘定今生》《文化站长》《别拿豆包不当干粮》等20多部影视剧，使皇城相府享誉三晋，名扬全国。

3.三项工程抓环境，彻底改变村容村貌

一是实施绿满皇城工程，做大村民生存"绿肺量"。皇城村在发展中始终以绿为底，打造皇城相府名片，投资5000多万元，在"四沟"（尖坪沟、大西沟、小洼沟、尧义沟）、"三岭"（曹岭、左岭、杨庄岭）、"两坪"（杜梨坪、静坪）共绿化荒山2100亩，植树100余万株；退耕还林300亩，栽雪松4.5万株；企业和村内空地变绿地240亩。绿化面积占全村总面积的70.4%，人均植绿2237平方米，真正做到了村在绿中、绿在村中，景在绿中、绿在景中。同时，皇城村还把村内煤矿全都建成了花园式矿山，和旅游景点互相衬托，相互映照，使煤炭企业也变成了一处独具特色的靓丽景观。

二是实施环境整治工程，建设优美和谐"大花园"。村里专门成立了60多人的环卫队，随时随地打扫卫生；全村无论是大街小巷还是背街旮旯，全都美化、香化和亮化，到夜晚，灯火通明、火树银花，楼台勾出彩线，喷泉涌动霓虹，呈现出夜色美景；在皇城，除了道路两旁绿油油的草皮和五彩斑斓的花草外，每个农户的庭院里、阳台上，门外的过道上都摆放着风情各异的盆景和鲜花，显得整洁而别致。用村民们的话说，皇城有多大，皇城的花园就有多大。

三是实施生态园林工程，唱好高效农业"绿色歌"。从2007年开始，村里共投资6000余万元，建成占地1072亩，具有优质、高效、观光和商品属性的生态农业园区，并采用国内最先进的农业科学技术，种有不同品种的水果和蔬菜，不仅展示了现代科技农业的发展成果，而且生产的蔬菜和水果环保绿色，一上市就成了抢手货，带来可观的经济收益。凡来皇城旅游的人，都要带走一些绿色农业产品，回去尝尝鲜。

4. 三个特点抓分配，实现真正和谐发展

一是实行了既能体现按劳分配政策，又能让全体村民走共同富裕道路的分配制度。在初次分配时，他们采取的是工资、奖金、股金分红相结合的办法；再次分配时，就特别注意体现公平。为了让大多数村民的收入达到平均数，在村集体的可支配收入中，村里就一块用于生产再发展，一块用于村级公益事业，一块用于增加农民收入，从而使改革开放的成果成为村民们看得见、摸得着的实惠。少有所教、壮有所为、老有所养、残有所帮，是皇城分配制度的显著特点。

二是大力发展以集体经济为主的经济实体。为了避免"平均数"掩盖"大多数"，皇城村的企业全都是集体经营。2010年，集体企业实现的收入就占全村经济总收入的98%以上，村集体之所以每年都能拿出大量资金实行"供给制"，一个重要原因就是集体经济的实力相对强大。

三是回报社会，创造和谐发展好环境。皇城富裕起来后，并没有忘记反哺乡邻、回报社会，吸纳周边村劳力；集团每年还为本镇无煤炭资源的村无偿供应一定数量的生活用煤；又先后和本县的一些贫困村结对帮扶，尽自己最大努力帮助这些村尽快走上富裕之路。近些年，共为重点学校、优秀学生以及贫困学校、贫困学生捐资800余万元，为周边村修桥筑路投资500余万元，为全国各地灾区先后捐款400余万元。

5. 三项举措抓防范，综合治理上水平

一是抓教育，提高思想认识。10多年前，皇城村曾经是一个"四多"村，即治安案件多、酗酒闹事多、打架斗殴多、矛盾纠纷多。随着旅游景点的开发和皇城相府集团的发展壮大及外来人口的大量增加，这些矛盾就越来越突出，严重制约着经济社会的全面发展。稳定是发展的根基。根基不牢，地动山摇，要想发展，必须首先抓稳定。从这一认识出发，皇城就把普法和法治教育放在重要位置去抓，2010年，山西省委普法验收组对该村"五五"普法进行了检查验收，皇城村也代表晋城市农村为"五五"普法验收交了一份满意的答卷。

二是抓领导，健全联防网络。首先，成立了以党总支书记为组长的领导组，形成了由党政一把手主要抓、分管领导具体抓、部门领导配合抓的综合治理网络。其次，充分发挥基层党组织的政治优势，以组织能量的放大作用，实行党员干部联户、集团干部联厂、企业干部包班组制度，全方位开展了综合治理工作。再次，成立了"两会一队"，专抓综合治理，"两会"是治保会、民调会，"一队"是由60人组成的治安联防队。最后，是通过集团网站平台开通了群众上访、领导下访、信息接访3条信访绿色通道，建立了书记信箱和百姓论坛两个网站，使干部和群众由过去的"背靠背"变成"面对面"，实现了零距离接触。群众有什么问题都可在网上发帖子，干部都要及时进行解答和解决，从而密切了干群关系，把各种矛盾化解在了萌芽状态。

三是抓制度，奖励处罚严明。村里先后制定了《村民自治章程》《综合治理岗位责任制》《和谐家庭标准》《村民基本道德规范》《村民社会公德要求》《村民家庭道德要求》《村民家庭美德要求》《村民文明行为准则》《村民行为规范》等村规民约。为把这些村规民约和各项制度落到实处，皇城村还制定了相应的考核办法，无论是季度考核还是年终考核，无论是工资奖金还是各种福利，都要和执行村规民约及各项制度的情况挂钩，表现好的就给予奖励，不能遵守各项制度和村规民约的就按有关要求给予严肃处理。多年来，村里和集团企业从未发生过上访告状和各类刑事治安案件，2007 年被评为全国民主法制示范村。

从皇城村发展历程和成功经验可以看出，煤炭作为不可再生的资源，枯竭是迟早的事，因而作为依靠资源而发展的乡村，必须尽早挖掘本村的其他特色资源，走可持续发展之路。虽然皇城村具有其他村庄不可复制和比拟的优势文化旅游资源，其成功转型之路却值得其他村庄学习和借鉴。尤其是皇城村在发展文化旅游产业的同时，始终深挖历史文化遗产，把旅游景点作为一流品牌来打造，把农民家园作为旅游目的地来经营，把农民增收致富作为最终目标来实现，从而真正实现了"地下"转"地上"，"黑色"变"绿色"，"农村"变"城镇"，从"挖资源"到"挖文化"，由"卖资源"到"卖技术""卖文化"的根本性转变。对于其他资源转型的村庄来说，走高规格、高标准、内涵式发展道路极为重要。

第二节　"易村为城，塞外明珠"的西易村

我是一名共产党员，是个穷人家的孩子，这辈子饿怕了，也穷怕了，让西易村的老百姓富起来，是我最大的心愿。我们几户人家搞承包，可以富裕几十口人，可我回来是想把西易煤矿搞好，给西易村 1000 多口人造福，而不是为我个人谋利。

——西易村原党支部书记苗滋种

西易村位于山西省朔州市平鲁区白堂乡，314 户，1290 口人。作为革

命老区之一，改革开放以前和周边其他村庄一样，靠着单一的农业生产维持生计，也是个穷村子。近年来在党的富民政策指引下，依托煤炭产业优势，西易村大胆创新，做出了非凡的成绩，旧貌换新颜，一举成为"塞外明珠"，谱写了一曲社会主义新农村建设的华美乐章。西易村先后被中组部评为全国先进基层党组织，被山西省委、省政府评为模范集体、山西十大名村、省级"文明村"，其支柱企业西易公司被农业部评为全国新农村建设百强示范企业。

西易拥有集体资产 1.05 亿元，拥有 9 家生产企业，年实现利税 3600 万元，全村人均年纯收入 7000 多元。2007 年底，全村村民人均收入达 12424元。在村班子的统一调控下，注重兼顾公平二次分配，西易村既没有贫困户，也没有出现暴发户。为了进一步让村民们的生活更上一层楼，西易村建立了村级社会福利保障体系。如今，西易村每个村民每年可领生活补助费 2000 元，60 岁以上的老人每年可享受敬老养老补贴金 2200 元；全村统一实行了肉、奶、蛋、面、供暖等免费供给制；村里的学生全部实行助学制，小学、初中学费实行全免，高中、中专每年每生发给助学金 300 元，大专生每年每生发给助学金 1000 元，大学本科生每年每生发给助学金 3000元，留学生每年每生提供 1 万元……如今的西易村，早已蜕去了"村"的概念，成为平鲁城的窗口。历经由农村进城市，由贫困变富裕、由务农变务工的历史沧桑，一个放飞梦想、创造辉煌的新西易，正续写新的传奇……

一、艰难探索：西易村早期的奋斗历程

回溯历史，曾经的西易村地处一年九旱的塞外，气候条件恶劣，苍凉贫瘠。

苗滋种从小跟着伯父背炭，一干就是 13 年，在忍受窑主剥削压榨的同时，养成了坚韧不拔的性格。1958 年，苗滋种加入了中国共产党，他庄严地向党宣誓：吃苦在前，享受在后，全心全意为人民服务。这一年，他带领青年突击队治沟排水，在滩涂上试种蔬菜；1967 年，带领全村社员实施

精耕细作，使全村粮食产量增加到 5 万公斤；在学大寨浪潮中，整修出 180 亩海绵式梯田。

然而，这种战天斗地式的发展模式，最终还是未能改变西易村贫穷落后的窘困局面。心急如焚的苗滋种坐不住了，他开始寻矿，带领西易人凿出了黏土窑、小煤窑。没过多久，他的这一行为就被公社领导发现了，并被扣上"重副轻农""走资本主义道路"的帽子，但对苗滋种而言，这次的失败反而给了他继续奋斗的精神动力。

1. 重返西易崛起应有时

1979 年，苗滋种凭借自己 14 岁开始下井背炭的实践经验和过硬的矿山管理能力，被聘到白堂乡乡办煤矿当矿长，可那时的他"身在曹营，心在汉"，一边指挥生产，一边总是牵挂着自己村里的父老乡亲，从来没有忘记自己的家乡。当时的西易村，尽管也有自己的村办煤矿，但是经营状况却不容乐观，累计欠债高达 23 万多元。由于拖欠 6 万多元的工人工资，没有人愿意在西易矿干活，与其说是一座煤矿，倒不如说是一眼赔钱的"黑洞"。面对这难以料理的"黑洞"，面对西易父老乡亲那焦虑而期盼的眼神，一种责无旁贷、义不容辞的使命感促使苗滋种于 1986 年毅然辞职返村，再次接任村党支部书记并兼村办煤矿矿长。当时，根据西易煤矿的现状，有个别领导提出由苗滋种组织几户人家承包煤矿，救活企业，可苗滋种说："我是一名共产党员，是个穷人家的孩子，这辈子饿怕了，也穷怕了，让西易村的老百姓富起来，是我最大的心愿。我们几户人家搞承包，可以富裕几十口人，可我回来是想把西易煤矿搞好，给西易村 1000 多口人造福，而不是为我个人谋利。"

重任在肩，苗滋种丝毫不敢懈怠。刚上任，煤矿外债累累，工资拖欠，矛盾重重。为改变困局，他借款 20 万元，使煤矿重新启动并恢复了生产。紧接着，针对人浮于事、浪费私分等现象进行整顿，并和党支部成员酝酿出台了一系列规章制度，实行制度化管理，厉行节约，逐步改变了煤矿经营不利的局面。

随着企业的发展，苗滋种的压力越来越大，也意识到，西易煤矿的再扩大发展，需要有知识、有技能、有专业的人才来管理。为此，他四处打听，广招贤才，在没有找到合适人选的情况下，他斟酌再三，请求乡里将自己的儿子苗寨派回来。秉承父亲优秀品质的苗寨，无论学历、资历，还是工作成就，在乡里都小有名气。按一般人看法，他回西易村绝对是不利于自己发展的选择，但苗寨毅然决定回来帮助父亲。

苗寨一回村就开始仔细考察，并很快拿出了一套完整的技术改造方案。1989年，他帮助父亲重新规划了井下采掘方案，合理改善了井下通风系统，并筹措资金，将井下运输工具由畜力车改造为半机械化的串车，以提升原煤产量。这一年，西易村村办煤矿还清了欠款，并将剩余利润投入到村政建设中。

此后，苗滋种将心血投入到依法治村、兴学办教以及建设文明村等一系列村政建设中。接任煤矿矿长一职的苗寨，在父亲的支持下，于1997年对煤矿进行了技术改造，使原煤产量提升到20万吨；引进多项新技术，变井下串车为皮带提升，实现了较先进的机械化作业，西易煤矿的原煤年产量也一跃提升到32万吨。

2.举业前行开辟富裕路

摆脱发展拮据的西易煤矿，并没有让苗滋种停止奋斗。他和苗寨为西易村绘制出了更壮观的发展图景——组建以西易煤矿为主的西易集团。

1998年，西易村开始兴建流水作业的全机械化矿井，新井原煤年产量达到45万吨。不久，又接收了区乡镇局所属的槐汁沟煤矿。2000年，组建不久的西易煤矿有限公司兼并了国有企业井木煤矿，并很快形成了年产45万吨的生产规模。2001年初，西易集团出资110万元，托管了原属乡办企业的党家沟煤矿，并达到年产30万吨的原煤生产能力。1998年建成的西易煤站，则成为西易煤矿有限责任公司下属各煤炭企业销往平朔安家岭露天煤矿的专用煤站，并已形成每小时1000吨的配煤输送系统。

产业规模的不断扩大，更加坚定了苗滋种和西易人发展产业经济的信念。1998年，西易村组建了由村民入股的股份制企业永胜车队，兴建了矿山机械修配厂。同时，西易集团第三产业的企业也逐渐成长起来：成立的朔州市鑫易源物资有限公司，年销售额达 1000 多万元；购买的原省信托投资公司办公大楼，出租业务发展态势良好。

在苗滋种的积极倡导下，西易村先后有 4 户农民带头办起了猪场、鸡场，还有资产达 400 多万元的水泥预制厂。此外，苗滋种父子经过科学论证，推动西易村分期投资兴建易兴耐磨材料有限公司，生产多元低合金耐磨铸钢和耐磨材料复合钢管，使西易村高新技术产业获得全新进展。至此，一条富有特色、成效卓著的富民之路，在苗滋种父子和全体西易人的共同努力下，已全面铺开。

二、多元经营：西易村的产业转型发展

回首历史的足音，西易人的脚步铿锵有力，而与这脚步声共鸣的还有主体产业由小到大、由弱到强的回响……

1997 年，国家重点工程山西平朔安家岭露天煤矿开工建设，西易村 2319 亩耕地全部征占。失去土地的西易人如何生存、怎样生活、发展方向在哪里？这对自古以来祖祖辈辈面朝黄土背朝天的西易人来说，是摆在面前的一件十分重要而又急待解决的大事。

"谁越早进入市场谁就是赢家！"西易决策层在老党支部书记苗滋种的带领下，以超人的智慧、卓越的远见，结合自身的实际情况，审时度势确立了"与时俱进、开拓创新、团结奋斗、艰苦创业、煤炭领先，工业强村"的发展战略目标。

在大刀阔斧进行改革时，西易人确定了两个路线。一方面，以煤炭产业为主导，坚持稳中求进、不断壮大的方针。在西易的史册上我们看到了这样的文字："1998 年投资 400 万元对西易旧井煤矿进行了技术改造，投资 2000 万元新建了西易新井煤矿；2000 年先后投资 1500 万元兼并和改造了原县办国有井木煤矿；2001 年先后投资 4300 多万元对原乡办党家沟煤矿新井进行了托管和先进采煤方法的改革；2004 年投资 3000 万元收购和改造了西家寨煤矿……8 年内共投资近 1.2 亿元用于 5 座煤矿的新建、收购、兼并、

托管和技术改造，西易煤矿有限公司的煤炭产业逐步做大做强，年生产能力达到了200多万吨，市场竞争与抗风险的能力得到了进一步加强。"

另一方面，在煤炭主导产业形成规模的同时，发展地上企业，实施多元化经营的发展思路。一是鼓励西易村民兴办民营股份制经济实体。1998年西易公司搭台，村民唱戏，由公司统一组织，党员带领村民集资200万元，组建了西易股份制车队，经过成功经营，当年便收到了红利，使一部分村民增加了收入。1999年针对平朔二矿土石方剥离工程的需求，发动村民集资1500万元，购买大、中型车辆80多辆，让大部分村民得以受益。2004年，为了照顾弱势群体，西易村党委、公司再一次决定重组西易车队股份，公司在年初为暂时拿不出资金的老人担保贷款，年终倾斜照顾分红，这样既壮大了西易村股份制车队集体经济的实力，同时又实现了西易村村民人人参股，个个得利，达到了共同富裕的发展目标。二是组建和煤炭生产相配套的服务产业。西易煤矿有限公司煤炭产业历经由小到大，由手工作业到机械化开采的发展变化。随着煤矿生产的迅速崛起，逐渐显示出矿山机械安装维修、煤炭销售、物资、电力供应诸方面的薄弱环节。为此，从1997年开始，先后投资1000多万元新建了服务主导产业的西易矿山机械修配厂、西易煤站、西易物资供应公司、西易变电站和西易工业园区职工食堂等配套单位，既保证和服务了煤矿的安全生产，又节约了大量成本，增加了西易集体的综合实力。同时，还开始进行对饮食、服务业的探索和经营。三是引进项目，引进人才，兴办高科技的地上企业。经过几年的考察和论证，2004年，西易集团购买了哈尔滨理工大学研发的铸钢耐磨材料加工技术，在西易工业园区内创建了全省唯一的耐磨材料生产基地。2005年4月开工建设，当年年底试产成功，所生产的耐磨材料，在诸多技术指标使用性能上居全国先进水平。2006年又收购了右玉聚鑫镁业公司，所有这些都是实施西易产业调整逐步由地下转地上的一个良好开端。

西易村在以煤炭产业为主导，发展多元经济，注重科技兴企的思想指导下，已经初步形成了一业为主、多业并举的可持续发展格局。目前，西易村由一个小型村办煤矿发展为一个以煤炭为主导产业，集金属铸造、交通运输、煤炭洗选、机械加工、物资供应、餐饮服务为一体的大型集团公司,形成产、供、销一条龙生产体系。

三、重造西易:德业并举共建塞外明珠

1. "易"村为城,高标准开展新农村建设

熟悉西易历史的人都知道,老西易村地处坡梁沟壑,世世代代就是以耕种薄地为生,有史以来,受着气候地理、社会经济、文化等诸多因素的束缚,一直是个比较贫穷落后的村庄。为了改变这一状况,西易历届领导都把此项工作列为重中之重,做了不懈的努力和大量的工作:投资 150 万元修筑了通村、通矿公路,引来了自来水,解决了长期制约西易经济发展,困扰村民、职工多少年来的行路难、吃水难问题;在市、区电信、广电部门的帮助下,架设光缆,铺设闭路,新建移动电信机站、闭路电视总站,实现了户户通电话,家家看电视,使西易成为全市最早的电话村、电视村;村办的卫生院为广大村民和职工解决了寻医买药难的问题;2003 年新建的村办苗圃为美化、绿化西易环境提供了方便;为了将生产区和生活区分离,总投资 7000 多万元,在区政府所在地的井坪镇新建了全市一流的住宅小区……

30 多年过去了,在一些人眼里并不厚重的历史中,西易村却发生了翻天覆地的变化。这一点,从来自西易村一份份总结资料可见一斑:现在的西易,已经由原来的一座村办煤矿不断发展壮大为拥有 11 个生产企业的大型企业集团公司。村民由务农转变为务工,生活、居住、医疗、卫生、教育、福利、社会保险水平得到了较大提高,人均居住面积达 45 平方米,村民每人每年享受着 2000 元的生活补贴和肉、蛋、面、供暖、助学等多项福利待遇,村委为全体村民办了医疗、养老保险。西易村基本上达到了"住有所居、劳有所得、病有所医、学有所教、老有所养"的社会主义新农村建设标准。更难能可贵的是,失去了土地的西易农民全部完成了战略转变,实现了入企务工。在职职工已经全部纳入社会化的养老保险,而 60 岁以上

的老人则全部由村里供养起来。从小吃够了没条件读书亏的苗滋种，对教育事业格外上心。过去因为贫穷，他对教育的热心只能是空怀抱负，无能为力。如今西易富了，在苗滋种的积极倡导和身体力行下，教育在西易被列入了最优先发展的位置。

早在 2007 年底全村总资产达 5.8 亿元，实现经济总收入 3.14 亿元，村民人均收入达 12424 元。

如今的西易村绝大多数村民已搬迁进城，住进村委为他们在区政府所在地井坪镇建设的高标准易苑小区，人均居住面积达到 31 平方米，小区内星罗棋布的别墅住宅和板式楼群有巴洛克式的、有哥特式的，更有南海风情式样的。阳春三月，漫步在这富丽堂皇、充满异国情调的园区内，但见绿树环绕、草坪新绿、鲜花绽放、清爽怡人。双语幼儿园不时传来稚童朗朗的歌声，在公司办公楼一层，村委为村民开设了文化娱乐室和健身房，那里面各种棋牌设施与高档健身器材应有尽有，大理石康乐球桌、红双喜乒乓球台等设备无不为村民提供最优质的活动体验。

西易彻底告别了贫穷，告别了祖祖辈辈脸朝黄土背朝天的生活。眼前的这一切，对于老党支部书记苗滋种来说，似乎更是别有一番滋味："我是一名共产党员，发展和壮大西易集体经济，让老百姓过上好日子，是我的责任和义务。"

今天，诺言已成为现实。西易人民紧紧围绕"产业兴旺、生态宜居、乡风文明、治理有效、生活富裕"的乡村振兴目标，走出了一条具有西易特色的社会主义共同富裕之路。村民历经由农村进城市，由贫困变富裕，由务农变务工历史性的变迁，人们的思想意识、生活环境发生很大的变化，村民们住着宽敞明亮的别墅，坐着轿车上下班，享受着现代文明带来的幸福和温馨。

2.提升素质，文化当先，努力实现人的全面发展

在建设新农村的同时，西易村的领导者也十分重视和关心提高村民的物质、精神生活，积极推行"四民主两公开"活动，并逐步完善村级社会福利保障体系。先后成立了村级文化站、职工培训中心、文化娱乐中心、

图书阅览室，自办了《西易报》，组织了文艺队、宣传队、老年健身队等。不仅丰富了村民的业余生活，而且陶冶了村民的高尚情操。

对于这些，西易村民感触最深，在他们记忆深处，那是带给他们快乐和组成他们五彩斑斓一幕幕的生活片段：

2000 年，成立西易文化站，聘请在教育战线上工作多年的退休干部和部队复员回乡的优秀青年组建文化站，专门负责全村的文化宣传教育工作，组织文化活动比赛，以及开展多种形式的娱教娱乐活动。党委下设 10 个支部，各单位支部书记、总工、技术员都是文化站的兼职教员。

——村属的各单位都有两名兼职通讯员，对内及时宣传本单位的时事及先进人物，对外给《西易报》提供信息，组织稿件。

——多数单位有自己的文艺队。幼儿园、小学、中学有各自的舞蹈队，新井煤矿有民乐弹唱队，井木煤矿有乒乓球队，车队有篮球队，村民中有妇女秧歌队、中老年健身太极拳队。

——投资 360 多万元建起了一整套文化娱乐场所。有占地 1000 平方米的活动广场，广场绿树环绕，灯光明亮，雕塑新颖，并有音乐喷泉；有宽敞明亮的 350 平方米多功能活动室；室外文化活动广场有篮球场一个、羽毛球场两个；有藏书 7500 册的图书阅览室；有 37 台电脑装备的标准电教馆，电教馆配置专职教师，定期组织村民学习；有无线广播室；有自力的 45 套有线闭路电视网络。

——组建军乐队、民乐队，多次参加市、区、露天煤矿等单位的庆典活动，受到有关单位的好评。如西易文艺表演队、妇女秧歌队、军乐队等在一年一度的元宵节活动中连续 6 年夺冠，被区政府评为综合第一和特别奖。

——为提高村民素质，2007 年村里组织了 60 多名家庭妇女，分两批赴江苏华西村参观学习。通过学习，不仅使她们开阔了眼见，增长了见识，接触了发达地区的先进理念和思想，还将好的思想和做法带回村里，带动全村人解放思想，更新观念。

丰富多彩的群众文化活动，不仅丰富了人们的精神生活，振奋了人们的精神，而且提高了人们的思想品德和文化素质，有力地抵制了各种不健康思想的侵蚀。连续20多年，西易村没有违法犯罪事件，呈现出社会安定、邻里祥和的局面，多次被山西省妇联授予文明家庭建设示范点，社会主义精神文明建设在西易绽放出美丽之花。

另外，在井坪镇，西易人居住的易苑小区成了最洁净文明的社区，很多城里人惊讶被称作农村人的西易人，文明程度远比他们想象得高，比他们这些城里人更像城里人。今天的西易村"十星级"文明户创建达标90%以上。村民们都自觉摒弃了各种封建陋习，其自我教育、自我约束与自我管理能力达到了一个非常高的程度。来到西易，不论走进哪个家庭，你都会感受到扑面而来的现代文明之风。

苗滋种说："我们西易人不仅仅追求物质生活的共同富裕。我们还要追求精神上的共同富有。"在西易有许多不成文的规定，譬如儿子不孝敬父母，儿媳有虐待公婆的行为，就会被取消享受村里各种生活补助和福利待遇的资格。村里发给老年人的钱物，总要比别人多一些，每年的生活补助费，一般村民发2000元，而发给60岁以上老人的则是2200元；村民每人每年发给4袋面粉，而发给60岁以上的老人是6袋。就是平常每月供给老年人的肉、蛋、奶也比普通村民多一倍。

3. 重视教育，着眼未来，让上不起大学的孩子都迈进大学校门

百年大计，教育为本。早在1987年，西易村党支部就出台了补助政策，凡西易子女小学、初中全免费等。其实，这还要从当时西易村的现实情况说起。当时在西易村许多孩子上完初中就不念了，争着抢着下窑赶小车，家长们也乐意，孩子不念还多一个劳力，因此那时候十六七岁的娃娃下窑的很多。偌大的一个西易村竟然找不出一个高中生。当时，作为党支部书记的苗滋种，看在眼里，急在心上。这样下去，西易还不是走过去的老路？没文化，一辈接一辈的窑黑子！他提议凡上高中的集体出资开始补助，鼓励孩子们上学成才。当时，西易村没有初中，为保证孩子们初中不辍学，村里专门买了一辆中巴，来回接送在白堂读初中的学生。如此，还是有个别的孩子由于年龄小不适应集体生活，经常偷跑回家。由此，苗滋

种就萌生了在本村恢复初中的念头，在他看来，自己就是因为没有念过一天书，吃了不少苦。所以能让全村因家庭困难上不起学的孩子们顺利上高中、大学，也是圆了他自己的心愿。

1994年，经过多方努力，投资600多万元新建了全市一流的西易中小学校、幼儿园。学校里装备了电脑室、图书阅览室、实验室，而且每个教室还配备了电视机、幻灯机、投影仪等。可以说，当时学校的硬件配备不用说全区，即使在全市也是一流的。其中，投资200万元建起的中学教学楼，也是西易村的第一座楼房。那时候，矿管会、村委会还在平房里办公，由此可以看出西易村党委对教育的重视程度。同时，为了能够精心培养下一代，西易村开始从全区高薪聘请优秀教师执教，给出的条件是：国家挣多少，西易再给补贴多少，实际上每个教师挣的都是双份工资，这种情况在全市乃至全国也屈指可数。

教师优秀，教学手段先进，西易中小学每年统考在全区总是名列前茅也是必然。很快，西易中学闻名全区，不少城里的学生也开始托关系走后门来西易上学了。近些年，西易村已有高中以上学历人员202名，其中大学本科学历以上48人，研究生3人，出国留学2人。

西易的教育从无到有，再到闻名，取得这样的成绩，和西易领导的关心是分不开的。说到这，无论是老书记苗滋种，还是西易煤矿有限公司董事长苗寨都十分关注教育，不仅在物质上大力支助教育，更在精神上给予很多关切。如：在每年六一、教师节，苗滋种等领导都会到现场慰问师生，参加庆祝活动，亲自给优秀少儿和优秀教育工作者颁发奖状；2004年教师节时，董事长苗寨正在北京出差，还不忘关心教师们，专门打回长途电话，向老师们祝贺节日……这样的例子举不胜举。在苗滋种的积极倡导和努力下，2002年西易村正式建立了面向全区的贫困大学生助学基金会，基金会规定：凡平鲁区考上大学的贫困大学生，每生每年资助4000元，凡考上清华和北大的学生，不论家庭贫困与否，每生每年提供5000元的学习费用，他们每年至少要提取40多万元充实助学基金，连续4年拿出89.3万元资助99名贫困大学生，资助金额从2003年开始由每人每年3000元提高到4000

元。这些得到救助的莘莘学子也许不会想到，他们手里拿到的助学金中有很大一部分是苗滋种老人号召西易集团 1000 多名职工志愿捐出来的。钱不是很多，却体现出这位可敬老人和全体西易人的浓浓爱心和高度的社会责任感。在一次助学金发放大会上，苗滋种看到 22 位因家庭困难而上不起大学的孩子，手捧救助金热泪盈眶的动人情景，心潮涌动，感慨万千，大声地说："孩子们，我们给的钱不算多，但这是我们的一点心意，以后你们有啥困难和大爷说。"

在学校教育之外，西易还超前地提出把家庭教育、社会教育这两方面结合起来。他们认为，只有这些全做到位了，才称得上完备的教育，才能使学生不仅成才，而且成人。

为了提高家庭教育水平，他们树立一个很重要的理念，即首先要教育好成人（家长），要家长各方面素质得到提升。为此，村里成立了培育中心，专门负责对成人的教育。大体分为几块：一是规范行为，做文明村民；二是学习科学文化、专业技术，提升文化技术水准；三是讲时事政治，提高理论修养水平。值得一提的是，他们在成人教育方面绝不走过场，而且抓得是非常紧，每次学习不仅都要签到，上课学习时，不许抽烟，不许交头接耳，不许接电话等。凡是领导干部缺席的，每次还要扣款 300 元，绝不姑息。

在社会教育方面，一方面，他们组织离退休老干部编写村史、家谱，对青少年进行艰苦奋斗思想教育；另一方面，利用《西易报》、村广播站、阅读栏等宣传工具，对青少年进行荣辱观教育，聘请受助贫困大学生返村对青少年进行自立自强教育。总之，为了青少年的健康成长，为了让西易的后代都能接受高质量、高水平的现代化教育，凡他们涉及的地方，教育绝不缺失；凡是他们成长过程所需的营养，供给绝不短缺，全力打造一个和谐、优雅、舒适、健康的成长环境。

4. 执政为民，造福社会，让社会主义光芒永放光彩

西易村在社会主义新农村建设中取得了辉煌的成绩，令人骄傲。可以说，这一切归功于党的政策，归功于全体西易人民的努力，但更加归功于

西易吃苦耐劳、无私奉献、廉洁奉公、开拓进取的领导集体！

西易村委党总支下设 10 个党支部，共有党员 111 名，其中预备党员 6 名，党委成员 7 名。多年来，西易村始终不断加强农村民主建设，大力推行村务公开，为促进革命老区建设做出巨大的贡献。

加强基层民主建设是社会主义民主政治建设的关键，西易历届党支部、村委会都是严格按照组织程序选举产生的，每一任支部、村委会都是能够代表全村群众的根本利益，都是给群众办实事、办好事，让群众满意、信得过的领导集体。全面实行村务公开是社会主义民主政治建设的重要保障。多年来，西易经济在由小变大、由弱变强，逐步发展壮大的过程中，凡是涉及重大决策、涉及村民切身利益的问题，始终坚持公开、公平、公正的原则，始终全面实行村务公开。从每年的财政收入到资金使用情况，从干部的工资、奖金及各种补贴到村民的人口计划生育情况，从土地的使用到住宅楼的分配情况，从新型农村合作医疗报销情况到村民的补助优抚情况等，全部实现了公开。这样的做法既增强了村务工作的透明度，加快了基层民主建设的进程，又密切了干群关系，防止了党员领导干部违法乱纪现象的发生。可以说，西易村取得的成绩，与大力加强基层民主建设是分不开的。

西易在社会主义新农村建设以及企业发展壮大的同时，领导者们从未忘记回报社会造福人民，履行一个企业公民的社会责任。多年来，西易的社会评价很高，朔州市委、市政府等单位多次发奖状表扬。2006 年 9 月，西易村被省扶贫委员会评为山西省社会扶贫状元，2007 年 9 月被山西省政府授予捐资助教特别奖，被山西省关工委评为关心下一代先进单位。2007 年，西易煤矿有限公司被朔州市政府确定为朔州市首批上市企业。

历史不会忘记，几十年来风雨兼程中，西易人民在村党支部书记苗滋种，西易党委书记、公司董事长苗寨新老两代领头人的带领下，默默用行动编织着属于自己的故事，铸就了一个又一个辉煌，走出一条具有中国特色社会主义共同富裕的乡村振兴道路！"没有最好，只有更好"，或许正是西易人追寻的目标。西易村人是富了，但平鲁的人民还没有实现全富。苗滋种曾说，他将继续为实现全区人民的共同富裕发挥余热、贡献力量，以实际行动体现一个共产党员的初心和使命。

"谁越早进入市场谁就是赢家！"对于西易村这种资源型农村来说，选一个好的村庄带头人带领大家尽快尽早进行资源转型、共同抵抗市场风险、走多元发展的道路，是实现村庄和谐发展、共同富裕的有效途径。富裕起来的村庄如何进行乡村建设，如何改善村民的生产生活环境更是资源型村庄必须面对的现实问题。不同于其他村庄的乡村建设，西易村不是对原来村庄进行改造和建设，而是通过在区政府所在地井坪镇重新选址划地、高标准建设、整村搬迁进城、集中居住、就地城镇化，即"易"村为城，既实现了村民生活方式的现代化改变，又有效节约和利用了土地，避免了重复建设和资源浪费。在目前我国大力进行新型城镇化、推进城乡融合乡村振兴的大背景下，"农民住在城中，但不愿意流转承包地"，是当今推进城镇化和农村产业发展的最大阻力，而西易村的整体搬迁、集中居住、就地城镇化的做法为其他农村的产业转型、乡村振兴提供了借鉴和思考。

第三节 "如诗如画，公园新村"的兴王庄

为官一任，造福一村；留下遗产，不留遗憾。

——兴王庄村原党支部书记、村委会主任郭光发

泽州县巴公镇兴王庄村位于风景秀丽的龙王山脚下，全村 120 户，500 口人，700 亩耕地，2200 亩荒山，村紧邻晋煤集团凤凰山矿，地下煤炭资源丰富。20 世纪 80 年代初期，在国家"有水快流"政策的号召下，兴王庄村以集体名义组建煤矿，开始对煤炭资源进行开采，但由于当时村里资金有限，村干部顾虑多，怕出事，先后将煤矿承包给个人。1994 年兴王庄村与晋煤集团凤凰山矿服务公司联合开办了服兴煤矿，煤矿内开了两个矿井，兴王庄和凤凰山矿各一个，从地面划清界限，地下开采互不越界，实现互

利双赢。2000 年凤凰山矿撤出兴王庄村，兴王庄出资 30 万元，买下凤凰山矿井的开采权，改名永春煤矿，2005 年末在煤矿资源整合时永春煤矿被关闭。依托煤炭资源，兴王庄村的经济发展迅速。煤炭企业作为村集体的主导产业，是村民就业的主要途径，对改善村民生活条件起到了很大的作用。

煤炭企业关闭后，面对主导经济产业的丧失，兴王庄村加速转型发展步伐，加大招商引资力度，逐步走出资源型经济发展的路子。依靠煤炭资源开发的原始资金积累，兴王庄村发展特色农业和支柱产业，找到了经济发展的新引擎；关注和改善民生，为村民找到了就业致富的新门路。在旧村改造的同时进行大面积的生态绿化项目，原本满目疮痍、黄土遍地的农村变成了有山有水的花园村庄，并获得了全国绿化千佳村、全国绿色小康村、省级文明村、省级生态文明村、山西省卫生村、晋城市生态园林村、新农村建设示范村等荣誉。

同时，兴王庄村坚持用发展经济的劲头去创建精神文明，经济的强劲发展为精神文明建设提供了强大动力。利用积累的资金建起了万头猪代种猪场、10 万只养鸡场、沼气站、供暖站、建材厂、住宅小区等，实现了经济、资源与环境的"三赢"。为了提高村民整体素质，建起了文化活动中心、图书阅览室、老年活动中心，组建了女子乐队和老年义务宣传队；在村学子考上高等学院的给予奖学金鼓励，并且为促进家庭教育观念的更新，建立了家长学校，开通宽带网络远程教育；实现合作医疗 100%、养老保险 85% 以上，并为 60 岁以上的老年人和离退休的老干部发放养老金。为了倡导文明、弘扬正气，村里制定了村规民约和"十星级"文明户以及优秀村民的评选标准，形成了人人争优秀、户户争文明的良好风气。

如今走进巴公镇兴王庄村，映入眼帘的是一幅迷人的画卷，集文化、休闲、生态于一体的公园内，村民们和来自邻村的人们散步、看报、聊天，孩子们尽情地嬉戏……整个村庄呈现出"山在林中、路在绿中、村在花中、人在景中"的美丽景象，一个和谐、文明的社会主义新农村展现在人们的面前。20 世纪 80 年代的村容村貌却不尽如人意，一派荒山秃岭、破房烂瓦的景象：有新房没新村，有新村没新貌；修房大小没规划，街道宽窄无人管；晴天一身灰，雨天一身泥；破车街上停，垃圾随处倒；外人进不来，村里人出不去。当时在村民中间流传着这样一句自嘲的话："看了兴王庄的房，就不要看兴王庄的人。"近年来，兴王庄村大力开展美丽乡村建设，水、电、路，花、草、树整体规划，同步进行，一步到位。目前，村民都住进了新村，村里还修建了教学楼、老年活动中心、图书室、文化活动中心、建立了宽带网络和远程教育系统，村民还享有合作医疗、养老保险，村里向60岁以上的老人发放养老金，向考入重点高中和大学的学生发放助学金，村民全部参加新型农村合作医疗。村里通过改造原来的污水沟、垃圾坑建起了康乐园，使村民夏天可乘凉，冬天可健身，如今兴王庄村变成了村风文明、和谐的新农村。兴王庄村是如何实现如诗如画、公园新村改变的呢？

一、产业兴旺，建设富裕乡村

"为官一任，造福一村；留下遗产，不留遗憾"，这是兴王庄村两委班子多年来坚持的工作理念。为从根本上解决群众的致富问题，增加农民收入，壮大集体经济，兴王庄村两委班子不断学习，借鉴外地先进经验，认真汲取市场经济的有关知识，依靠积累起来的资金，大力探索可持续发展之路。

首先，调整产业结构，实现长远发展。经济产业转型是实现资源型农村转型发展的关键，只有调整产业结构，摆脱对资源的依赖，发掘新的经济支撑点，才能真正实现转型发展。面对煤炭资源枯竭、煤矿整合关闭的局面，兴王庄开始寻找新的产业支撑。利用和晋煤集团凤凰山矿毗邻的优势，修建了煤矸石砖厂，解决了村里大多数劳动力的就业。然后以农业产业化为主体，从地下转地上，百座蔬菜大棚、万头养猪场、10万只养鸡场，这些种植养殖产业，与村民的生活连接紧密，技术上也方便村民学习掌握，村民们积极参与，兴王庄迈开了转型发展第一步。

其次，以农业产业化为起点，实现产业优化升级。摆脱对资源的依赖，实现产业的优化升级是兴王庄村转型发展的必由之路。但是选择什么样的新产业是摆在兴王庄村所有人面前的一个重大难题，只有能够真正适合兴王庄村村情、真正惠及全体村民、真正实现长远发展的产业才是可选产业。兴王庄村利用背靠 2200 亩荒山、交通便利的优势，以农业产业化为起点，开启了产业优化升级的转型之路。兴王庄村依靠煤炭资源开发积累的资金，开垦荒山数百亩，修建了 3 个优质果园和 30 座蔬菜大棚；投资千万余元建立高标准的万头猪代种猪场和 10 万只养鸡场，养殖场内实行 24 小时监控，现代化管理，花园式场区，对生态环境不会造成破坏。种植养殖业的兴起由村集体带头，学习先进的技术和管理手段，并充分调动有创业热情的村民积极性，将技术传授给有意向的村民，以便形成规模效应，促进农业产业化。种植养殖业的兴起，有利于推动农业生产的专业化和适度规模经营，提高农民的收入水平，并通过运输、销售等环节延长了产业链，创造了大量的就业机会，吸纳和转移了相当一部分剩余劳动力，降低了村民对煤矿的依赖。

永春煤矿关闭后，兴王庄村的主导产业丧失，虽有种植养殖业的支撑，却难以吸收大部分劳动力。于是，兴王庄村利用毗邻晋煤集团凤凰山矿的优势，与晋煤集团联合兴建了煤矸石砖厂，将废弃的煤矸石变废为宝。这些项目的调整，不仅解决了部分村民的就业问题、增加了收入，而且节能减排、保护环境，实现了循环经济、可持续发展，增强了集体经济发展的后劲。目前，兴王庄村的种植、养殖和三产产值已占到了全村总产值的 60% 以上，初步形成了集煤矿、建材、生产、养殖、沼气等多元化生产的发展格局。兴王庄下一步的建设思路是依托独特的区位优势、生态优势，开发建设集垂钓休闲、健身娱乐、果实采摘、自耕自牧、敬老养生、餐饮服务为一体的生态农业观光休闲区，这将成为兴王庄村转型发展新的经济增长点。

正如村民李芳芳说："我们现在守着家在家门口挣钱，一个月能挣 1000 多块钱，也挺好的。除上班外，剩余的时间还能在家里做做家务，照顾老人，也不误我们务农，而且现在村里的环境也很好，有花有草有公园，闲的时候还可以去逛一下公园，散散步。我觉得现在守着村能挣钱、还不误家里事，比在外面打工要好得多。"

二、生态宜居，建设美丽乡村

改革开放以后，尤其是近年来，兴王庄以创建优越的生活环境为目标，整体科学规划，以生态环境治理为支撑，大规模进行新村建设：投资上百万元打了650米的深井，彻底解决了全村人畜吃水问题；新建了新颖别致的5个住宅小区，并配套建立了多功能的文化活动中心、图书阅览室、老年活动室、远程教育和电脑室；兴建了融旅游、观光、休闲、娱乐、健身为一体的农民公园；铺设了通村、绕村的3条村级公路；不惜重金建起了全省一流的教学楼等，全面完善了村里的基础设施建设，整体实现了农村城市化。

党的十八大把生态文明建设纳入中国特色社会主义事业"五位一体"总体布局，明确提出大力推进生态文明建设，努力建设美丽中国。习近平总书记更是要求"要牢固树立保护生态环境就是保护生产力、改善生态环境就是发展生产力的理念，更加自觉地推动绿色发展、循环发展、低碳发展，决不以牺牲环境为代价去换取一时的经济增长"。党和国家对生态环境改善的重视同样也适用于资源型农村转型，村庄及山林的绿化面积就是转型发展的一个重要指标。

规划改造前的兴王庄，用老支书郭光发的话说就是"有新房没新村，有新村没新貌"。1989年兴王庄获得煤矿的开采权，开始进行煤炭资源的开采，1995年利用煤矿开发积累的资金，兴王庄村开始对村庄进行整体规划改造。从村民住房小区开始，拆旧建新，冬天作价、春天拆房、春节住房。通过5年的改造，修建了富明小区、富康小区、富昌小区、富丽小区、富祥小区5个小区，兴王庄村的村民100%住进了新房。

兴王庄在对村庄进行整体规划时，就将生态建设作为一项重要的指标来抓。不仅对村内的道路进行了绿化、美化，同时也将周边的2200亩荒山纳入生态建设的范围。本着建设生态文明、发展现代林业的理念，兴王庄村党员干部包种、包活、包防火，数十年如一日，种植了百万株松柏树，开通硬化了 10 里环山公路，道路两旁种植了油松、侧柏、元宝枫和木槿花，现在是十里山、十里路、十里花、十里树。村里更注重环境的改善，现在是家家绿色环绕，户户花草相连，院里有花、墙外是绿、侧柏成行、雪松遮天、冬青成线、花草成片、白墙红瓦、碧水蓝天，老百姓是打开窗户看青山，走出家门进公园，休闲垂钓已成为村民生活中不可缺少的一部分。

据村民刘森林介绍："原来这个地方就是臭水沟，下面还住了几户老百姓，为了在这个地方建湖，把他们都迁移了，建这个湖的目的就是可以让我们村民可以到湖边来散散步，和住在城里的居民一样舒心。现在我们这个湖边三面环山一面环水，和城里的公园一样，无论从什么方面村里都有翻天覆地的变化。现在我住在村里感觉特别幸福。"

山绿、路绿、村绿，四季一片绿色已成为兴王庄村建设新农村的一个亮点，成为全面建设小康的一个特色，更是全村人民共享的财富和资源。村里现在是鸟语花香、山清水秀、生态文明、和谐发展，农村像城市。

三、乡风文明，建设和谐乡村

资源型农村的转型不仅仅是经济产业的转型，更重要的是人的转型。构成农村社会的主体是广大的农民，只有真正提升农民的素质，培养一批有较高科学文化素质、道德高尚、遵纪守法、有责任感的新农民，营造一种健康和谐向上的农村新文化，才能促进农村社会的整体进步，真正实现资源型农村的转型发展。

1. 加大文化工程建立力度，营造积极向上的文化氛围

兴王庄村修建有文化活动中心以及可容纳 1000 人的演播厅，方便村民在农闲时期的文化生活。组织村里有兴趣的和有时间的妇女成立女子乐队，在闲暇时间和重大节日，通过自编自演各种文艺节目，不断提高村民的参与热情，陶冶人们的情操，有效杜绝了打麻将、寻衅滋事、贪污腐败等恶风陋习，也丰富了村民的业余文化生活。兴王庄村的文化生活非常丰富，

尤其在春节期间，"年三十看春晚，年初一看'村晚'"已变为兴王庄的传统，"村晚"都是村民自己编排的节目，反映发生在自己身边的小事。此外，还有各项比赛，充分调动了村民的积极性，如在广大青年中积极开展读书节和法制进校园等活动，每年五四和六一期间，均举办各种以反映时代特征为题材的演讲比赛，不断丰富和充实青少年的文化生活。

2. 注重人的全面教育，加快传统农民向现代农民的转变

兴王庄村投资 100 多万修建一流的小学，完善学校的硬件设施，为学生提供了舒适的上学环境。在课余时间，注重开展多项活动，增强学生的综合素质，并按照"环境留人、政策留人、感情留人、待遇留人"的原则加强师资队伍的建设，为学校老师提供好的待遇和环境，从而真正达到建一流学校的目的。

兴王庄村对高等职业教育也十分重视，为了加快本村村民由传统农民向现代农民的转变，村里在农时通过远程教育、聘请专家等方式进行种植、养殖和各种技能培训，使村民足不出户就能学到致富本领。村两委对考入重点高中及大学者均提供一定的补助，一方面，是对学生的奖励；另一方面，也可以起到激励村民重视教育的作用，营造一种全村重视教育、积极向上的文化氛围。

3. 紧抓精神文明建设，营造文明祥和的村风村貌

为积极营造文明和谐村的创建氛围，村里设有宣传栏、阅报栏等宣传设施，村规民约和村思想道德行为规范上墙入户，文明标语牌子随处可见。为了倡导文明、弘扬正气，村里制定了村规民约，并通过深入开展十星级文明户、文明小区、和谐家庭的创建及优秀村民的评选活动，极大地调动了广大村民热爱兴王庄，做文明兴王庄人的热情。村民生活在一个民主、和谐、文明的氛围中，说文明话、办文明事、做文明人、兴民主风，在兴王庄这块饱经沧桑而又富有蓬勃朝气的热土上孕育着新的生机。

关心老少、比孝心是兴王庄村创建精神文明建设的一个重要内容，为了让更多的群众参与到精神文明创建活动中来，兴王庄村出台了多项一老一少优惠政策，如给 60 岁老人发放 50 到 100 多元金额不等的养老金、给

学龄学生发放 500 到 1 万元不等的奖学金等，全村上下形成了赛文明、争优秀、比孝敬的良好氛围。

时任村委会主任郭光发说，我们兴王庄村把创建全国文明村镇的工作摆在了宣传部门的重要位置。多年来，我们做了以下几方面工作：首先，是坚持科学发展，建设富裕新农村，随着煤矿资源枯竭，关闭整合，我们利用积累资金，建起了猪场、养鸡场，办起了煤矸石砖厂，彻底解决了村里上百人的就业问题，村民们不误种地、不误做家务、不误赚钱。其次，是开展创评活动，我们把四星级文明户、和谐家庭标准作为创建精神文明的重要内容，我们党员带头，一个党员一面旗帜，一个党小组一块阵地，党员干部管前、管后、管自己、管邻居，带领群众开展精神文明创建活动，使我们村风文明，社会和谐。

通过举办丰富多彩、和谐健康的文化活动，有效地让传统文化和现代文化相结合，对广大村民开展的社会公德、家庭伦理、民主法制教育更能充实村民的精神生活，起到凝聚人心的作用，从而更好地加快转型发展的进程。

四、治理有效，建设民主乡村

加强农村基层组织建设，推进乡村有效治理，是实现乡村振兴的保障。兴王庄村从社会主义新农村建设开始，就尤其重视党组织建设。从加强支部建设入手，着力团结和带领支部一班人励精图治、开拓创新，不断提高管理和服务水平，带领群众发展经济，为群众办好事、办实事、解难事。通过逐步健全和完善民主选举、民主决策、民主管理、民主监督等村民自治机制，不断增强村民自我教育、自我管理的能力，使村民真正拥有知情权、参与权、选择权、监督权，真正让农民当家作主，不断推进村里的民主政治建设。

多年来，兴王庄村已建立了一整套独具特色的管理制度。村务如同百姓的家务，凡有支出都要有村民代表通过，各种事项都要有村民代表签字，签订各项合同都要有村民代表参与，工程结算都要有村民代表在场，面对劳力安排、宅基地利用、住房分配等和老百姓息息相关的切身利益，更是做到公开、公正、公平、合理。对村民实行三免一补，既"免电费、学费、闭路费，上大专院校有补贴"等，不知不觉中赢得了群众的信任，增强了班子的凝聚力，换来的是干群关系的和谐。尤其是以村治精英为主导，落实村民民主自治。

村民自治的核心内容是"四个民主"，即民主选举、民主决策、民主管理、民主监督。真正实现村民自治的关键在于村民能够很好地参与到村务治理决策中，与村干部形成良好的互动。但在我国农村社会，农民由于受素质和能力的限制，不能很好地表达自己的利益，或是利益表达机制不畅通，因此就需要一些能够在各方面代表村民利益，做出对村民最有益决定的村治精英来制定农村的发展路线，推动农村的转型发展。

兴王庄村在村党支书郭光发的带领下，经过村两委干部的共同努力，不断摸索农村发展的经验，将村民自治真正落实到了实处。村办煤矿建立伊始，郭光发就意识到"煤炭迟早会挖完，兴办地面企业才是确保村庄长期兴旺的唯一途径"。于是他带领村两委成员到先进的模范村庄去考察、学习，积极开拓新的致富渠道，实现产业的优化升级。

郭光发时常教育党员和村干部要以群众的幸福为自己的幸福，要让群众做到的要自己先做到，不让群众做的自己要带头不做。并经常组织村两委班子成员到革命老区瞻仰先烈的光辉业绩，以此鞭策村两委班子干事创业。在他的带领下，村里建立起完整的党务、村务、财务管理制度，"三务"全部公开，接受村民监督，严格实行村民自治，为全村和谐稳定打下了坚实的基础。

兴王庄村的财务管理制度最具特色，村集体管理财务的理念是"将村财看作百姓的家务来对待"，并坚持"五个不变"：一是实行一切费用限额包干的制度不变，村干部的公务支出费用实行限额包干，多了自留，少了自贴；二是坚持工程承包的程序不变，每次工程敲定和工程承包必须由支部提议、两委商议、党员审议、村民代表大会决议，每次签合同必须有10

人以上签名，两委成员 7 人、村民代表 3 人；三是坚持竞价的制度不变，即村里资产的承包拍卖，都需要通过竞价，价高者得，不允许暗箱操作；四是吸收新党员两推一审的制度不变，凡吸收新的对象，都要经过全体党员、村民代表推荐，从优秀村民中推选；五是干部不搞特殊化，干部村民一样的要求。

相应地，村民也要通过民主化的管理制度参与到村庄管理的全过程中。村民自治在村庄共同体范围内，村民通过自己选举产生的村民委员会来控制村庄资源，体现和维护村民的利益。^① 村民选举产生的村治精英通过"四议两公开"参与村庄治理，行使村民赋予的权利，维护村民的切实利益。在参与村庄治理的过程中，村民与村治精英的互动关系更为密切，村治精英的作为会激发村民对其和村庄共同体的认同感和责任感；村治精英对村民意见的征询和考虑，会提升村民的民主意识和民主能力。村民与村治精英的良性互动使村民自治制度更有效地落到实处。

生态文明是中国特色社会主义事业五位一体总体布局的重要组成部分，并要求"把生态文明建设放在突出地位，融入经济建设、政治建设、文化建设、社会建设各方面和全过程，努力建设美丽中国，实现中华民族永续发展"。建设美丽中国，是我国面对资源约束趋紧、环境污染严重、生态系统退化的严峻形势的必然回应。对于资源型农村来说，虽然依靠独特的资源优势获得了发展先机，但这个过程中资源枯竭、结构单一，尤其是生态破坏、环境污染的现象特别严重，因此资源型农村就留给了社会脏、乱、差的形象。对于资源型农村来说，转型不仅仅是经济产业的转型，更要注重生态环境的改善和保护，实现人与自然的协调发展。"十年树木，绿树成荫"，兴王庄在进行转型发展尤其是在对村庄进行整体规划时，就将生态建设作为一项重要的指标来抓，本着建设生态文明、发展现代林业的理念，数十年如一日，种植了百万株松柏树，实现了十里山、十里路、十里

---

① 董江爱．精英主导下的参与式治理：建设社会主义新农村的常平之路 [M]．太原：山西人民出版社，2007：335．

花、十里树，实现了由黑色向绿色的转变，成为真正的农村公园和美丽乡村。山绿、路绿、村绿，四季一片绿色是兴王庄村建设新农村的一个亮点，也是其全面建设小康的一个特色和全村人民共享的财富和资源，更为其他资源型村庄在进行转型发展和村庄规划提供了经验和借鉴。

第六章　乡村振兴背景下党建引领
文化治理的实现路径

没有高度的文化自信，没有文化的繁荣兴盛，就没有中华民族的伟大复兴。要坚持中国特色社会主义文化发展道路，激发全民族文化创新创造活力，建设社会主义文化强国。习近平总书记指出，中国特色社会主义文化，源自于中华民族五千年文明历史所孕育的中华优秀传统文化，熔铸于党领导人民在革命、建设、改革中创造的革命文化和社会主义先进文化，植根于中国特色社会主义伟大实践。发展中国特色社会主义文化，就是以马克思主义为指导，坚守中华文化立场，立足当代中国现实，结合当今时代条件，发展面向现代化、面向世界、面向未来的，民族的、科学的、大众的社会主义文化，推动社会主义精神文明和物质文明协调发展。要坚持为人民服务、为社会主义服务，坚持百花齐放、百家争鸣，坚持创造性转化、创新性发展，不断铸就中华文化新辉煌。

文化治理是国家治理的重要形态，更是乡村振兴的内在意蕴。从实践可以看出，虽然每个村庄的类型各不相同，文化治理特征也具有明显差异，但无论是传统德孝文化、红色革命文化，还是社会主义先进文化，都在乡村治理中发挥重要作用，其共同的内在逻辑就是将文化运用到村级治理当中，实现文化与治理的结合，将文化的软约束上升为治理的硬制度，不仅实现了治理有效，而且也培育了良好的村风民风。文化治理能否顺利进行有赖于三个因素，即个体文化汲取能力，社会文化协调能力以及国家文化主导能力。[①] 因此梳理文化治理的理论内涵和乡村建设的实践经验，从中发现和总结共同的客观规律及核心要素，就为乡村振兴战略背景下实践村庄文化治理提供了路径选择。

---

① 吴雅思.文化自信与文化治理：传统儒家伦理的当代功用 [J].学习与实践，2017（05）：118—123.

第一节 加强基层党的建设，强化核心价值导向

美国社会学家帕森斯通过对社会体系、人格体系和文化体系三者关系的分析，建构了结构功能主义理论体系。他认为，所谓文化体系，即"一个社会秩序的象征体系"[①]，由价值观、常规及象征符号组成。秩序的本质是"行动者内化了某种共有价值规范之后的行动动机的整合"[②]，要保证社会作为一个功能连贯一致的整体正常运转，价值观必须处于行动和制度的中心。实现乡村振兴必须要加强对农村的有效整合，而农村的有效整合关键在于发现一种持久的精神认同与强有力的组织力量。改革开放以来，随着市场经济的发展和经济利益关系的多元化、复杂化，社会出现了价值观和信仰多样化的趋势，严重影响了农村的稳定和发展。社会转型期是一个文化再造时期，必然要求通过文化治理来重塑人们的价值观和文化认同，建构具有强烈归属感的精神家园。"党政军民学，东西南北中，党是领导一切的"，农村基层党组织作为乡村治理中的核心，必然承担着教育群众、凝聚群众、重建精神家园的重任。

一、发挥农村基层党组织作用，开展形式多样思想教育活动

不断强化农村基层党组织的领导核心地位，把加强农村意识形态、乡风文明建设作为基层党组织的重点工作，创新党组织领导下乡村文化建设形式，将乡风文明与社会主义核心价值观的建设结合起来，充分发挥党员在乡村文化建设中的组织领导和模范带头作用，进而带动农村自治组织与民间组织的发展，奠定文化认同和价值引领的组织保障。同时，持之以恒地组织

---

① Talcott. Parsons, Action Theory and the Human Condition. New York: Free Press, 1978:168.

② Talcott. Parsons, The Structure of Social Action: A Study in Social Theory. New York: McGuire-Hill Book Company Inc.1951:26.

开展形式多样的党员群众思想教育活动。加强习近平新时代中国特色社会主义思想的宣传教育，加强党的基本理论、基本路线、基本方针和党的宗旨、党性、党纪、党的基本知识教育，增强党员群众学习的责任意识；充分发挥各类学习教育载体的作用，丰富学习教育内容方式，充分运用文体活动、现场体验、典型宣讲、互联网、新媒体等途径，满足基层党员群众多样化、便捷化、形象化的需求，引导树立正确的世界观、人生观、价值观。

二、充分利用农村各种公共场所，打造共同的精神文化空间

乡村不仅是居住共同体，更是生活共同体、情感共同体，而村落公共空间不仅集聚着农村各种人际关系和社会交往，更是塑造公共精神和共同价值观的重要场所。一方面，充分利用党员活动中心、村级活动场所、文化广场、文化礼堂等，将乡村公共生活空间与基层党组织建设结合起来，持续将党员教育活动向群众生活空间延伸，将群众公共生活空间打造为集公共服务、集体活动、基层自治和群众互助的社会化合作空间，充分动员和凝聚村民集体归属感；另一方面，找准基层党的建设与群众精神文化生活的结合点，打造集体认同、共同参与且具有村庄特色的文化符号或村庄精神文化地标，形成农民的情感认同、文化认同和公共精神，推动形成自助互助、多赢互惠以及共同在场、共建家园的社会格局。[1]

三、创新党领导下的文化活动方式，积极培育农村文化社群

文化活动具有氛围感染与价值导向的双重功能，而群众的价值认同和积极参与更是文化治理的本质要求和动力来源。文化有活动，才会有活力；文化治理只有群众参与，才有意义。因此基层党组织一方面要加强对文化建设的组织管理，整合村庄的文化资源，抓好设施和队伍建设，充分利用

---

[1]　杨敏，郑杭生.社会互构论：全貌概要和精义探微 [J].社会科学研究，2010（4）：102—107.

农村传统节庆习俗，经常性开展能够吸引不同层次、不同年龄群众喜闻乐见的集体文化活动，促进村民之间情感交流和互动交往，使群众获得精神上的满足和归属感。同时，要将文娱活动与农民精神家园结合起来，培养与激发农民共同体精神，强化共同体意识，尤其是通过由表及里、由浅入深的渐进式推进节奏，从唱歌跳舞、观看表演的文娱活动，到涵养民间生活规范的礼仪活动，逐渐向更高层次的构建基层社会公序良俗、充实丰富村民精神世界推进，体现日常生活养成的理念和路径。另一方面要积极营造多种形式的文化社群，发现、挖掘和积极培育具有共同活动、文化爱好的人口集聚，组建各种正式和非正式的群众性文化社团，通过文化社团有序地发展农村各类社会组织，激发群众的自觉治理。总之，通过文化活动和文化社群为村庄营造良好的人文氛围，潜移默化地教育群众，为群众的生活方式、行为习惯、道德情操和整体意识等涂上社会主义核心价值观的底色，激发群众共同参与乡村振兴的内生动力。

四、加强核心价值引领，大力培育农民集体主义与公共意识

"人天生是政治动物"，人从出生就是一个融入社会、适应社会的过程。马克思明确指出："只有在共同体中，个人才能获得全面发展其才能的手段，才可能有个人自由。"[①] 而公共意识作为公共精神的重要组成部分，是个体在现代社会共同体生活中价值认同和集体行动的前提，没有公共意识不仅会使个体对集体的情感和价值认同弱化，而且集体公共事务、公共资源和整体利益会受损，个体利益和个人发展也得不到有效保障。社会转型期是多种风险的叠加期，价值观多样化和利益关系的复杂化，使一个个分散的农民个体很难抵抗各种社会风险。同时，社会转型期也是一个价值再造和共同体重塑的过程，在这个过程中，通过培育农民的公共意识，进而形成强

---

① 中共中央马克思恩格斯列宁斯大林著作编译局. 马克思恩格斯文集（第1卷）[M]. 北京：人民出版社，2009：571.

烈的命运共存意识和集体主义精神，不仅可以形成集体合力，抵抗各种自然的、社会的和市场的风险，而且能够构建起农民具有强烈归属感的精神家园，有效提升农民参与公共事务和维护公共利益的主动性，推动传统农民向现代公民的转变。

一是加强社会主义核心价值观教育，正确处理个人利益和集体利益的关系。价值观处于行动和制度的中心，而集体主义是社会主义核心价值观的本质要求和基本原则。培育农民公共精神，要加强对农民价值观的整合，让农民充分认识到个人利益应当服从集体、民族和国家的整体利益，只有当整体利益壮大了，个人利益才能真实有效地得到保障。一方面，发挥农村基层党组织的政治功能，发挥党员的模范带头作用，通过党的教育和党员的示范作用，重塑农民集体主义精神，带领农民主动参与、维护和保障村庄公共事务、集体资源和整体利益，为乡村振兴提供强大的思想和组织保障；另一方面，广泛树立农民身边的榜样，大力创造和推出真实反映农村生产生活尤其是勇于奉献、乐于奉献的文艺作品，并采取符合农村特点的方式和载体，用群众的方式教育群众，不断提升广大农民实践公共精神的思想自觉和行动自觉。

二是加强农民共享理念的培育，构建"人人共建、人人共享"的理想状态。作为"五大发展理念"之一的共享理念充分反映了社会主义本质属性，而坚持共享发展，既追求人人享有，也要求人人参与、人人尽力。[①]这不仅与乡村振兴的目标路径一致，更与农民公共精神的培育天然契合。因此要将"没有共建就没有共享"的新发展理念贯彻到农民公共精神培育的整个过程，既要通过构建公平正义的外部资源支持来保障农民共享乡村振兴的红利，又要培育农民的精神自信。一方面，继续加大对农村惠民政策、资源扶持等外部输入，加快补齐农业农村短板，改变农村依然落后、农民依然贫穷的现实；另一方面，大力加强农民扶智、扶志力度，通过加大新型农民培训力度、提高农民知识、技能等素质和能力，提高对农民自身价

---

① 任理轩.坚持共享发展："五大发展理念"解读之五 [N].人民日报，2015-12-24（07）.

值的认识和精神自信，通过农民自身能力和信心的提升，盘活农村资源，自觉且自信地参与到乡村振兴中来，实现真正的共享。

三是要深入挖掘乡土社会文化资源，加强农民共同的情感联结和集体记忆。无论是传统社会，还是人民公社集体化时期，注重整体利益是中国人的精神特征。如"重义轻利""社会是人道德的扩大"等都"强调整体中个体间相互依存的关系"①，而集体主义更是马克思主义的核心内容。同时，农民文化生活与其公共精神的形塑呈现明显的正相关。② 可以说，传统的整体思维习惯、集体化时期集体劳动记忆和群众自发性的文化活动，都是培育农民公共精神的重要资源和基础。因此通过挖掘农村传统文化的家国一体、忠孝仁义、邻里互助、合作忍让等价值规范，发挥其在凝聚农民的情感认同、化解矛盾纠纷中的独特功能；通过加强传统文化义利观与现代文明公民教育结合，找寻马克思主义集体价值观和中华民族优良传统的契合点，为培育农民公共精神提供重要的社会基础和理论依据；通过整合村庄的文化资源，积极营造多种形式的文化社群，组建各种正式和非正式的群众性文化社团，经常性地开展群众喜闻乐见的文化活动，潜移默化地教育群众注重自我公共行为，养成良好的社会公德。

五、落实主体行动：发挥党员带头作用强化农民的公共责任

意识培养和制度规范，最终要落实在主体行为上。培育农民公共精神，最终要落脚到农民对公共设施、公共场所、公共资源等公共利益的维护行为上，这既是最基本的要求，也是最有效的途径。尤其是在乡村振兴的背景下，国家对农村的资源支持力度日益加大，各种公共资源、公共设施会日渐增多，且乡村振兴最有效的途径更在于充分整合和放大村庄集体资源的规模价值。因此，通过公共行为日常习惯的养成，有效规范农民对村庄

---

① 成中英. 文化伦理与管理：中国现代化的哲学反思 [M]. 贵阳：贵州人民出版社，1991：232.
② 吴春梅，席莹. 农村文化生活与农民公共精神的生长：机理与对策 [J]. 中南民族大学学报（人文社会科学版），2015（04）：90—94.

公共财物、公共资源、公共设施的公共责任，最终提高农民公共精神，推进农民实现向现代化公民的转变。

　　一方面，从日常行为中培育农民对公共资源维护的自觉性，将村庄各种公共产品和受益者利益结合起来，对农民日常行为进行奖惩；另一方面，要发挥农村党员和村干部的带头作用，村干部不仅要积极倡导、宣传保护公共财物的理念和价值，更要通过实际行动为群众带来榜样示范效应，用自己爱村护村、保护公共财物、爱护公共设施的实际行为来带领全村群体自觉主动地维护村庄公共基础设施。

第二节　健全乡村治理体系，巩固制度保障地位

　　在布局和落实乡村振兴战略的大背景下，培育公共精神对于强化农民乡村共同体的认同、推动乡村产业经济升级、改善乡村公共参与生活状态、重塑乡村道德和价值形态、维护乡村环境生态、增强乡村发展的内生动力等方面具有重要意义。培育农民公共精神是一个复杂的系统工程，不仅需要整合价值认同促进农民思维观念转变，还需要通过制度供给保障农民公共责任的落实。破解农民集体行动能力的全面衰落难题关系到实施乡村振兴战略成败的关键。[①] 公共精神强则集体行动能力强，这既离不开农民日常生产生活的价值观培育与道德约束，更离不开现代乡村治理体系的制度规范。因此培育农民公共精神，不仅要从价值认同和思维理念上强调农民的公共意识，而且要通过健全自治、法治、德治相结合的现代乡村治理体系，用制度体系建设来规范农民对村庄公共事务的自觉治理和主动治理，在全面推进乡村治理体系的现代化中同步推进农民的现代化。

---

① 王亚华，苏毅清.乡村振兴：中国农村发展新战略 [J].中央社会主义学院学报，2017（06）.

一、继续夯实村民自治制度

农民通过基层民主自治对村庄公共事务实行自我管理、自我服务、自我教育、自我监督，本身就是一种公共精神的体现。同时，民主从根本上说是一种"利益均衡机制"[①]，农民通过村庄公共权力配置保障集体利益和个人利益得到最大限度的满足。无论从民主权利的实现，还是从利益保障来说，落实村民自治制度，加强"四权同步"建设，让村民真实广泛且有效地参与到乡村治理和公共资源的管理决策当中，这是培育和提高农民公共精神最直接最有效的保障。

二、大力加强农村法治建设

法律是公共利益的载体，法治是现代文明的标志，坚持依法治理、运用法治思维和法治方式解决问题，就是一种最根本的公共精神。[②] 加强农村法治建设是培育农民公共精神最基本的制度保障。一是要坚决杜绝"权大于法"的传统人治现象，加强对违反公共精神行为的依法治理力度，全面提升基层干部的法治意识和依法办事能力，让农民从思想和行为上认识法律的全面性和权威性。二是建立法律下乡常态化服务机制，从内容、形式、人员、经费、场所等方面，全面提升送法下乡长效化和持续性。同时，要整合各方资源，建立法律服务社会支持系统，搭建社会支持网，整合政府、企业、高校、科研机构、新闻媒体、社会组织和社会志愿者各方资源，提升农村法治服务的整体效果。三是发挥法律和民俗治理的共同效益。乡村的现代化转型也是传统乡土秩序和现代法治秩序的融合过程，通过发挥乡规民约的作用，建立国家法和民间法的良性互动机制，发挥法律和民俗治理的共同效应。

---

① 徐勇.民主：一种利益均衡机制：深化对民主理念的认识 [J].河北学刊，2008（02）：1—5.
② 韩春晖.以法治呵护公共精神成长 [N].人民日报，2014-01-06（05）.

三、创新德治制度实现形式

德治能否发挥作用关键在于村民能否用共同约定的道德规范进行自我约束，而公共精神本身也是一种公民美德在公共行为上的表现。因此除了加强传统优秀文化和现代公民道德的宣传教育外，更要通过德治的制度建设约束农民的公共行为，即通过建立农民公共参与、具有集体获得性认同的现代村规民约，并将村规民约与道德约束机制紧密结合，以村规民约制度化建设规范农民的公共行为、促进其履行公共责任。同时，发挥道德评议会、村民议事会、乡贤理事会等群众自治组织作用，利用村规民约对村民日常言行进行道德教育和社会评议，并充分利用农民爱面子、重评论的乡土心理，以集体督促和名誉自查的形式提高村民的道德自觉和行为规范。

第三节　挖掘乡土文化资源，激发农民情感认同

一个社会没有文化认同，就像被掏空了血肉变成了冷的和无历史的。[①]文化作为一种软约束、软治理，发挥文化治理在乡村振兴的作用，不仅需要一定的组织、载体和平台，更需要进行资源整合，实现文化认同。"优秀传统文化是一个国家、一个民族传承和发展的根本，如果丢掉了，就割断了精神命脉。"[②]对于广大农村地区来说，基于血缘和地缘关系共同形成的传统乡土文化是其共同的精神支柱，当前乡村的衰败更深层次是传统乡土文化的丧失。文化兴则乡村兴，文化强则乡村强。党的十九大报告提出要"深入挖掘中华优秀传统文化蕴含的思想观念、人文精神、道德规范，结合时代要求继承创新，让中华文化展现出永久魅力和时代风采"。因此深入挖掘和整理传统乡土优秀文化的治理资源，并实现与现代文明相结合的创造性

---

① [美]乔纳森·弗里德曼.文化认同与全球性过程[M].郭健如，译.北京：商务印书馆，2004：11.

② 高琼.五个维度解读习近平传统文化观[J].思想政治工作研究，2017（06）：11—13.

转化、创新性发展，同时以乡情乡愁为纽带吸引和凝聚各方乡贤投身乡村振兴，是当前乡村文化治理的关键和重点。

一、挖掘、整理和利用传统文化资源，形成共同的情感认同

文化治理的关键在于如何重建共同体精神。在相当长的一段时间内，农村仍是农民的最终归宿和精神家园，挖掘在农村有深厚传统基础的德孝文化、乡规民约、家国一体等规范，找回传统社会村民中确定性的情感交往，是当下乡村文化治理的关键。首先，大力实施乡村文化记忆工程，比如编辑整理村史村志、村歌村谣、历史名人，建立村庄博物馆，开展文化活动等，通过村庄文化建设提高农民的文化自信，通过文化自信形成村民共同文化认同，推动村民参与乡村公共事务。其次，挖掘提升优秀乡村传统文化内涵。深入挖掘和阐发中华优秀传统文化中蕴含的忠厚仁义、孝老爱亲、扶危济困、邻里互助、自强不息、合作忍让等人文思想及精神要义，发挥其教育劝化、凝聚共识、规范秩序的独特功能。如广泛征集提炼家风家训，从家谱、故居、祠堂、牌坊等历史遗存中挖掘民间蕴藏的丰富家风家训资源，挖掘整理具有地域特色的乡村礼仪和文化内涵，让广大村民知礼、重礼、行礼。再次，充分挖掘和整合农村传统文化中的道德力量、伦理教化、文明传承底蕴、示范引领作用等，使之成为乡村治理的润滑剂，正式规则和非正式规则之间互相补充，形成兼具乡土性与现代性的现代乡村治理模式。如鼓励引导各村充分发掘优秀传统文化和地方性区域文化，充分利用村民对历史文化名人的尊崇与信仰，探索适合本村村情的矛盾纠纷社会化调解机制。

二、发掘优秀传统文化的当代价值，实现传统与现代的结合

党的十九大报告提出要"推动中华优秀传统文化创造性转化、创新性发展"。继承和弘扬优秀传统文化，不是抱残守缺、倒退复古，而是要以实

践为基、以时代精神为导向进行创造、创新和发展，做到古为今用、以古鉴今、鉴别对待、扬长弃短。首先，在挖掘传统乡土文化资源中要注意对封建陋俗文化的鉴别和剔除。当前仍有部分农村社会存在封建陋俗附着于乡村文化表面的现象，诸如缺乏科学精神、缺乏法治观念、封建迷信活动较为猖獗、代际及性别之间缺乏平等观念等。因此在弘扬传统文化的过程中要结合移风易俗行动有效剔除附着其中的陋俗。其次，实现传统文化与现代文明相结合，大力实施乡村文明素质提升工程。一方面，深入挖掘乡村熟人社会蕴含的道德规范；另一方面，将弘扬社会主义核心价值观和继承中华民族优良传统结合起来，形成新的社会道德标准，尤其是要把社会主义核心价值观融入农村生产生活，发挥先进文化的渗透、辐射凝聚和引领作用，把优秀乡村文化内化为农民判断是非、明确行动的价值标准。

三、实施乡村人才培育与成长工程，整合乡村各类治理资源

乡村振兴需要人才支持，文化治理更需要人才支撑，而模范先进代表是乡村振兴的重要力量，重视人才更是中华优秀传统文化的重要组成部分。"传统时代，他们被认同为乡土社会里德行高尚，且于乡里公共事务有所贡献的人。"[1] 当代，成长于乡土、奉献于乡里，在乡民邻里间威望高、口碑好的农村优秀基层干部、道德模范、身边好人等先进典型，对于促进社会主义核心价值观扎根乡村、推进乡村治理现代化具有重要意义。[2] 一要大力实施农村新型人才培育与成长工程，以资源返乡、影响力返乡、技术返乡、智力返乡、资金返乡等方式，建立有效吸纳机制，以乡情乡愁为纽带，完善相关的激励政策，畅通外出人才与乡村信息的互联互通机制，吸引支持各类人才通过各种方式服务乡村振兴事业；二要培育有地方特色和时代精神的模范文化，鼓励发展理事会、参事会、议事会等新型社会组织，注意

---

[1]　王先明. 乡贤：维系古代基层社会运转的主导力量 [J]. 山西青年，2014（11）.
[2]　黄海. 重视"软约束""软治理"用新乡贤文化推动乡村治理现代化 [N]. 人民日报，2015-09-30（07）.

关心人才在外的发展，密切其与家乡的联系，增强外出人才对家乡的归属感、荣誉感和责任感，引导他们关心乡村、振兴乡村；三要立足本地开展青年人才培育工作，推动本地民间人才的培养与挖掘，通过建立人才信息库，设立同乡会、理事会等组织，为返乡群体提供施展才华的平台，充分发挥他们的示范引领作用，实现宝贵人才资源从乡村流出再到返回乡村的良性循环。

第四节　发挥村规民约作用，实现集体自觉治理

破解农村治理困境是实施乡村振兴战略成败的关键，而当前我国农村面临的治理危机实质上是在农村社会结构深刻转型及农村体制急剧变迁背景下，农村集体行动能力的逐渐衰落。[①] 实现文化治理就是要在强化价值认同和文化认同的基础上，通过多元主体之间的良性互动，共同制定完善乡村的各种制度，实现集体行动的自觉治理。要健全自治、法治、德治相结合的乡村治理体系，而村规民约作为"党组织领导下自治、法治、德治相结合的现代基层社会治理机制的重要形式"，是一种非官方的农村居民自我认同的民间规范体系，同样也就构成了文化治理的重要方式和载体。

一、以民主参与制定高认同的村规民约

现代村规民约是基于民主、法律的认同，是伴随着政治民主化和法治化所体现出的民主参与和集体的获得性认同，是在乡村社会的变迁中逐渐形成的居民对乡村治理方式的认同。[②] 因此在制定村规民约时首先要加强政治领导，建立审查机制，对村规民约的内容进行合法性和道德性审查，按

---

① 王亚华，苏毅清．乡村振兴：中国农村发展新战略 [J]．中央社会主义学院学报，2017（06）．

② 祝丽生．积极培育现代村规民约 [J]．人民论坛，2018（13）．

照法律、法规与党的方针、政策的规定和要求，坚持价值引领，规范村规民约的制定和修改工作。其次，要充分考虑当地文化特质、风俗习惯、历史民情等因素，建立通俗易懂、简便易行且符合当地实际的内容，不断增强传统村规民约的现代价值。最后，不能为了制定村规民约而制定村规民约，必须扩大村民的民主参与范围，严格执行村规民约制定或修订的民主程序，集中群众意见，增强群众参与性获得性认同。

二、切实发挥村规民约的有效治理功能

把传统优秀道德文化、现代法治精神以及村庄历史风俗融入村规民约的具体内容中，引导村民在既有的村规民约中开展自治，又回应村民对现代法律的制度需求。充分发挥村规民约在解决农村法律、行政、民事纠纷等领域突出问题中的独特功能，弘扬公序良俗，促进自治、法治、德治的有机融合。构建教化与引导、激励与约束、自律与他律相结合的长效机制，使村规民约成为村民自我教育、自我管理、自我服务、自我约束的行为规范。

三、构建农民自觉的道德激励约束机制

道德的激励和约束是自觉治理的核心和生命力所在，村规民约最重要的价值就是让村民用自己的价值规范进行自我约束，核心就是要将村民普遍认同的道德准则、道德规范、道德意识和道德心理，通过村民的自主行动和集体认同，内化为农民的行为指南。因此将村规民约作用的发挥与道德约束机制紧密结合，以村规民约的方式创新自治、法治、德治相结合的实现形式。一方面，要壮大和发挥村级道德评议会、村民议事会和红白理事会等群众自治组织作用，利用村规民约对村民日常言行进行道德教育和社会评议，对遵守村规民约的言行予以褒扬，对违反村规民约的人和事进行评议剖析、批评教育，用集体督促的形式使违反者受到教育、改正错误；

另一方面，建立道德评议平台，在村庄显著位置建立固定的道德点评台，或者依托村务公开栏、宣传栏、广播站等载体设立道德点评台，并按照德高望重、热心服务、办事公道、公平公正、善于说理的标准，组建由村民自愿报名或推荐的老党员、老干部、老教师、老村民等组成的道德评议队伍，充分利用农民爱面子、重评论的乡土心理，以社会监督和名誉自查的形式提高村民的道德自觉和行为规范。总之，就要通过以村民自治和道德教化的力量，让村规民约真正发挥作用，推动乡风民风文明建设。

第五节　改革政府服务方式，发挥农民主体作用

政府公共文化服务的本质目的就是构建一种公共性，尤其在社会转型期农村公共性日趋衰落的背景下，公共文化服务将发挥越来越重要的社会治理功能，而"公共文化服务既是文化治理的一种形式，也是文化治理的一项内容"[1]。当前在我国农村地区，依然存在政府公共文化供给与农民的文化需求脱节的情况，从而导致政府所提供的文化资源在乡村建设和治理工作中难以发挥作用。传统治理模式的一个突出表现是公共权力资源配置的单极化和公共权力运用的单向性[2]，乡村的文化治理是一个复杂的系统工程，需要政府、村庄、村民以及各种社会力量的共同参与。因此要发挥政府公共文化服务在乡村文化治理中的功效，就必须深化政府公共文化服务供给方式改革，切实发挥农民在乡村文化建设中的主体作用。

一、坚持把社会效益放在首位，深入实施文化下乡惠民工程

一方面，加大资源整合力度，建立稳定的财政投入机制，加强农村文

---

① 吴理财．把治理引入公共文化服务 [J]．探索与争鸣，2012（06）．
② 徐勇．乡村治理与中国政治 [M]．北京：中国社会科学出版社，2003：357—358．

物保护利用和文化遗产保护传承，把更多的资源、服务下放到农村，提高农村文化资源的配置效率，推进农村地区公共文化设施提档升级，推动城乡基本公共文化服务标准化均等化；另一方面，要加大文化惠民服务力度，持续开展文化惠民系列活动，大力创新订单式、菜单式的服务方式，为农村提供多样化的精神食粮，共享文化改革发展成果。同时，吸引社会资金投入农村文化设施建设，鼓励、扶持、引导村民自办文化，广泛采取购买服务、项目补贴、以奖代补等方式，支持社会各类文化组织和机构参与农村公共文化服务，形成政府主导、社会参与、多元投入的发展格局。

二、大力创造农民满意的文化产品，丰富乡村精神文化活动

"文化是人民的文化"①，学习了群众的语言，掌握了群众的喜好，用群众的方式教育群众，就有可能"去表现工农兵群众，去教育工农兵群众"②。首先，要坚持以人民为中心的创作导向，动员组织广大文艺工作者，深入农村改革发展第一线，推出有态度、有温度、有厚度、有力度的文化产品，以社会主义核心价值观为引领，以群众喜闻乐见的戏曲、曲艺、说唱、快板、琴书等民间艺术形式为载体，切实加大"三农"题材文艺创作生产力度，不断推出反映农村生产生活，尤其是乡村振兴实践的优秀文艺作品。其次，采取符合农村特点的方式和载体，动员农民积极参与，充分发挥文化产品在敦风化俗、成风育人等方面的教育引导作用，不断提升广大农民践行社会主义核心价值观的思想自觉和行动自觉。

三、探索项目自主式服务供给方式，充分发挥农民主体作用

农民是乡村振兴的主体力量，也是乡村振兴的直接受益者，在实施乡

---

① 毛泽东.毛泽东选集（第3卷）[M].北京：人民出版社，1991：1012.
② 毛泽东.毛泽东选集（第3卷）[M].北京：人民出版社，1991：708.

村振兴战略过程中，各级地方政府必须尊重农民主体地位，发挥农民主体作用，而文化是人民创造的，文化的发展、繁荣，当然需要广大人民群众的积极参与。对于现代政府而言，充分吸纳或调动在行政系统之外的基层治理资源，这既是公共服务最佳提供方式，也是实现乡村文化治理的关键所在。因此要以供给侧结构性改革为依托，探索项目自主式文化服务方向，即改变原有的政府单方面配置文化项目的方式，鼓励村两委组织动员农民群众，群策群力、集思广益，根据自身资源优势设计适合本村的文化项目，政府在充分评估、研判的基础上，采取以奖代补等方式予以支持，并做好指导、监督、验收等工作。项目自主的最大优势，既可以实现项目供给与村庄需求的双向互动，改变政府供给与农民需求脱节的情况，又可以针对不同区域乡村的差异性，提高公共资源的配置效率，更可以盘活农村现有资源，激活农民主体参与乡村文化建设、文化治理的积极性，变灌输式文化服务的强制认同为互动式的自觉认同，增强乡村振兴的内在动力。

马克思主义认为，人们为之奋斗的一切，都同他们的利益有关。[①] 农民公共精神的培育，是意识、制度和行动的统一体，意识是前提，制度是保障，行动是结果，关键在于通过制度保障农民公共意识和公共行动的一致性，核心在于寻求集体利益和个体利益的协调性和一致性。"凡是涉及农民直接利益时，他们往往会参与到公共事务中并紧密关注公共资源的使用，一旦无关联或关联程度较低，其对公共事务的参与和维护公共资源的意愿便会大大降低。"[②] 因此，从根本上说，培育农民公共精神关键在于加强利益联结，即在壮大村庄集体经济和公共福利基础上，构建公平正义的利益分配和共享机制，从本质上内化村民的公共精神，才能形成乡村振兴长远持久的内在动力。

而要实现村庄集体利益和农民个人利益的互生共赢，一方面，要通过

---

① 中共中央马克思恩格斯列宁斯大林著作编译局.马克思恩格斯全集（第1卷）[M].北京：人民出版社，2009：187.

② 夏国锋.农民的生活伦理与公共精神及其对新农村文化建设的政策启示：基于5省20村的调查[J].农业经济问题，2011，35(12)：73—81+111—112.

现代民主价值倡导,让农民充分理解民主制度、民主权利和集体行为在保护集体利益中的重要作用,让农民形成保护和增进集体利益的共同行为;另一方面,要通过机制创新,加强对农村集体资源资产的民主管理和利益共享,破除农民参与村庄集体资源经营分配、公共事务决策管理的制度障碍。加强村庄集体财务、集体资源的公开程度和实现形式,充分保障保障农民对村庄公共事务的知情权、参与权和决定权。尤其是要注重集体资产资源分配中的公平性,充分保障农民作为集体成员的权利和利益,并不断提高农民的组织化能力,增强集体行动能力,以农民有力、有效的主体参与能力,从根本上实现对村庄公共资源和公共事务的集体治理,最终实现资源共享和共同富裕。

附录 创建文化治理
示范村（社区）的基本指标

本项目设计的考核指标主要反映乡村文化治理示范创建的基本情况，共设置了3个测评项目，分别是管理有序、服务完善、文明祥和，并细化为9个二级指标和40个三级指标，为各地开展乡村文化治理提供参考。具体如下表：

项目	类别	指标	权数
Ⅰ-1 管理 有序	Ⅱ-1 推进 有力	（1）县、乡建立农村文化治理协调议事机制，定期召开会议研究部署农村社区特色文化建设与治理工作； （2）农村文化发展规划、文化服务供给和文化建设规划配套衔接； （3）农村文化设施建设经费、从事文化活动工作人员报酬待遇、文化培训经费等纳入财政预算； （4）县、乡两级鼓励农村社区发展特色文化产业。 符合上述4项指标为A，符合3项指标为B，其余情形为C	10
	Ⅱ-2 机制 健全	（1）建立村党组织领导、村民委员会牵头，多元主体共同治理的农村文化治理格局，村党组织文化引领作用充分发挥、村民文化活动机制充满活力； （2）村民会议、村民代表会议制度健全，农村社区文化治理协商形式多样、程序规范、落实有力，农村社区公共文化事务和公益事业均通过利益相关方协商解决； （3）文化组织、文化社群参与监督机构普遍建立并依法参与民主监督，每年至少组织进行1次民主评议； （4）依法制定村民自治章程、村规民约和正式或非正式的文化行为准则； （5）建立农村社区、社会组织、社会工作联动机制，社区社会组织积极承接政府购买的文化服务项目； （6）建有相关农村留守儿童和妇女、老人、困境儿童和残疾人等特殊群体的文化服务机制或活动。 符合上述6项指标为A，符合4项指标为B，其余情形为C	12

项目	类别	指标	权数
Ⅰ-1 管理有序	Ⅱ-3 参与广泛	（1）农村居民参与文化治理权利得到切实保障，参与渠道畅通； （2）党代表、人大代表、政协委员定期联系农村社区，驻农村社区机关、团体、部队、企事业单位积极开展文化治理的共驻共建； （3）农村社区其他社会组织支持、参与农村社区特色文化治理； （4）农村社区面向居民开展的文化教育培训项目（活动）每年不少于1次； （5）农村社区文化体育活动丰富多彩，农村社区开展唱歌跳舞、观看表演等文体活动； （6）除文体娱乐活动以外的其他精神文化活动每月不少于1次。 符合上述6项指标为A，符合4项指标为B，其余情形为C	12
Ⅰ-2 服务完善	Ⅱ-4 设施完备	（1）建有农村社区综合文化服务设施和室外活动场所，综合文化服务设施建筑面积每百户不低于30平方米，单体面积不低于300平方米，室外活动场所不少于1000平方米，辐射半径不超过3公里； （2）综合文化服务设施中设有农家书屋、健身活动室、卫生室、人口和计划生育服务室，建有农村社区教育教学点、老年人照料服务设施、残疾人照料服务设施和必要的无障碍设施、儿童之家、幼儿园，并可为实体书店提供场地； （3）农村社区文化资源保护与传统信息化设施建成应用，依托农村社区公共服务综合信息平台提供"一号""一窗""一网"式服务； （4）村域内有多处精神文化地标、特色文化标识、特色文化宣传廊和文化传播平台，建有农村社区文化活动志愿服务站点。 符合上述4项指标为A，符合2项指标为B，其余情形为C	12
	Ⅱ-5 队伍齐全	（1）有从事文化治理的分管领导或配有不少于1名社区文化活动、文化宣传工作专业人才或村庄能人； （2）有热衷于从事文化资源挖掘、保护、传播、调解纠纷的村庄能人或相关组织； （3）建有文化体育活动指导员和社会体育指导员专兼职队伍，有2支以上的文化宣传队伍或社区体育组织； （4）培养乡土文化能人、特色民间文化传承人等各类文化人才，传承非物质文化遗产、优良民风民俗和特色文化资源培养乡土文化能人、民族民间文化传承人等各类文化人才或典型人物； （5）有农村社区居民自发形成正式与非正式的1—2个相关特色文化组织、文化社群； （6）有经常开展文化活动的1—2个农村社区志愿服务组织，农村社区志愿者注册率不低于常住人口总数的13%。 符合上述6项指标为A，符合4项指标为B，其余情形为C	12

项目	类别	指标	权数
Ⅰ-2 服务完善	Ⅱ-6 技术创新	（1）推进"互联网+"信息技术在文化服务机制中的应用，将微信公众号、智慧社区APP软件、客户端等互联网技术手段深入农村社区，搭建起群众参与社区文化建设、文化活动网上互动平台； （2）特色文化在传播、宣传、教育等方面新信息技术、通信技术、新媒体技术的运用； （3）特色文化的挖掘、保护、传承等方面的新技术运用。 符合上述3项指标为A，符合2项指标为B，其余情形为C	8
Ⅰ-3 文明祥和	Ⅱ-7 环境优美	（1）乡容村貌整洁优美，改水、改厨、改厕、改圈成效显著，使用清洁能源的农户比例达70%以上，饮水安全覆盖率100%，卫生厕所普及率80%以上； （2）建立卫生保洁制度，实行垃圾集中收集转运、污水处理，建立农村废弃物循环利用机制，无污水乱排、垃圾乱扔、秸秆随意抛弃和焚烧等脏、乱、差问题； （3）自然生态良好，绿化率较高，历史文化遗产、古树名木等受到有效保护；传统村落保存良好，传统建筑得到保护修缮。 符合上述3项指标为A，符合2项指标为B，其余情形为C	10
	Ⅱ-8 秩序良好	（1）农村社区内治安良好，突发性治安事件得到及时处置，重大治安问题、刑事案件和火灾隐患得到有效处置； （2）建立农村矛盾纠纷文化调解与治理机制，及时开展矛盾纠纷排查预防化解工作； （3）建立自然灾害、事故灾难、公共卫生事件和社会安全事件应急管理机制； （4）农村社区内无群体性事件，无邪教组织和传销组织，无黄赌毒现象和无牌无证机动车； （5）人民调解、社会服务、教育科技体育等基本文化服务进入农村社区。 符合上述5项指标为A，符合3项指标为B，其余情形为C	12
	Ⅱ-9 关系和谐	（1）每年开展1次以上集中性社会主义核心价值观宣传教育活动；开展文明村、文明家庭、"我们的节日"等群众性精神文明创建活动；开展传承弘扬好家风、好家训等主题实践活动； （2）农村居民养成爱护环境、节约资源的生活习惯，形成崇尚科学、热爱学习、尊老爱幼、扶贫济困，厚养薄葬、移风易俗的社区风尚； （3）农村社区内村民关系、邻里关系、干群关系融洽，各民族团结和睦，少数民族习俗受到尊重。 符合上述3项指标为A，符合2项指标为B，其余情形为C	12

参考文献

一、著作类

[1] 中共中央马克思恩格斯列宁斯大林著作编译局 . 马克思恩格斯全集（第 1 卷）[M]. 北京：人民出版社，2009.

[2] 马克思 . 资本论（第 1 卷）[M]. 北京：人民出版社，2004.

[3] 毛泽东 . 毛泽东选集 [M]. 北京：人民出版社，1991.

[4] 邓小平 . 邓小平文选 [M]. 北京：人民出版社，1994.

[5] 习近平 . 习近平谈治国理政（第 3 卷）[M]. 北京：外文出版社，2020.

[6] 习近平 . 摆脱贫困 [M]. 福州：福建人民出版社，1992.

[7] 人民日报评论部 . 习近平用典 [M]. 北京：人民日报出版社，2015.

[8] 中央档案馆 . 中共中央文件选集 [M]. 北京：中共中央党校出版社，1991.

[9] 武乡县志编纂委员会 . 武乡县志 [M]. 太原：山西人民出版社，1986.

[10] 侯外庐 . 中国思想通史（第 1 卷）[M]. 北京：人民出版社，1957.

[11] 朱贻庭 . 中国传统伦理思想史 [M]. 上海：华东师范大学出版社，1989.

[12] 梁漱溟 . 梁漱溟全集（第 3 卷）[M]. 济南：山东人民出版社，1990.

[13] 王沪宁 . 当代中国村落家族文化：对中国社会现代化的一项探索 [M]. 上海：上海人民出版社，1991.

[14] 成中英 . 文化伦理与管理：中国现代化的哲学反思 [M]. 贵阳：贵州人民出版社，1991.

[15] 杨光斌 . 政治学导论 [M]. 北京：中国人民大学出版社，2004.

[16] 费孝通 . 乡土中国 [M]. 南京：江苏文艺出版社，2007.

[17] 董江爱 . 精英主导下的参与式治理：建设社会主义新农村的常平之路

[M]. 太原：山西人民出版社，2007.

[18] 徐勇. 乡村治理与中国政治 [M]. 北京：中国社会科学出版社，2008.

[19] 徐勇. 现代国家、乡土社会与制度建构 [M]. 北京：中国物资出版社，2009.

[20] 谭建光. 中国农村志愿服务发展报告 [M]. 北京：人民出版社，2010.

[21] 徐勇，邓大才. 再领先一步 [M]. 北京：中国社会科学出版社，2012.

[22] 俞可平. 敬畏民意：中国的民主治理与政治改革 [M]. 北京：中央编译出版社，2012.

[23] 俞可平. 论国家治理现代化 [M]. 北京：社会科学文献出版社，2014.

[24] 胡惠林. 文化政策与治理 [M]. 上海：上海人民出版社，2015.

[25] 李利宏. 煤矿产权结构与资源型村庄治理 [M]. 北京：中国社会科学出版社，2016.

[26] 张森. 文化治理：理论演进、西方模式与中国路径 [M]. 北京：中国政法大学出版社，2017.

二、论文类

[1] 习近平. 在文化传承发展座谈会上的讲话 [J]. 求是，2023（17）.

[2] 习近平. 在山西考察工作时的讲话 [N]. 人民日报（海外版），2020-05-13（02）.

[3] 习近平. 把乡村振兴战略作为新时代"三农"问题的总抓手 [J]. 求是，2019（11）.

[4] 习近平. 用好红色资源，传承好红色基因，把红色江山世世代代传下去 [J]. 求是，2021（10）.

[5] 习近平. 为党的十九大胜利召开营造良好环境 [N]. 人民日报（海外版），2017-06-24（01）.

[6] 习近平. 在第十八届中央纪律检查委员会第六次全体会议上的讲话 [N]. 人民日报，2016-05-03（02）.

[7] 习近平.向全国亿万农民祝贺中国农民丰收节 [N]. 人民日报，2018-09-23（01）.

[8] 习近平.严肃党内政治生活 净化党内政治生态 [N]. 人民日报，2016-06-30（01）.

[9] 习近平.在党的群众路线教育实践活动总结大会上的讲话 [N]. 人民日报，2014-10-08（01）.

[10] 习近平.坚持从严治党落实管党治党责任 把作风建设要求融入党的制度建设 [N]. 人民日报，2014-07-01（01）.

[11] 王若飞.我们是怎样在敌后抗日根据地建设起民主主义的政治 [N]. 解放日报，1942-07-07.

[12] 药英，王照骞.八路军总部在武乡 [J]. 山西师院学报（社会科学版），1982（04）.

[13] 王慎行.论西周孝道观的本质 [J]. 人文杂志，1991（02）.

[14] 俞可平.治理和善治：一种新的政治分析框架 [J]. 南京社会科学，2001（09）.

[15] 何增科.人类发展与治理引论 [J]. 马克思主义与现实，2002（06）.

[16] 魏国英.党的三代领导人关心太行老区和八路军太行纪念馆 [J]. 文物世界，2002（06）.

[17] 董江爱.山西抗日根据地的村政改革 [J]. 党史研究资料，2004（06）.

[18] 马迎贤.组织间关系：资源依赖视角的研究综述 [J]. 管理评论，2005（02）.

[19] 郭亚哲，韩伟.八路军总部在太行 [J]. 华北民兵，2005（11）.

[20] 庄锡福，张纯广，邹宗云.转型期村庄权力诸因素分析 [J]. 华南农业大学学报（社会科学版），2006（01）.

[21] 贺雪峰.中国农民价值观的变迁及对乡村治理的影响：以辽宁大古村调查为例 [J]. 学习与探索，2007（05）.

[22] 申端锋.农村生活伦理的异化与三农问题的转型 [J]. 中国发展观察，2007（10）.

[23] 王歌.王家峪八路军总部 [J].文史月刊,2007(11).

[24] 黄锐.社会资本理论综述 [J].首都经济贸易大学学报,2007(06).

[25] 徐勇.民主:一种利益均衡的机制——深化对民主理念的认识 [J].河北学刊,2008(02).

[26] 吴开松.简论公共精神的现代内涵 [N].光明日报,2008-11-04(10).

[27] 徐勇,慕良泽.新时期党内民主建设的主要特点和经验 [J].探索与争鸣,2008(11).

[28] 秦菊波.论现代公共精神与公民公共意识 [J].江西科技师范学院学报,2009(06).

[29] 杨敏,郑杭生.社会互构论:全貌概要和精义探微 [J].社会科学研究,2010(04).

[30] 关健英.文化传统视野下的中国古代德治主义 [J].道德与文明,2011(01).

[31] 卢福营.派系竞争:嵌入乡村治理的重要变量:基于浙江省四个村的调查与分析 [J].社会科学,2011(08).

[32] 刁龙.试论血缘家庭变化对道德教育的影响 [J].学习与实践,2011(12).

[33] 曹子洋.抗日战争时期中国共产党反腐倡廉的基本经验探析 [J].党史文苑,2011(20).

[34] 夏国锋.农民的生活伦理与公共精神及其对新农村文化建设的政策启示:基于5省20村的调查 [J].农业经济问题,2011,35(12).

[35] 王丽.公共治理视域下乡村公共精神的缺失与重构 [J].行政论坛,2012,19(04).

[36] 吴理财.把治理引入公共文化服务 [J].探索与争鸣,2012(06).

[37] 尤琳,陈世伟.后税费时期乡镇政府治理能力研究 [J].社会主义研究,2013(06).

[38] 胡惠林.国家文化治理需让更多公民参与 [N].光明日报,2013-11-14(02).

[39] 韩春晖.以法治呵护公共精神成长 [N].人民日报,2014-01-06(05).

[40] 吴理财.文化治理的三张面孔 [J].华中师范大学学报(人文社会科学版),

2014，53（01）.

[41] 田毅鹏. 村落过疏化与乡土公共性的重建 [J]. 社会科学战线,2014（06）.

[42] 王先明. 乡贤：维系古代基层社会运转的主导力量 [J]. 山西青年，2014
（11）.

[43] 黄海. 重视"软约束""软治理"用新乡贤文化推动乡村治理现代化 [N],
人民日报，2015-09-30（07）.

[44] 杨耕. 文化的作用是什么 [N]. 光明日报，2015-10-14（13）.

[45] 吴春梅，席莹. 农村文化生活与农民公共精神的生长：机理与对策 [J].
中南民族大学学报（人文社会科学版），2015（04）.

[46] 张凤如. 红星杨之歌:八路军总部旧址王家峪散记 [J]. 前进，2015（10）.

[47] 任理轩. 坚持共享发展："五大发展理念"解读之五 [N]. 人民日报，
2015-12-24（07）.

[48] 蔡文成，赵洪良. 结构·价值·路径：文化治理的内在逻辑与实践选择
[J]. 长白学刊，2016（04）.

[49] 辛宁. 中国乡村公共精神的缺失及建设 [J]. 四川行政学院学报，2016
（04）.

[50] 李秀红. 现代乡村需要公共精神的滋养 [J]. 人民论坛，2016（21）.

[51] 李威. 基层"微腐败"的危害及治理建议 [J]. 中共南京市委党校学报，
2016（06）.

[52] 龚维斌. 习近平贫困治理思想研究 [J]. 中共贵州省委党校学报,2016（04）.

[53] 乔运鸿，龚志文. 资源依赖理论与乡村草根组织的健康发展：以山西永
济蒲韩乡村社区实践为例 [J]. 理论探索，2017（01）.

[54] 吕晓勋. 把文化种子播入精神土壤：关于乡村振兴的思考 [N]. 人民日报，
2017-12-18（05）.

[55] 吴雅思. 文化自信与义化治理：传统儒家伦理的当代功用 [J]. 学习与实
践，2017（05）.

[56] 高琼. 五个维度解读习近平传统文化观 [J]. 思想政治工作研究，2017（06）.

[57] 王亚华，苏毅清. 乡村振兴：中国农村发展新战略 [J]. 中央社会主义学

院学报，2017（06）.

[58] 何齐宗，苏兰.我国公共精神研究的回顾与前瞻 [J].江西社会科学，2018（01）.

[59] 王慧斌，董江爱.产权与治权关系视角的村民自治演变逻辑：一个资源型村庄的典型案例分析 [J].中国行政管理，2018（02）.

[60] 邓万春.激发乡村振兴的内生动力 [N].中国社会科学报，2018-06-19（08）.

[61] 杜利娜.马克思的贫困理论及当代启示 [J].马克思主义研究，2018（08）.

[62] 王立剑，代秀亮.2020年后我国农村贫困治理：新形势、新挑战、新战略、新模式 [J].社会政策研究，2018（04）.

[63] 杨郁，刘彤.国家权力的再嵌入：乡村振兴背景下村庄共同体再建的一种尝试 [J].社会科学研究，2018（05）.

[64] 石瑾.红色村庄的活态传承与保护探析 [J].党史博采（理论），2018（07）.

[65] 祝丽生.积极培育现代村规民约 [J].人民论坛，2018（13）.

[66] 郭劲光，俎邵静.参与式模式下贫困农民内生发展能力培育研究 [J].华侨大学学报（哲学社会科学版），2018（04）.

[67] 谢治菊.论贫困治理中人的发展：基于人类认知五层级的分析 [J].中国行政管理，2018（10）.

[68] 姜土生.用社会主义先进文化占领意识形态阵地 [N].光明日报，2019-01-16（06）.

[69] 王洪树，张茂一.政治资源禀赋视角下新时代基层民主政治发展探析 [J].河南社会科学，2019，27（03）.

[70] 陈文新.大数据背景下的政治资源配置：可能性与实现路径 [J].宁夏社会科学，2019（05）.

[71] 莫光辉，皮劲轩.国家治理能力现代化视域下贫困治理体系优化策略：2020年后中国减贫与发展前瞻探索系列研究之二 [J].学习论坛，2019（04）.

[72] 庞明礼.领导高度重视：一种科层运作的注意力分配方式 [J].中国行政管理，2019（04）.

[73] 陶鹏，初春.府际结构下领导注意力的议题分配与优先：基于公开批示

的分析 [J]. 公共行政评论, 2020（01）.

[74] 陈木标 . 乡村振兴视域下地方红色文化资源开发利用研究：以广东省化州市柑村村为例 [J]. 老区建设，2021（16）.

[75] 吴春宝 . 新时代乡村建设行动中的农民主体性功能及其实现 [J]. 长白学刊，2022（01）.

[76] 刘晓哲，魏巍 . 充分运用红色资源的理论价值及实践价值 [J]. 人民论坛，2022（02）.

[77] 龙金菊，梁正海 . 红色美丽村庄建设中红色革命遗址保护与利用：基于贵州石阡困牛山红色革命遗址的考察与思考 [J]. 铜仁学院学报，2022（04）.

[78] 王晓毅 . 坚持农民主体地位是实现高质量乡村振兴的保障 [J]. 人民论坛，2022（05）.

三、译著类

[1] [法] 孟德斯鸠 . 论法的精神（上卷）[M]. 许明龙，译，北京：商务印书馆，2012.

[2] [美] 阿历克斯·英格尔斯 . 人的现代化：心理·思想·态度·行为 [M]. 殷陆军，译，成都：四川人民出版社，1985.

[3] [美] 克利福德·格尔茨 . 文化的解释 [M]. 韩莉，译 . 南京：译林出版社，1999.

[4] [德] 斐迪南·滕尼斯 . 共同体与社会 [M]. 林荣远，译 . 北京：商务印书馆，1999.

[5] [美] 罗伯特·帕特南 . 使民主运转起来 [M]. 王列，赖海榕，译 . 南昌：江西人民出版社，2001.

[6] [美] 珍妮特·登哈特，罗伯特·登哈特 . 新公共服务：服务，而不是掌舵 [M]. 丁煌，译 . 北京：中国人民大学出版社，2004.

[7] [美] 乔纳森·弗里德曼 . 文化认同与全球性过程 [M]. 郭健如，译 . 北京：商务印书馆，2004：11.

[8] [德] 尤尔根·哈贝马斯 . 合法性危机 [M]. 刘北成，曹卫东，译 . 上海：
    上海世纪出版社，2009.

[9] [美] 加布里埃尔·A·阿尔蒙德，小 G·宾厄姆·鲍威尔 . 比较政治学：
    体系、过程和政策 [M]. 曹沛霖，等译 . 北京：东方出版社，2007.

后 记

  本书的撰写得益于笔者多年前完成的一个山西省软科学研究计划项目"山西农村特色文化资源挖掘与治理模式创新研究"（项目编号2018041016-4）。在该项目研究结束后，笔者就思考如何将农村文化建设和乡村治理结合起来，用文化来促进乡村的有效治理。随后在进行国家社会科学基金青年项目"贫困户集中安置区治理机制创新研究"（项目编号：20CZZ029）的研究过程中，更是深刻认识到加强文化治理、提高农民的内生动力和公共精神对构建和创新贫困户集中安置区治理机制，进而对推动巩固脱贫攻坚成果和乡村振兴的有效衔接的重要性。

  山西是文化资源大省，广大农村地区具有丰富多样的特色文化，在实践中也涌现出许多先进典型村庄，深入研究和探索乡村的文化治理，不仅需要大量的理论研究，更需要进行实地调研。在本书实证调研和撰写过程，得到了山西大学政治与公共管理学院、山西省高等学校哲学社会科学重点研究基地"城乡治理研究中心"的大力支持，尤其感谢董江爱教授长期的指导，陈晓燕副教授、史亚峰副教授、张嘉凌副教授以及山西传媒学院的何璐瑶、山西师范大学王文祥等老师提出的宝贵建议。在本书的研究过程中，我们研究团队经常性地开展讨论会、交流会和总结会，尤其是在调研过程中，每天都会及时对调研出现的经验、发现的问题进行讨论，发表不同的看法建议，这为本书的完成奠定了坚实的基础。另外，还有博士生、硕士生辛勤的调研和认真的资料整理。本书主要以山西运城、长治、吕梁、晋城等为主要的调研点，并从中选择若干典型的村庄，进行实证调研和深入分析，本书的完成离不开各位老师和学生辛勤的调研，班允博、刘紫薇、翟雪君、王慧、李碧江、范歌等博士、硕士研究生充分利用寒暑假，长期驻扎与当地农村，与当地老百姓同吃同住，通过日常观察、交流访谈以及撰写调研日记、思考笔记等，收集和整理了大量的调研资料，以及硕士研究生廖苏雯、靳新茹、赵美玲、谢媛媛的认真校对，在这里一并感谢。此外，还有感谢在调研过程中无数帮助过我们的各位农村基层干部和亲爱的农民朋友们。在最终的编辑研究过程中，王慧斌主要负责导论及前三章内容，约13万字；张慧兵主要负责后三章内容，约12万字。

本书主要以山西广大农村地区为例，广泛调研典型案例，并选择部分具有代表性如传统德孝文化、红色革命文化和社会主义先进文化等典型案例村庄，挖掘、整理和总结其文化治理经验，在此基础上试图构建和创新党建引领下乡村文化治理的实践路径。希望本书的出版能够引起更多人关注乡村文化建设，更多人参与到乡村文化资源的保护和传承，深入挖掘乡村多种文化资源的治理功能，繁荣乡村文化，促进乡村治理现代化，培育新时代新农民。此外，对书中可能存在资料不全、叙述不清等问题，希望大家予以谅解并指陈，我们将认真听取并及时改正。

2024 年 1 月 10 日